혼자 산다는 것에 대하여

고독한 사람들의 사회학

혼자 산다는 것에 대하여

노명우 지음

사월의책

혼자 산다는 것에 대하여

1판 1쇄 발행 2013년 10월 1일
1판 10쇄 발행 2019년 8월 10일

지은이 노명우
펴낸이 안희곤
펴낸곳 사월의책

편집 박동수
디자인 한승연

등록번호 2009년 8월 20일 제396-2009-126호
주소 경기도 고양시 일산동구 무궁화로 7-45 451호
전화 031)912-9491 | 팩스 031)913-9491
이메일 aprilbooks@aprilbooks.net
홈페이지 www.aprilbooks.net
블로그 blog.naver.com/aprilbooks

ISBN 978-89-97186-34-1 03330

* 책값은 뒤표지에 있습니다.
* 이 도서의 국립중앙도서관 출판시도서목록(CIP)은 e-CIP홈페이지(http://www.nl.go.kr/ecip)와 국가자료공동목록시스템(http://www.nl.go.kr/kolisnet)에서 이용하실 수 있습니다. (CIP제어번호: CIP2013015431)

| 머리말 |

20대 후반 독일로 유학을 떠나기 직전까지 가족이라는 울타리에서 벗어나 본 적이 없었다. 나는 조부모까지 모시고 사는 전통적 대가족은 아니지만 부모와 세 살 터울의 4남매가 복닥거리며 사는 전형적인 중산층 가족에서 성장했다. 부모님은 그 시절치고는 흔치 않았던 연애를 통해 부부의 연을 맺었지만, 그렇다고 유별나게 금슬이 좋은 관계를 유지하지도 않으셨다. 그러나 아버지가 지나치게 가부장의 권위를 내세우는 성격이 아니었기에 우리 가족 안에는 딱 필요한 만큼의 다툼도 있었고, 넘치지도 부족하지도 않은 가족 간의 사랑도 있었다. 고등학교 3학년 시절, 특별수업이라는 이름으로 아침 7시까지 등교하라는 학교방침 때문에 통학시간을 줄일 작정으로 학교 근처에 셋집을 잠시 얻어 자취를 한 적이 있었다. 그것 말고는 대학원 마지막 학기에 논문 준비를 핑계 삼아 한시적으로 가족을 떠나 한 학기 동안 하숙생활을 했던 게 고작이니, 가족이라는 테두리는 태어났을 때부터 성인이 되었을 때까지 나를 둘러싼 자연스러운 환경과도 같았다. 심지어 병역조차 지금은 사라진 단기사병 제도, 즉 '방발이'라 비하해서 부르던 방위로 집과 군부대 사이를 출퇴근하며 복무했다. 이처럼 가족은 내가 20대 후반까지 잠시도 벗어나지 않은 울타리였다. 울타리 안에 있었을 때는 그 의미에 대해

깊게 생각할 기회가 전혀 없었다. 가족이라는 울타리 외부에서 사는 사람은 고아뿐이라는 이미지를 어느새 새기고 있었던 나는 그 울타리 밖의 삶에 대해 전혀 궁금해하지 않았다.

　방위 소집 해제 후 유학을 떠나면서 비로소 독립을 하여 단독 가구를 구성하게 되었다. 그러나 그 독립도 유별날 게 없는 과정이었다. 대단한 의지를 표방하는 선언을 통해 가족으로부터의 분리를 감행한 게 아니었기 때문이다. 다분히 실용적인 이유로 이루어진 독립이었다. 유학을 가기로 결정은 내렸고 마침 결혼은 하지 않았다. 혼자 유학을 가지 않으려고 급하게 선이라도 봐서 결혼하는 건 무척 촌스럽게 느껴졌다. 물론 그 시절에도 여전히 맞선이라는 절차를 통해 결혼하는 사람이 적지 않게 있었지만 이미 대세는 연애로 기울어져 있었다. 당시 내가 겪은 가족으로부터의 분리는 실용적인 이유가 다분했기에 '독립'이란 단어는 너무 거창했다. 20대 후반의 나이에 가족 구성에 대한 구체적인 계획이 있었을 리 없다. 아무런 구체적 계획도 없었기에 가족 구성은 그냥 잠시 보류한 것에 불과했다. 가족으로부터의 분리가 우연이었던 만큼이나 결혼 보류도 무슨 대단한 '주의'의 산물이 아니었다는 얘기다.

　이렇게 우연을 통해 나는 가족과 떨어져 '혼자 사는 삶'을 시작했다. 그 시작은 '1인 가구'라 부르기에는 너무 거창한 것이었고, 아마도 '자취'라는 단어로 부르는 게 상황 묘사에 더 적절할 것 같다. 하지만 스스로도 놀랄 정도로 나는 외국에서 혼자 사는 삶에 쉽게 적응했다. 살림은 때로는 다람쥐 쳇바퀴 도는 듯한 상실감을 주기도 했지만, 언제 끝날지 전혀 예상조차 할 수 없는 지루한 공부와 달리 즉각적인 만족을 주는 요리의 세계는 나름 신선했다. 혼자 사는 삶에 과도하게 적응이라도 한 것일까? 잠정적이라고 단순하게 생각했던 '자취'의 상황은 예상보다 길어졌다. 유학을 마치고 난 후 한국에 돌아와 짧지 않았던 강사생활을 거쳐 교수까지 되고 보니 어느새 '자취'라는 단어가 조금은 어색한 중년이 되고야 말았다. 귀국 후 "자취하세요?"라는 질문에 반쯤은 농담 삼아 "아니요, 독립한 1인 가구입니다"라고 대꾸할 때만 하더라도 '1인 가구'라는 표현은 진지한 선택은 아니었다. 하지만 어느 사이에 '1인 가구'는 사회적 문제로 격상되었다. 반쯤은 농담으로 사용하던 단어가 매우 진지한 시사용어로 탈바꿈한 것이다. 물론 나도 그 사이에 이 문제적 사회 집단으로 분류되고 편입되었다. 내가 싫어하건 좋아하건 말이다. 적어도 통계상으로는 나도 저출산 고령화에 기여하는 사회 문제의 주범인 셈이다.

    혼자 사는 사람은 매우 다양한 반응을 경험한다. 고령화 속도와 낮은 출산율이 사회 이슈로 부각될 때마다 미혼의 혼자 사는 사람은 사회의 암적 존재로 격하된다. 사회의 문제 집단인 혼자 사는 사람은 소비재 판매 기업들의 마케팅을 통과하면 골드미스 또는 골드미스터로 격상되며, 찬양의 대상이 된다. 그러나 통계상으로는 동일하게 취급받는 1인 가구라 해도, 이들이 모두 동일한 속성을 지녔다고 볼 수는 없다. 듀오와 같은 결혼정보회사가 1인 가구를 말할 때는 미혼의 청춘남녀들을 두고 하는 말이지만, 사회복지사의 1인 가구는 독거노인들을 부르는 말이다. 사람들은 제각기 자기 편한 대로 1인 가구에 대해 이렇고 저렇고 말을 늘어놓지만, 그들의 머릿속에 자리 잡은 혼자 사는 인구의 모습은 그 사람들의 숫자만큼이나 많을 것이다. 사람들의 머릿속에는 결혼하지 못한 농촌 총각도, 기러기 아빠도, 돌아온 싱글도, 시집 가지 못한 노처녀도, 고독사로 발견된 독거노인도 다 들어 있다. 아마도 이 때문에 혼자 사는 사람에 대한 반응도 시시각각 다른지 모르겠다.

 한 동료교수가 술자리에서 내게 안타깝게 충고를 한다. "이대로 그냥 가면 독거노인 됩니다. 독! 거! 노! 인! 이요." 이런 과분한 애정은 그냥 농담으로 넘기는 수밖에 없다. 그런데 독거노인 된다고 그렇게 나를 걱정하던 사람이 때로는 정반대의 반응을 보여준다. 방학 내내 장기간의 여행을 다녀온 후 검게 그을린 얼굴로 학교로 돌아가면 "독! 거! 노! 인!" 했던 양반이 부러워 죽겠다는 표정을 한다. 심지어 어떤 선배 교수는 술자리에서 "아니, 언제 국수 먹게 해줄 거야?" 하고 물은 지 5분도 채 지나지 않아서 "혼자 살면 좋지 뭐. 부럽다, 부러워!" 하는 말을 던진다. 냉온탕을 오가는 주위 사람들의 변덕스런 태도에 일일이 반응하지 않는 것은 처세술 때문이 아니다. 신경질 부리는 노처녀 히스테리처럼 보일까봐 걱정해서가 아니라는 얘기다. 주위 사람들이 변덕스러운 것은 그 사람들이 일관성이 없어서가 아니라, 원래 혼자 산다는 것이 냉탕과 온탕을 동시에 포함하고 있음을 잘 알고 있기 때문이다. 혼자 사는 삶은 때로는 자유롭고, 어떤 때는 처량하고 그런 것이다.

 물론 자신의 의지에 따라 자발적으로 혼자 사는 삶을 선택한 사람도 매우 많다. 하지만 그보다는 훨씬 더 많은 사람이 확고한 철학이나 이념을 추종해서가 아니라 '어쩌다 보니' 혼자 사는 사람이 된다. 결혼을 하지 않겠다는 이념을 신봉해서가 아니라 '어쩌다 보니' 결혼하지 못한 사람이 더 많고, 이혼의 철학 때문에 이혼을 한 것이 아니라 '어쩔 수 없어서' 이혼을 택한 사람이 더 많은 것이다. 그러므로 혼자 사는 모든 사람을 하나의 종족으로 묶을 수 있는 이념이나 철학 따위는 이 세상에 없다. 모든 '1인 가구'를 설명할 수 있는 만능의 사회학적 개념틀도 세상에는 없다.

하지만 이미 우리가 살고 있는 시대는 혼자 살기에 대한 이러저러한 염려와 걱정에도 불구하고, 이미 적지 않은 규모의 사람들이 혼자 살고 있는 사회로 접어들었다. 핵가족이 확대가족을 대체하기 시작한 커다란 변동이 일어난 지 얼마 지나지도 않았는데, 우리는 이미 핵가족의 시대에서 1인 가족의 시대로의 급격한 변화와 마주하고 있는 셈이다. 이 변화를 우려의 시선으로 보건, 아니면 드디어 자기 세상이 왔다고 무릎을 치건 간에 그런 개인적 호불호는 중요하지 않다. 그보다 이 책은 혼자 사는 사회의 도래를 담담하게 사회적 사실로 받아들인다.

§

삶의 단계 단계마다 혼자 사는 것의 뉘앙스는 달라진다. 서점에서 요리책과 함께 인문학 책을 사는 남자에게서 매력을 느끼고 혼자 사는 것에서 환상을 느낀다면, 젊고 잘생긴 남자가 아니라 늙고 추한 남자가 요리책과 인문학 책을 사는 모습과 마주할 때 어떤 느낌이 드는지 한번 생각해 볼 필요가 있다. 판타지의 대상인 싱글과 사회적 사실로서의 혼자 살기는 다르다. 싱글이 판타지로 다루어질 때는 상상력만 필요하다. 상상력은 현실로부터 가장 멀리 달아날 때 가장 아름답게 느껴진다. 판타지의 충족감은 현실과의 거리에 비례해서 커진다. 그러나 사회복지의 대상인 독거노인은 눈곱만큼의 판타지도 허락하지 않는 순도 100퍼센트의 리얼리티이다. 화려한 싱글에는 리얼리티가 없고, 독거노인에게는 삶의 판타지가 없다. 이 책은 리얼리티가 없기에 일장춘몽에 불과한 화려한 싱글과, 하루가 다르게 메말라 가는 노인의 피부처럼 한 순간도 더 나은 삶에 대한 기대를 허용하지 않는 막막한 인생의 양 극단 사이에 서 있다. 양 극단 중 하나를 선택하기보다 이 책은 사회학의 힘을 빌려 근거 없는 판타지를 숨 막히는 리얼리티로, 불안한 리얼리티를 달라진 삶의 모습을 기대하는 판타지로 바라보며 균형을 맞추고자 했다.

  혼자 사는 사회가 본격적으로 도래한다 해도 모든 사람이 혼자 살게 되지는 않을 것이다. 혼자 살게 되는 형편은 특정한 사람에게만 해당될 것이다. 또 어떤 사람은 아주 잠시 동안만, 또 어떤 사람은 평생에 걸쳐 혼자 살 것이다. 구체적인 모습은 다를 수 있어도 혼자 사는 사회 속에 담긴 징후들은 그 시대에 살고 있는 모든 사람과 관련된다. 그러나 '혼자 사는 것'은 이미 '1인 가구'에 속한 사람이든 언젠가 '1인 가구'가 될 사람이든 상관없이 우리 가운데 누구와도 무관할 수 없는 주제이다. 더 나아가 우리가 '독립'이라든가 '자율적 삶'과 같은 단어에 가치를 부여하는 삶을 지향한다면, '혼자일 수 있는 것'은 현재의 가족구성 형태와 상관없이 모든 인간의 과제이기도 하다. 남의 떡이 커보이듯이 가족 관계에서 역할 스트레스를 받고 있는 사람의 눈에는 혼자 사는 사람이 순도 100퍼센트의 자유를 구가하고 있는 듯 보인다. 하지만 그것은 전적으로 판타지이다. 삶의 자유란 언제나 인간에게 한 걸음 떨어져 있는 목표이지, 혼자 사는 삶에 자동으로 딸려오는 부속물이 아니다.

결혼이 하나의 선택이듯이 결혼하지 않는 것도 하나의 선택이다. 어떤 선택이든 양면을 지닌다. 선택했기에 얻는 것이 있는 만큼 선택으로 잃어버리는 것도 있다. 결혼이라는 선택은 안정감을 선물하지만, 가중되는 역할의 압박감은 안정감의 그림자이다. 결혼하지 않음은 역할의 압박에서 벗어날 수 있는 선택이지만, 혼자라는 조건으로 인한 불안정성을 자유의 대가로 치러야 한다. 누구나 각자의 방식으로 선택을 한다. 각자의 선택은 그 자체로 존중받을 필요가 있다. 그리고 각자는 존중받는 만큼 자신의 선택에 대해 책임을 져야 한다.

그러나 이 책은 어떤 선택을 할 것인가를 다루고자 하는 책이 아니다. 그보다는 무엇이든 선택을 한 사람이 자신의 삶에 대해 책임을 지는 방법에 관심을 기울인다. 그랬기에 책을 처음 쓰기 시작했을 때 머릿속에 떠오른 애초의 키워드들은 미혼, 비혼, 만혼, 이혼 등의 가족구성 형태를 가리키는 단어들이었지만, 책을 쓰는 동안 이 키워드의 옆자리에는 자연스럽게 '독립' '자율' '권능' '홀로서기' '관계' '자기실현' 같은 단어들이 자리 잡게 되었다. 그러면서 어느새 '혼자 사는 것'은 결혼하지 않았음을 뜻하는 것이 아니라, 어떤 선택을 했건 상관없이 자신의 선택에 각자의 방식으로 책임을 지려는 시도를 표현하는 단어로 바뀌었다. 이런 변화는 이 책의 구성에도 반영되어 있다.

§

이 책을 쓰는 동안 일기장을 쓸 때보다 더 많이, 그리고 때로는 더 심각하게 나 자신에 대해 생각했다. 2013년의 봄, 나는 주변 사람들과 죽음을 통해 이별을 하는 경험을 유독 많이 했다. 장례식장에서 고인들과 작별인사를 나누고 집으로 돌아오는 길에서 '혼자 산다는 것'은 낭만적인 화두도 아니었고 사회학자들이 흔히 남 이야기하듯 하는 사회적 문제만도 아니었다. 그것은 집요하고 소름끼치고 적당히 공포스럽고 우려되는 나의 문제였다. 오랫동안 던지지 않았던 질문, 사춘기 이후 잊고 살았던 질문인 "나는 누구인가"를 이 책을 쓰면서 다시 생각했다.

경기도 안산 대부도에 위치한 경기창작센터의 레지던시 프로그램은 오랫동안 잊고 살았던 질문을 '나만의 방'에서 집요하게 몰입할 수 있는 환경을 마련해주었다. 연구년 동안 그곳에 머무를 수 있도록 초청해주었던 경기창작센터의 센터장 최춘일은 계절이 봄에서 여름으로 바뀌던 무렵 홀로 우리 곁을 떠났다. 또 한 번의 죽음을 통한 이별을 겪었고, 우리 각자는 홀로 남아 있다.

죽음처럼 어쩔 수 없이 절대적으로 혼자 맞이하는 순간이 있다. 그 순간을 피할 수 없기에 '혼자라는 것'에 대한 질문 또한 우리의 인생에 부수적인 그림자와도 같다. 이 책을 쓰고 있는 나 역시 혼자일 수밖에 없다. 물론 같이 해야 하는 일도 있다. 혼자서 해야만 하는 것과 혼자서는 할 수 없는 것, 이 두 가지가 조화를 이룰 때 비로소 우리의 삶은 만족스러울 것이다. 하지만 이러저러한 이유로 우리의 삶은 쉽사리 균형을 잃어버린다.

혼자라는 것을 묻는 이 책은 그 균형을 찾기 위한 시도이다.

2013년 6월
경기창작센터 레지던시 402호에서

차례

머리말…5

Prologue 혼자 사는 사람의 자서전…17

혼자 살면 괴물이다? | 상상 속의 싱글리즘 | 화려한 싱글도 행복한 결혼도 없다 | 고독한 사람들의 사회학

1부 싱글을 위한 나라는 있다

Chapter 1 어쩌다 1인 가구가 되어…35

혼자 사는 사람을 찾아라 | 통계로 보는 혼자 살기 | 혼자 살기의 거짓과 진실―다섯 가지 고정관념 | 혼자 사는 미래가 다가온다

Chapter 2 개인의 시대에 오신 것을 환영합니다…55

마음의 변화 | 우리만 있고 나는 없었던 시대 | 개인의 탄생 | 사랑의 짧은 역사 | 혼자 살면 반사회적일까 | 개인들이 만드는 사회 | '독신세'를 물려라?

2부 혼자라는 두려움, 우리라는 유혹

Chapter 3 4인용 테이블과 1인용 테이블…81

혼자 사는 사람의 1인용 테이블 | 4인용 테이블에는 혼자만의 의자가 없다 | 너무 힘겨운 역할밀도 | 1인용 테이블에 숨어 있는 고통 | 혼자 사는 삶의 대가 | 역할밀도에서 자기밀도로 가는 길

Chapter 4 화려한 싱글인가, 궁상맞은 독신인가?…103

자기만의 방 | 로맨스와 짝짓기에 숨은 욕망들 | "All By Myself"와 브리짓 존스 | 누구나 짝을 찾고 싶다 | 첫눈에 반하기 | 패스트 로맨스의 시대 | 플라스틱 섹스 | 결혼하지 않을 권리 | 싱글 라이프의 환상 | 〈섹스 앤 더 시티〉와 〈신사의 품격〉 | 화려한 싱글이라는 판타스마고리아 | 혼자 사는 사람의 처세술

Chapter 5 고독이 필요한 시간…141

나는 누구인가? | 누구나 역할이라는 가면을 쓴다 | 타자지향형 인간 | 친구가 많으면 꼭 좋은가? | 집단주의와 자기밀도의 제로화 | 의도된 고독과 자기관계의 회복 | 고독은 나의 힘—혼자라는 거대한 전환 | 단독 비행의 삶

3부 홀로서기의 사회학

Chapter 6 홀로서기 … 169

모나드의 조우 | 반드시 혼자 할 수밖에 없는 어떤 것 | 다시, 나는 누구인가? | 런던의 나쓰메 소세키 | 자기관계 회복을 위한 자기본위 | 레비나스와 홀로서기라는 삶의 목표 | 결핍과 권태 사이에서 | 혼자 사는 것은 고립이 아니다 | 산책하는 고독한 몽상가 루소, 자기를 되찾다 | 몽테뉴의 치타델레, 우리 모두의 치타델레

Chapter 7 다 함께 홀로 서기 위하여 … 213

우리에게 치타델레가 없는 이유 | 너무나 짧아진 젊음, 너무나 길어진 노년 | 혼자만의 시간이 필요하다 | 혼자를 꿈꾸기에는 너무나 가난한 사람 | '나'라는 질문을 상실한 사람 | 버지니아 울프와 홀로서기의 세 가지 차원 | 여전히 남는 혼자 살기의 두려움 | 모든 사람들에게 자기만의 방을 허하라

epilogue 행복한 개인들의 연대 … 241

스웨덴에 혼자 사는 사람이 많은 까닭 | 정말 자신을 사랑하는가? | 선택을 강요받은 죄수 | 사교적인 개인주의 | 개인과 개인이 함께 만드는 네트워크 | 주거공동체와 사슴 사냥의 딜레마 | 사회가 가족이 된다면

주 … 272
참고문헌 … 296

Prologue

혼자 사는 사람의 자서전

결혼은 미친 짓이야 정말 그렇게 생각해
이 좋은 세상을 두고 서로 구속해 안달이야
친구로 만날 수 있는 그런 이혼도 정말 싫어
축하가 싫어진다면 떠날 수 있겠지만
아~ 모두 미쳤나봐 그런가봐

날 그냥 내버려둬 책임 못 져 더 이상 부담 주지마
결혼은 이혼은 재혼은 결혼은 예~
결혼은 이혼은 재밌니 재밌니
아~ 정말 미치겠다 그런가봐
난 화려한 싱글이야
- 대중가요 〈화려한 싱글〉의 가사

무엇보다 우리는 고독한 죽음을 두려워한다.
간병도 받지 못하고 홀로 쓸쓸히 죽는 것이 두렵다.
이를 고독사라고 부른다. 고독사 한 사람은
죽은 뒤 며칠이 지나도 발견되지 못할 확률이 높다. 그러면 누군가
내 죽음을 알아차릴 때까지 며칠씩이나 버려진 것처럼 방치된다.
발견했을 때에는 이미 부패가 진행되고 송장 썩는 냄새도 진동할 터이다.
발견 시간이 늦어지면 백골이 되어 있을지도 모른다.
고독사는 무연사라고도 부른다 (…)
무연사 하는 이는 보통 홀로 사는 사람이다.
- 시마다 히로미(2011), 『사람은 홀로 죽는다』, 미래의 창, 15.

혼자 살면 괴물이다?

짝이 있는 사람이 보기에 싱글인 사람은 무엇인가 결여된 사람처럼 보인다. 대놓고 묻지는 못하지만, 혼자 사는 사람은 경제적이든 성격이든 혹은 성적 기능상의 문제이든 무엇인가 하자가 있을지도 모른다는 의심의 대상이 된다. 짝을 찾지 못한 자신을 동정의 눈빛으로 바라보는 시선이 느껴질 때 살며시 웃음을 지으며 "좋은 사람 있으면 소개시켜 달라"고 부탁이라도 한다면 싱글인 사람은 사랑으로 거두어야 할 측은한 이웃이다. 하지만 "내 인생 알아서 잘 챙길 테니 참견은 삼가해 달라"는 사나운 눈빛을 보내면 그 순간 짝이 없는 사람은 가련한 사람이 아니라 성질 괴팍한 괴물 취급을 받을 가능성이 크다.

혼자 사는 사람이 신비로운 비밀이라도 품고 있는 양 묘한 매력을 풍길 수 있는 순간은 인생에서 찰나에 불과하다. 그 짧았던 묘한 세월을 보내고 나서도 여전히 혼자 살고 있다면, 싱글인 그 사람에게는 괴팍한 괴물의 이미지가 덧붙여진다. "짚신도 짝이 있다"고 한다. 그 말을 뒤집으면 짝이 없는 사람은 짚신만도 못한 루저라는 뜻이다. 가정을 구성하지 못했기에 만일 함께 식사를 하는 동반자나 그런 식구食口조차 없는 사람이라면 하찮거나 혹은 위험한 존재가 된다. 식구가 없는 사람은 떠도는 사람이며, 행여나 아프기라도 하면 행려병자가 되어 비참하게 삶을 마감할 수도 있는 비참한 존재이다. 괴물 취급은 청첩장을 돌리는 그날에야 비로소 중단된다. 혼자 사는 괴물 야수가 미녀와의 로맨스에 성공하는 순간 괴물의 처지에서 벗어나듯이, 짝짓기는 혼자 사는 괴물을 구원해주는 유일한 수단이다. 가족을 구성하고 있는 사람들 틈 속에서 아직도 결혼하지 않은 사람은 영원한 사랑을 약속하는 구원자를 만나기 전까지 육지에 상륙하지 못하고 바다를 떠돌아야 하는 '방황하는 네덜란드인' 신세와 다를 바 없다.

상상 속의 싱글리즘

혼자라는 것은 그 자체로 이해되지 않는다. 혼자라는 것은 짝이 있다는 것의 거울 이미지로만 존재하는 부정태不定態이다. 혼자 사는 사람은 결혼을 망설이고 있는 사람에게 계속 주저했다가는 저런 꼴이 되고 만다며 슬며시 내미는 경고의 거울이고, 이혼을 심각하게 고민하고 있는 사람이 결국 마음을 접도록 만드는 반사판이다. 혼자 사는 것이라는 거울은 세상의 모든 부정적인 요소들을 순식간에 빨아들이는 흡입의 마술을 부리기도 한다.

짝 있는 사람이 정주민이라면 혼자인 사람은 유목민이다. 짝 있는 사람이 이너서클이라면, 짝 없는 사람은 아웃사이더일 수밖에 없다. 짝 있음이 책임지려는 어른스러운 상태라면, 혼자 있음은 책임을 회피하려는 유아적인 상태이다. 짝 지음의 정서에서 인간에 대한 신뢰를 읽어낸다면, 혼자 있으려 함에서 사람들은 세계에 대한 냉소적 태도를 들추어낸다. 혼자 있음은 인생에 있어서 짧은 순간 동안만 용인된다. 사회적으로 받아들여질 수 있는 기간을 초과하고도 혼자 있음의 상태에 아무런 변화가 없다면, 나아가 혼자 있음에서 벗어나려는 처절한 몸부림도 보여주지 않는다면, 혼자 있는 그 사람은 주의 깊게 동향을 파악해야 하는 문제 집단에 편입되고 만다.

문제 집단인 혼자 사는 사람의 원형archtype은 마치 혼자 사는 괴물의 신체라도 된다는 듯이, 아주 날카로운 외과용 메스와 아주 작은 세포까지 확대할 수 있는 현미경을 동원하여 조각조각 분해했다가 다시 조립하면서 만들어진다. 수많은 전문가들은 자신의 지식의 우월성을 뽐내기라도 하듯, 허락도 구하지 않고 각자의 청진기를 혼자 사는 사람의 몸뚱이에 들이대고 진단을 내린다. 동양에 대한 상상적인 관념의 체계를 오리엔탈리즘Orientalism이라고 한다. 비오리엔트가 오리엔트에 대해 만들어낸 상상적 담론인 오리엔탈리즘에 빗대자면, 우리는 혼자 살지 않는 사람이 혼자 사는 사람에 대해 만들어내는 상상적인 관념을 싱글리즘Singlism[1]이라 부를 수 있을 것이다.

오리엔탈리즘이 상상적 픽션의 형태가 아니라 과학적 이론의 체계를 갖춘 모습으로 등장하듯이, 싱글리즘도 과학적 담론의 형태를 지닌다. 혼자 사는 사람에 대한 관찰자의 입장에 서 있는 사람은 자신이 당사자가 아닐 경우, 추상적이고 단편적인 몇몇 사실에 근거한 추론에 의지해서 이른바 혼자 사는 사람들에 대한 일종의 관념적 허구를 만들어낸다. 이 관념이 허구가 아님을 증명하기 위해 과학의 언어도 개입한다. 맬서스의 후예인 인구론자들은 한숨을 쉬며 원활한 인구 재생산을 위협하는 이들에 대한 당장의 대책이 필요함을 주장하고, 자칭 프로이트의 제자들은 상담사의 손길이라도 건네듯 혼자 사는 사람의 트라우마Trauma를 들먹이면서 상황을 극복할 수 있다고 속삭인다. 심지어 결혼하지 않은 사람이 더 수명이 짧다는 협박 아닌 협박도 과학적 연구에 관한 보도라는 형태로 곧잘 등장한다.[2] 부모의 우려 깊은 시선과 주변의 호기심에 과학자들의 관찰자적 시선까지 더해지면, 혼자 사는 사람은 어빙 고프먼Erving Goffman이 말한, 낙인stigma에 의한 불명예 효과가 발휘되는 또 하나의 교과서적 사례가 된다.

낯선 사람을 대하고 있는 동안 우리는 그가 다른 사람과 달리 바람직하지 않은 속성을 보유하고 있다는 단서를 보는 경우가 있는데, 극단적인 경우 그 단서는 그가 대단히 나쁘거나 위험하거나 또는 나약한 인물임을 의미하는 범주의 속성들일 수 있다. 이렇게 될 경우, 그의 존재는 우리 마음속에서 건전하고 평범한 인격체에서 더럽혀지고 무시되는 인격체로 전락하게 된다. 특히 그런 속성의 불명예 효과가 매우 광범위할 경우에 우리는 그것을 '낙인'이라고 지칭하는데, 때로는 결함, 단점, 장애라고도 부른다.[3]

낙인을 찍을 수 있는 사람은 힘이 있다. 힘이 없는 사람은 낙인이 찍힌다. 낙인을 찍고 찍히는 힘의 역학관계는 쉽게 변하지 않는다. 특히 낙인찍기를 통해 낙인의 대상이 사실상 입이 없는 존재로 전락하면, 낙인을 찍고 찍히는 힘의 관계가 역전될 가능성은 거의 없어지게 된다. 낙인을 찍는 사람은 감별사이다. 병아리 감별사가 매의 눈으로 병아리를 관찰하여 미래의 생식 능력이 의심스러운 병아리를 골라내듯이 낙인을 손에 쥐고 있는 사람은 대상을 관찰한다. 이 관찰은 사진 찍기를 닮지 않았다. 사진은 태생상 수동적이다. 셔터를 누르는 능동성조차 피사체의 본원적 우선권을 장악하지 못한다. 언제든 낙인을 찍을 준비가 되어 있는 사람은 빛을 받아들여 감광지에 기록하는 사진 찍는 사람보다는, 현실에서는 한 번도 보지 못한 동물을 상형문자로 만드는 사람에 더 가깝다. 한 번도 보지 못한 동물의 상형문자에는 동물 그 자체가 아니라 그 동물에 대한 사람들의 상상과 의지, 그리고 소문과 억측이 담겨 있다. 혼자 사는 사람에 대해 '바람둥이'라는 판단을 이미 내리고 있는 사람은 카사노바를 생각하며 낙인을 찍는다. 어떤 사람은 매일 밤 허벅지를 바늘로 찌르면서 수절한다는 여인네를 떠올리기도 한다.

혼자 사는 사람으로부터 성적 방종을 연상하든 금욕을 연상하든 상관없이, 또는 자유로운 영혼의 아이콘으로 격상시키든 버림받은 영혼인 양 동정의 대상으로 삼든 상관없이, 혼자 사는 사람에 관한 모든 이미지는 공통점을 지닌다. 혼자 사는 사람에 대한 이미지는 거의 전부가 혼자 살지 않는 사람들이 만들어낸 것이다. 그러나 그 이미지들은 혼자 사는 사람에게 낯설기 그지없다. 혼자 살지 않는 사람들은 혼자 사는 사람조차 낯설어하는 상상적 이미지를 혼자 사는 사람에 관해서 만들어내고, 이 이미지에 따라 혼자 사는 사람의 동의도 구하지 않은 채 판단하고 참견하고 간섭하고 조언한다.

이런 자의적恣意的 싱글리즘의 대상이 된 혼자 사는 사람은 두 가지 방식으로 반응할 수 있다. 지배자의 논리를 그대로 답습한 사람처럼, 그리하여 사위가 바람을 피웠는데도 남자의 바람은 지나가는 것이라며 타이르는 친정어머니처럼 관찰자의 논리를 받아들이는 것이다. 아마도 그들은 자신이 정상인임을 입증하는 마지막 방법으로 관찰 대상에 불과한 처지임을 망각하고, 관찰의 주체에 상상적으로 동화되는 최후의 선택을 한 것이다. 그러나 '정상인'the normals[4]으로 대접받기 위해 몸부림을 치는 그들이 한심하게 느껴질 때, 관찰 대상에 불과했던 혼자 사는 사람이 마침내 입을 여는 순간이 있다. 낙인 집단의 반란이 시작되는 것이다!

화려한 싱글도 행복한 결혼도 없다

관찰의 대상으로 전락한 채 관찰 주체들에 의해 조각조각 분해되고 마치 스스로를 설명할 수 있는 능력을 결여한 사람처럼 타인에 의해 대변되던 사람이 침묵을 끝내고 마침내 입을 열게 되는 순간이 있다. 침묵을 강요당했던 낙인 집단이 마침내 입을 열었을 때,

그들에게서 냉정함을 기대하기란 어렵다. '정상인들'이 자신에 관해 이야기할 때 유지하는 차분한 자세, 그리고 더하지도 않고 덜하지도 않고 자신을 사실 그대로 전달할 수 있는 냉정한 침착함을 낙인 집단은 유지할 수가 없다. 억울하기 때문이다. 차분한 어조로 이야기가 시작된다 하더라도 이내 그 목소리에서는 침묵의 세월을 보상받으려는, 그리고 힘들게 잡은 이 기회를 놓치지 않으려는 조바심이 느껴진다. 덤덤하게 자신을 설명하기 시작했지만, 이내 오랜 기간 동안 관찰 대상이기만 했던 그 사람은 부지불식간 과장의 덫에 걸리곤 한다. 침묵해야만 했던 시간이 길수록, 입이 없는 관찰의 대상에 불과했던 사람이 입을 여는 순간 그 사람은 할 말이 많다. 그 사람의 수다스러운 설명은 침묵해야 했던 세월의 길이를 감안하면 이해할 만하다.

하지만 정작 문제는 오랜 기간 동안 낙인 집단으로 전락했던 사람이 입을 열 기회를 얻게 되었을 때 자신도 모르게 과장이라는 덫에 빠진다는 것이다. 마침내 스스로를 설명할 수 있게 된 낙인 집단의 대표자는 대우 강한 고백의 의지를 갖고 있다. 그는 배를 갈라서 장기를 다 드러내는 심정으로 자신의 처지에 대한 천일야화를 풀어낸다. 하지만 천일야화가 계속되면 될수록 강한 고백의 의지를 약화시키는 또 다른 힘이 그 사람을 습격한다. 그건 수치심이다. 스테판 츠바이크Stefan Zweig는 세상에 자신을 털어놓을 때 고백의 의지보다는 수치심에 대한 통제가 더 결정적이라고 생각했는데, 그는 전적으로 옳다.

수치심은 우리에게 실제 모습이 아니라 남들에게 보이고 싶은 모습으로 자신을 그리라고 달콤한 목소리로 유혹한다. 수치심은 자신에게 솔직할 준비가 되어 있는 예술가에게 내밀한 것을 숨기라고, 위험한 것을 감추라고, 은밀한 것을 덮으라고 유혹한다. 또한 이미지를 손상시키는 사소한 것들, 그러나 심리학적으로는 가장 중요한 것들을 빼버리거나 거짓으로 미화하게 하고, 빛과 그늘을 교묘하게 배치해 특징적인 성격을 이상적인 성격으로 수정하는 조형기법을 슬그머니 가르친다. 이런 달콤한 압력에 마음 약하게 굴복하는 자는 자기 묘사를 하지 못하고 반드시 자기숭배나 자기변명에 빠지게 된다.[5]

사람은 공명심을 얻으려는 목적으로 자신에 대해 거짓을 늘어놓기도 하지만, 부끄러움을 감추기 위해 지어낸 거짓말을 더 많이 하는 법이다(그리고 그것은 윤리적으로는 그리 비난할 문제가 아니다). 자신을 변호할 수 있는 기회를 얻은 사람은 말할 기회를 얻은 첫 순간에는 고백의 의지가 충만하지만, 고백을 하다 보면 갈채가 아니라 손가락질을 받게 될지도 모르는 부끄러운 사실들이 그 고백에 끼어들까 봐 조바심을 내게 된다. 이 조바심은 수치심을 피하려는 마음으로 바뀌고, 그 마음은 은근한 자기 검열로 둔갑한다. 수치심의 덫에 갇히는 한, 그는 자신을 사실 그대로 재현할 수 있는 능력을 상실한, 사실상 거짓말쟁이가 되기 쉽다. 사실을 날조하는 행위만이 거짓말이 아니다. 수치심에 대한 두려움으로 자신의 '흑역사'黑歷史에 대해 침묵하면서 사실을 미화의 기법을 이용해 슬쩍 변조하는 것도 거짓말이다. 혼자 사는 사람이 흑역사에 대해 침묵하며 미화의 기법으로 자신을 화장할 때, 혼자 사는 사람 또는 궁상맞은 독신자는 이제 '화려한 싱글'로 거듭난다.

영화 〈섹스 앤 더 시티〉Sex and the city 속의 여자 주인공들은 누가 봐도 화려한 싱글이다. 그 주인공들을 화려한 싱글로 보이게 만들어준 일등 공신은 뉴욕의 맨해튼도, 섹스 칼럼니스트라는 다소 쿨한 직업도 아니다. 〈섹스 앤 더 시티〉속에는 여자 주인공들의 수치스러운 흑역사가 전적으로 생략되어 있기 때문이다. 〈섹스 앤 더 시티〉는 뉴욕에 살고 있는 미혼 여성에 관한 리얼리티 쇼가 아니라, 어디에도 없을 것 같기에 더 잡고 싶어지는 파랑새가 등장하는 '드라마'이다. 드라마는 모든 '혼자 사는 사람'을 화려한 싱글이라는 포장지로 덮으려 하지만, 세상에 존재하는 모든 '혼자 사는 사람'을 덮기에는 이 포장지가 너무 부족하다. 세상에는 화려해지고 싶은 싱글, 화려해 보이고 싶은 싱글의 꿈이 있지만 모든 싱글의 리얼리티가 그렇게 언제나 화려하지는 않다. 그렇기에 화려한 싱글은 드라마에나 등장할 수 있는 거짓말에 속한다.

혼자 사는 사람이 자신에 대해 고백할 때 화려한 싱글이라는 거짓말을 했다면, 그리고 그 거짓말이 수치심 통제에서 유래했다면, 거짓말에 대한 책임은 혼자 사는 사람만의 탓이 아니다. 그 뻔한 거짓말을 할 수밖에 없도록 만든 또 다른 주인공은 혼자 살지 않는 사람들의 위선이다. 혼자 살지 않는 사람들은 자신의 결혼 생활에 대해 고백할 때 행복이라는 강박에 사로잡혀 있다. 이혼을 하리라고는 아무도 예상하지 못하던 부부가 갈라서는 일이 세상에서는 매우 자주 벌어진다. 혼자 살지 않는 사람들은 이혼을 결심하기 직전까지 행복이라는 스펙트럼을 통해 자기 고백을 해야 하는 강박에 시달린다. 그들은 자기 고백을 할 때, 행복하지 않은 측면에 대해서는 침묵한다. 그리하여 "모든 결혼은 행복이고, 결혼하지 않음은 불행"이라는 공식이 만들어지고, 이 거짓말을 그럴 듯하게 보이도록 과학적 연구 결과도 돕겠다고 나선다. 과학의 이름으로 행해지는 수많은 협박들의 공통된 메시지에 따르면 결혼하지 않으면 누구든 불행해질 수밖에 없다. 독거노인, 심지어 고독사라는 담론의 협박은 결혼하지 않는 추세가 강화될수록 강해진다.

'화려한 싱글'이라는 거짓말과 '행복한 결혼'이라는 거짓말은 모두 사실을 숨긴다. 두 가지 거짓말이 은연중 강요하는 사고의 틀에 갇혀 있는 한 우리는 '혼자 사는 것'의 의미를 파악할 수 없다. 이 두 가지 거짓말은 모두 은밀하게 생략법을 사용한다. '화려한 싱글'이라는 거짓말은 화려하지 않은, 아니 비참하게 보호받지 못하는 홀로 버려진 사람들을 생략한다. 세상에는 분명 결혼 따위는 우습게 알아도 괜찮은 화려한 싱글도 있지만, 생존마저 위협받는 한계적 상황에 놓여 있어도 아무도 돌보는 사람이 없는 처참한 싱글도 있다. 결혼할 이유를 찾지 못해 결혼하지 않은 싱글에게는 비혼非婚의 상황이 불행의 지름길이 아니지만, 결혼하고 싶은데 결혼하지 못한 싱글에게는 비혼이란 인생의 참사에 가깝다. 경제적으로 자립할 수 있는 조건을 갖춘 사람에게 혼자 산다는 것은 여유로움이지만, 자립할 수 없는 조건 속에서 혼자 산다는 것은 버림받음 혹은 뿌리 뽑힘에 가깝다. '화려한 싱글'이라는 첫 번째 거짓말 속에는 이렇게 생략된 많은 사람들이 들어 있다. 화려한 싱글을 주로 내세우는 마케팅 담당자는 독거노인과 노숙자와 같은 완벽하게 혼자 사는 사람들을 생략한다. 또한 '결혼은 항상 행복'이라는 거짓말 역시 '결혼했지만 불행한 사람 혹은 심지어 결혼으로 인해 불행해진 사람'을 생략한다. '행복했던 결혼 생활이 이혼이라는 파국'으로 끝난 불행한 사람도 생략한다. 결혼했지만 사실상 원수지간으로 살고 있는 사람들도 생략한다. 생략된 대상에는 남편에게 매 맞고 사는 여성도 있고, 돈 버는 기계로 전락한 남편도 있다.

자신에게 불리한 사실들을 생략하는 두 가지 거짓말이 발휘하는 감염의 효과는 꽤나 강력하다. 거짓말은 몇 가지 중요한 사실들을 '생략'하는 은폐를 통해 우리를 '감염'시킨다. 결혼한 모든 사람이 행복하지는 않기에 행복과 결혼은 필요충분조건의 관계를 이루고 있지 않다. 불행과 결혼하지 않았음의 관계도 동일하다. 결혼했기에 행복한 사람이 있는 것처럼, 결혼했지만 불행한 사람이 있다. 또한 혼자 살지만 불행하지 않은 사람도 있고, 혼자 살기에 불행한 사람도 있다. 하지만 우리가 '행복한 결혼'이라는 거짓말에 감염되면, 어느 순간 우리는 머릿속에서 결혼과 행복을 동일한 것으로 여기게 되고, 결혼이 인생의 최고 목표이고 행복의 지름길이라는 거짓말은 완성을 향해 달려 나간다. 화려한 싱글이라는 거짓말과 결혼은 행복이라는 거짓말은, 통치를 위해 서로의 존재를 필요로 한다는 남한과 북한의 위정자들처럼 적대적 의존관계를 이룬다. 마치 수영 경기의 3번 레인과 4번 레인을 배정 받아 앞서거니 뒤서거니 반복하는 라이벌 선수처럼, 한쪽 거짓말의 목소리가 커지면 다른 쪽 거짓말의 목소리도 덩달아 커진다. 그 거짓말들이 서로를 부추기며 영차영차 정상에 오른 바로 오늘의 순간은 우리가 거짓말과 이별하고 사실에 눈을 돌리기에 적당한 때이다.

고독한 사람들의 사회학

지금까지의 이야기가 너무 가혹한 것일까? 행복을 추구하거나 짐짓 행복을 꾸며대는 지극히 인간적인 사람들의 욕망에 대해서까지 너무 심한 독설을 퍼붓는 것은 아닐까? 아니, 그렇지 않다. 혼자 사는 것에 관한 한 나도 당사자이기 때문이다. 침묵해야 하는 당사자가 마침내 자신에 대해 설명할 수 있는 기회를 얻게 되었을 때 빠지는 과장이라는 함정으로부터 과연 나는 자유로울 수 있을까?

관찰자인 사람에게 혼자 사는 사람은 인구센서스에서 1인 가구로 분류되는 숫자로만, 생활보호대상자 엑셀 리스트의 한 칸을 차지하는 불과 몇 바이트bites의 가상의 무게로만 존재할 뿐이다. 하지만 혼자서 삶을 살아내고 있는 그 사람에게 혼자 사는 것은 삶의 철학의 문제이자 살림살이의 문제이고, 처세술의 문제이고, 카운슬링의 문제이고, 잠 못 이루는 밤의 고민거리이고, 부모에 대한 한없는 죄송함의 감정이 솟아나는 샘물이기도 하다. 혼자 사는 문제의 복합성에 관한 한, 혼자 사는 모든 사람은 그 어떤 전문가보다 예리한 판단의 감각을 갖고 있다. 혼자 사는 사람이 관찰의 주체에서 성찰의 주체로 이동하는 과정을 이 책에서는 '자전적 사회학'이라 조심스럽게 명명한다. 이 책은 바로 글을 쓰고 있는 나 자신에 관한 이야기이기도 한 것이다.

 이런 당사자의 고백은 때로는 구구절절 가슴에 와 닿기도 하지만 바로 그 때문에 때로는 견딜 수 없게 구질구질한 하소연으로 전락하기도 한다. 고백하는 사람은 근거 없는 자기 숭배와 자기 변호 사이에서 맘대로 널뛰기를 할 수 있다. 자기 숭배와 자기 변호는 자신을 유일한 사람으로 대접해주기를 원하는, 그리하여 비정상적인 별종이 아니라 비범하기 그지없는 특별한 사람으로 받아들여지기를 원하는 값싼 영웅심이 낳은 태도이다. 고백은 많은 경우 자신과 대면하는 성찰의 기록이라기보다는 연극적 자아가 스스로 대본을 쓰고 연기를 하는 모노드라마에 가깝다. 고백은 목적적인 행위이다. 목적이 없는 고백은 불가능에 가깝다. 자기 고백에 관한 정전正典으로 평가받고 있는 『고백록』의 저자 성 아우구스티누스St. Augustinus 역시 교회를 염두에 두고 대중을 신앙의 길로 이끌기 위한 목적에서 자유롭지 않았다. 성 아우구스티누스의 고백은 신자들이 자신을 따라 고백하기를 원하는 신학적 목적을 지니고 있었다.[6] 물론 우리는 성 아우구스티누스의 『고백록』을 동시대의 문건으로 읽는 시대에 살고 있지는 않다. '고백'이라는 단어는 구설수에 올랐던 셀러브리티Celebrity[7]가 토크쇼에 출연하여 눈물을 짜내며 늘어놓는 자기 정당화를 가리키는 말로 바뀐 지 오래되었다. 우리 시대의 가장 흔한 고백은 자신의 내면과의 조우가 아니라, 페르소나persona 즉 '연극적 자아'가 행하는 목적의식적 행동이다.

 자전적 사회학은 '연극적 자아'가 늘어놓는 토크쇼 스타일의 노출증적 자기 고백과 다르다. 사회학은 때로 냉정하리만큼 처지의 보편성을 따져 묻는다. 토크쇼에 출연한 사람의 삶은 이미 특별하다. 그는 평범한 우리와는 구별되는 특별한 사람이기에 토크쇼에 출연할 수 있었다. 그렇기에 우리는 토크쇼에 출연한 셀러브리티의 자기 고백을 신기해하고 궁금해하기는 해도, 그들의 고백에 공감하지는 못한다. TV에서 유명인의 고백은 끝없이 이어지지만, 그 고백은 특별한 사람의 삶만을 담고 있고, 고백을 하는 주체 역시 자연인이 아니라 셀러브리티가 연출하는 '연극적 자아'일 뿐이다. 고백을 하는 그 스타도 자신의 내면을 알고 있지 못할 수도 있다. '연극적 자아'의 덫에 걸려 있는 고백의 방법에서 벗어나기 위해 개인의 사정을 사회적 문제와 연결시킬 수 있는 사회학 고유의 능력이 이때 절실히 필요해진다.[8]

장 자크 루소JeanJacques Rousseau는 자신의 특별함을 위해, 그리고 자신의 특별함이 유일무이한 개성으로 대접받기를 기대하며 『참회록』을 쓰지 않았다. 자기에 관해 이야기하도록 루소를 부추긴 것은 "사회에서 개인이 가진 의미이며, 나아가서는 자연에서의 인간의 위치에 관한 열렬한 사상"[9]이었지, 자신의 사생활을 공개적으로 고백하여 쾌감을 얻는 리얼리티 쇼 증후군은 아니었다. 혼자 사는 사람이 거울을 보며 자신의 모습에 홀리는 나르시시즘에서 벗어나, 자신의 특별함이 아니라 자신이 또 다른 사람들과 공유하고 있는 나의 문제에 홀릴 때 형용 모순처럼 느껴지는 자전적 사회학이란 말이 정당화될 수 있다.

혼자 살게 된 개인의 사정은 특별하고 개별적일지라도, 혼자 살기 때문에 발생하는 문제들은 보편적인 속성을 갖는다. 심지어 혼자 살기의 문제는 그것이 인류가 꿈꾸는 성숙한 단계인 '자율'이라는 범주와 연결되어 있는 한, 혼자 살지 않는 사람에게도 해당되는 보편적인 성격을 지닌다. 그렇기에 자전적 사회학은 한편으로 당사자의 입장에서 서술한 사회학이지만, 개인의 특수하고 시시콜콜한 사정을 드러내는 노출증적 관점이 아니라 동시대의 사람들과 공유할 수 있는 문제의식에 기대고 있는 것이다. 그러므로 이 자전적 사회학의 주인공은, 혼자라는 것에서 유래한 문제를 공유하고 있는 모든 사람이다. 그 수많은 잠재적 필자들을 대리하여 나는 혼자 살기의 대변인 행세를 해보고자 한다.

chapter 1

어쩌다
1인 가구가 되어

난 명절이 싫다 한가위라는 이름 아래
집안 어른들이 모이고, 자연스레
김씨 집안의 종손인 나에게 눈길이 모여지면
이젠 한 가정을 이뤄 자식 낳고 살아야 되는 것 아니냐고
네가 지금 사는 게 정말 사는 거냐고
너처럼 살다가는 폐인될 수도 있다고
모두들 한마디씩 거든다
난 정상인들 틈에서
순식간에 비정상인으로 전락한다
- 유하(1995), "달의 몰락", 『세운상가 키드의 사랑』, 문학과지성사.

혼자 사는 사람을 찾아라

양적으로 다수인 무리 앞에서 혼자인 사람은 심리적으로 작아진다. 반면 상대가 한 줌의 세력에 불과하다고 간파될 경우, 사정은 달라진다. 혼자 사는 사람을 무조건 특이하게 생각하는 싱글리즘의 이미지도 혼자 사는 사람을 양적으로 무시해도 될 만큼, 혹은 간섭해도 될 만큼 소수의 사람들이라고 생각하기에 만들어진다. 소수자인 사람들에게는 특유의 소심함이 있다. 소수임을 오히려 즐기는 '화성인'도 있을 수 있지만, 대부분의 지구 사람들은 자신이 양적으로 소수에 속함을 깨달으면 심리적으로 위축된다.

    대학원에 다니던 시절 학점 교환제로 이화여대 수업을 수강했던 적이 있다. 오후 2시에 시작되는 수업에 늦지 않기 위해 보통 1시 30분 무렵 교문에 들어서곤 했다. 어느 대학이나 그렇듯 그 시간에는 교문을 통과하여 학교 안으로 들어가는 사람보다 학교 밖으로 이동하는 사람들이 더 많다. 강물을 거슬러 오르는 한 마리 연어의 심정으로 교문 밖으로 몰려 나가는 이화여대 학생들 틈에서 반대의 방향으로 이동해야 했던 한 학기는 지금도 잊을 수 없는 불편함으로 남아 있다. 아직도 내 머릿속에 이화여대는 강물을 거슬러 오르는 연어의 이미지이다.

혼자 사는 사람들의 마음속에는 굳이 드러내지는 못하지만 숨겨진 위축감이 있다. 혼자 사는 사람보다 가족과 함께 사는 사람이 더 많은 우리의 환경에서는 더욱 그럴 수밖에 없다. 혼자 사는 사람은 가족과 함께 사는 사람들처럼 배우자에 대한 애정 어린 푸념을 주변 사람에게 늘어놓지도 못하며, 자식 자랑을 시도 때도 없이 하지도 못한다. 사생활에 대해 공개적으로 말해봤자 그다지 이롭지 않다는 판단 때문에 사람들은 비밀까지는 아니지만 조용하게 소리 소문 없이 혼자 산다.

결혼을 하는 사람은 자랑스럽게 청첩장을 돌린다. 날을 잡고 청첩장 인쇄 주문을 하는 순간부터 결혼의 사실을 알려야 하는 사람의 양적 범위가 확정되는데, 이 범위는 넓을수록 좋다. 청첩장을 가능한 한 욕을 먹지 않을 범위 내에서 다양한 사람에게 전달하여 결혼 소식을 알려야만, 지금까지 축의금으로 익명의 다수에게 전달했던 푼돈이 짭짤한 목돈으로, 그것도 복리 이자까지 붙어 되돌아올 확률이 높아지기 때문이다. 그래서 결혼은 누구나 다소 요란하게 한다. 하지만 요란한 결혼이 파국으로 끝났을 때의 사정은 전혀 다르다. 대부분 파국은 가급적 조용하고 신속하게 이뤄진다. 쥐도 새도 모르게 슬며시. 그래서 오랜만에 만난 동창이 이혼한 줄 모르고 배우자의 안부를 무심코 물었다가 낭패를 당한 경험을 누구나 한번은 겪었을 것이다.

핵가족으로 진입하는 결혼이라는 통과의례는 북치고 나팔 불고 함도 팔고 부케도 던지며 사실 이상으로 요란하게 치러지지만, 핵가족에서 다시 혼자로 튕겨 나오는 순간은 너무나 조용하다. 요란한 진입과 조용한 퇴출의 극히 대조적인 풍경 때문에 사람들의 머릿속에는 가족으로 진입한 사람만이 주로 기억으로 남는다. 그래서 사람들은 아주 예외적인 사람을 제외하고는 대부분의 사람들이 가족의 울타리 속에 살고 있다고 편하게 간주한다. 이 사유의 관습은 혼자 사는 사람들에게 별 미안한 마음 없이 쉽게 불명예 낙인을 찍게 만드는 힘이기도 하다. 혼자 사는 사람은 시도 때도 없이 찾아오는 불도장 같은 불명예 낙인을 피하려면 숨는 수밖에 없다. 그래서 마치 우리 주변에는 혼자 사는 사람이 많지 않은 것처럼 보인다. 그러므로 혼자 사는 사람들을 찾아 나서는 작업도 일단은 불가피하게 무미건조한 통계에서 시작하는 수밖에 없다.

통계로 보는 혼자 살기

20세기 초 과학자들은 물질을 구성하는 가장 작은 단위로 핵이라는 존재를 밝혀냈다. 사회학자들은 더 이상 쪼갤 수 없는 가장 작은 단위라는 핵의 이미지를 인간 집단의 변화를 설명하기 위해 차용하였다. 아주 커다란 덩어리였던 가족이 점차 더 작은 단위로 쪼개져 더 이상 쪼개질 수 없는 크기로까지 축소된 가족을 사회학자들은 핵가족nuclear family[1]이라 불렀다. 3대가 함께 거주하며 생활공동체를 구성하는 확대가족extended family[2]과 비교해보면, 부부와 자녀로만 구성되어 있는 핵가족은 가족의 단위가 가족의 형태를 유지할 수 있는 최소한의 크기로까지 쪼개진 것이다.

수학자들이 정규normal 분포라 부르는 종 모양의 곡선의 중심부에는 우리가 평균적 혹은 표준적이라고 부르는 속성을 지닌 대상들이 분포되어 있다. 정규분포의 중심 영역에서 가장 많은 양적 비중을 차지하고 있는 대상을 '정상성'이라 부른다. 통계상 정상성의 자리를 차지하고 있던 가족은 '확대가족'을 거쳐 '핵가족'으로 변화했다. 많은 사람들이 부부와 자녀들로 구성되어 있는 핵가족이라는 환경에서 자랐다. 그러나 과거 경험의 생생함은 때로는 현재의 변화를 파악하는 방해요인이 되기도 한다. 대부분의 사람들이 핵가족에서 자랐기에 우리는 지금도 그리고 미래에도 핵가족만이 정상 가족이라는 견해를 당연하게 여기고 있다. 통계상 정상성의 범위에 드는 핵가족의 범주를 벗어나는 다른 가족 형태(확대가족, 1인 가구, 홀아버지 자녀 가족, 홀어머니 자녀 가족)는 양적으로 의미가 없을 거라는 우리의 상식적 추정과 달리, 핵가족 이외의 가족 형태는 조용히 늘어나고 있다. 게다가 핵가족이라는 정상성의 범주에서 벗어나 있는 사례들의 분포는 중심으로부터 아주 가파르게 떨어지는 종형 분포가 아니라, 만델브로Benoit Mandelbrot가 발견한 이른바 멱함수 법칙power law[3]에 가깝게 분포하는 추이를 보여주고 있다. 우리가 정상성이라 가정하는 핵가족의 범위에서 벗어난 가족의 형태들은 멱함수 법칙의 분포에 따라 무시할 수 없는 양적 규모로 분포되어 있다. 심지어 몇몇 나라에서는 핵가족이라는 정상성의 지위를 계승한 새로운 정상성the new normal의 자리를 차지하고 있기도 하다. 부상하고 있는 '새로운 정상성'이 바로 혼자서 가족을 구성하고 있는 사람들, 즉 우리가 알고 있는 핵가족보다 더 작은 단위인 이른바 '1인 가구'[4]이다.

스웨덴, 노르웨이, 핀란드, 덴마크 등의 스칸디나비아 국가는 혼자 사는 비율이 가장 높은 지역에 속한다. 이 지역의 1인 가구는 무려 전체 가구의 40퍼센트에 달한다.[5] 그 밖에 비율이 높은 나라부터 열거하면, 독일의 1인 가구는 2010년 기준 40.2퍼센트, 네덜란드는 2011년 37.0퍼센트, 오스트리아 2011년 36.3퍼센트, 일본은 2010년 32.3퍼센트, 뉴질랜드의 1인 가구는 2006년 기준 22.6퍼센트에 달한다.[6] 1950년 미국의 1인 가구는 전체 가구 중 불과 9퍼센트에 불과했고 독신인 성인은 22퍼센트였는데, 지금은 미국 성인들 50퍼센트 이상이 독신이고 1인 가구는 전체 가구의 28퍼센트를 넘어섰다.[7] 나라에 따라 1인 가구의 비중은 다르지만 1인 가구가 핵가족과 비슷한 규모 혹은 핵가족을 상회하는 양적 비중을 차지하기 시작하는 추세가 분명해지고 있다.

인류의 역사만큼이나 오래된 제도가 가족일 터이니, 세월의 변화를 거치면서 가족 역시 변화의 바람을 피해가지 못했다. 변화 그 자체는 놀랄 일이 아니다. 하지만 그 변화의 템포는 현기증을 일으킬 정도로 빨라지고 있다. 모든 것을 일사천리로 빨리빨리 진행했던 압축적 근대화의 상징인 한국의 경우, 모든 분야에서 압축적 변동의 흔적이 나타나는데 가족 형태 역시 예외가 아니다. 급격한 노

1인 가구 비율

(단위: %)

	1980	1985	1990	1995	2000	2005	2010	2012	2015	2025	2035
1인 가구 비율	4.8	6.9	9	12.7	15.5	20	23.9	25.3	27.1	31.3	34.3

출처: 통계청 '인구주택총조사보고서' 각년도, '2010 인구주택총조사 잠정집계 결과' 보도자료
2015년 이후 미래 추계는 통계청 '장래 가구추계 2010-2035'

령화, 저출산 경향과 더불어 한국의 가족 형태는 눈에 띄게 압축적으로 변화하고 있다. 지금으로부터 불과 30여 년 전인 1980년 한국 사람의 절반 정도는 5인 이상으로 구성되어 있는 가구의 구성원이었다. 2인 가구(대부분 자녀가 없는 부부가구)는 5인 이상 가구의 1/5 정도에 불과했다. 혼자 사는 1인 가구는 4.8퍼센트에 불과해 사회적으로 별다른 의미를 갖지 못할 만큼 소수였다. 그 이후 변화의 방향은 명확하고 변화의 속도는 빨라지고 있다. 5인 이상 다인 가구는 2012년 전체 가구 중 7.2퍼센트에 불과한 규모로 축소되었다. 반면 1인 가구는 급격히 증가했다. 1980년 4.8퍼센트에 불과했던 1인 가구는 2012년에는 무려 25.3퍼센트로 늘어났다.[8]

2035년까지의 장기추계를 살펴보면 더욱 극적인 변화가 기다리고 있다. 2013년 현재 20대인 사람이 40대가 되는 2035년이 되면 1인 가구는 전체 가구의 34.3퍼센트에 달할 것으로 예상된다. 2035년에는 1인 가구가 자녀 없는 부부가구나 자녀가 있는 부부가구와 같은 핵가족조차 제치고 가장 많은 가족의 형태가 될 것으로 추정된다.[9] 통계청의 "장래 가구추계 2010-2035"에 따르면 가구 구성은 2010년 부부 + 자녀가구가 37퍼센트, 1인 가구 23.9퍼센트,

가구원수별 구성비율 추계(1980~2035)

(단위: %)

	1980	1985	1990	1995	2000	2005	2010	2012	2015	2025	2035
1인	4.8	6.9	9	12.7	15.5	20	23.9	25.3	27.1	31.3	34.3
2인	10.5	12.3	13.8	16.9	19.1	22.2	24.2	25.2	26.7	31.2	34
3인	14.5	16.5	19.1	20.3	20.9	20.9	21.3	21.3	21.3	20.6	19.4
4인	20.3	25.3	29.5	31.7	31.1	27	22.5	20.9	18.8	13.2	9.8
5인 이상	49.9	39	28.7	18.4	13.4	10	10	7.2	6	3.6	2.4

출처: 통계청 '인구주택총조사보고서' 각년도, '2010 인구주택총조사 잠정집계 결과' 보도자료
2015년 이후 미래 추계는 통계청 '장래 가구추계 2010-2035'

부부가구 15.4퍼센트이지만, 불과 25년 후인 2035년에는 1인 가구가 34.3퍼센트, 부부가구가 22.7퍼센트, 부부+자녀가구가 20.3퍼센트로 변화할 것으로 예측된다. 우리가 관습적으로 가장 정상적이고 표준적인 한 가족 형태로 간주하는 부부+자녀가 함께하는 가구는 20여 년이 지나면 양적으로 가장 소수인 가족 형태가 될 것으로 예측되는 것이다.[10] 지금까지 한 번도 경험하지 못했던 1인 가구가 양적인 정상성의 자리를 차지하는 미래는 이제 불과 20여 년 남았다. 2035년은 지금 이 책을 읽고 있는 사람들 대부분이 여전히 살고 있을 아주 가까운 미래이다. 혼자 사는 사람은 우리도 모르게 소리 소문 없이 늘어났다. 단지 그들이 혼자 조용히 살고 있기에 우리가 없다고 느끼는 것뿐이다.

혼자 살기의 거짓과 진실
—다섯 가지 고정관념

혼자서 가구household를 구성하고 있는 1인 가구를 우리에게 익숙한 풍경으로 옮겨 놓으면 이렇다. 거기에는 가정의 경제력을 책임지는 믿음직한 부모가 없다. 집안의 분위기를 윤택하게 해주고, 소원해진 부부관계도 회복시켜줄 뿐 아니라 사는 기쁨까지 느끼게 해주는 자녀도 그곳에는 없다는 뜻이다. 속내를 함께 나누며 언제나 어떤 일이 있어도 내 편이 되어줄 것이라 믿는 배우자도 없고, 월급쟁이의 서러움으로 인한 스트레스도 단 한 번에 날리게 하는 함박웃음으로 맞아주는 아이들이 없는 그곳으로 왜 사람들은 자꾸 진입한다는 말인가? 왜 혼자 사는 사람들은 이렇게 좋은 가족이라는 단위로 진입하지 못하고 가족의 외부에 서성대는 것일까?

우리는 1인 가구의 증가를 이해하기 위해 몇 가지 가설을 세우곤 한다. 그것은 우리들이 부지불식간에 방편적이고 자의적으로 믿고 있는 통념이기도 하다. 그 통념의 정체를 하나하나 짚어본다.

첫 번째 통념 "1인 가구의 증가는 결혼을 늦추고 있는 젊은 세대의 증가 때문이다."

물론 결혼을 늦추는 만혼화의 경향은 분명하게 나타난다. 노처녀 노총각의 기준도 분명하게 바뀌었다. 1990년 평균 초혼 연령이 남자 27.8세, 여자 24.8세였다면, 2010년에 오면 남자는 평균

31.8세, 여자는 28.9세에 이르러서야 결혼을 한다.[11] 1921년 여성의 초혼 연령이 19.5세, 남자가 18.2세였고, 1928년 여성 19.9세, 남성 22.8세였다가, 1932년 다시 여성 18.7세, 남성 22.2세로 내려가던 경향과 비교해보면, 우리 사회에서 100여 년을 거치는 동안 만혼화의 경향은 매우 분명하게 나타난다.[12] 만혼화 경향이 뚜렷하게 나타나는 이상 결혼하지 않은 채 혼자 사는 젊은 세대의 양적 증가는 불가피하다. 하지만 단독으로 가구를 구성하는 경향은 젊은 세대에서만 제한적으로 나타나는 현상이 아니라 오히려 전 연령대에서 나타난다. 혼자 사는 삶의 양식은 더 이상 결혼을 거부했거나 결혼하지 못한 젊은 세대의 특유한 세대 문화가 아니다. 그것은 생애주기의 모든 단계에서 발생하는 전 생애적 현상이다. 생애주기의 각 단계에서 혼자 사는 삶의 양식으로 이행하는 이유는 각기 다르다 하더라도, 사람들은 각자의 이유, 각자의 방식으로 1인 가구라는 인류 역사상 의식주를 구성하는 최소 단위의 증가에 기여한다.

그런데 가설적 통념과 달리 1인 가구의 확대는 젊은 세대가 아닌 노인 인구에서 가장 확연하게 나타나고 있다. 2012년 현재 65세 이상 인구가 전체 1인 가구 중에서 27.3퍼센트를 차지한다면, 2035년에는 전체 1인 가구 중에서 65세 이상의 노인 1인 가구가 전체의 45퍼센트에 달할 예정이다. 그 근본 원인은 바로 평균수명 연장 때문인데, 우리는 오래 살수록 혼자 살 가능성이 높아지는 추세 속에 놓여 있는 셈이다. 이 추세가 지속된다면 현재 젊은 사람이 노인 연령에 이를 무렵에는 현재의 노인에 비해 혼자 살게 될 가능성이 꽤 높아지는 셈이다.

가구주 연령별 1인 가구(2010~2035)

(단위: 천가구, %)

		2010	2012	2015	2025	2035
1인 가구 구성비	19세 이하	1.2	1.4	1.2	0.7	0.7
	20~29	18.7	17.6	16.9	14.3	10.8
	30~39	19.3	18.7	17.3	13.9	10.5
	40~49	15.2	14.9	14.5	12.4	10.9
	50~59	14.1	15.2	16.1	15.3	13.3
	60~69	12.7	12.3	13.1	18	17.5
	70~79	13.4	13.5	13.1	13.9	19.8
	60세 이상	5.4	6.5	7.7	11.4	16.4
	65세 이상	25.4	26.1	27.3	34.3	45
	75세 이상	11.7	12.9	14.5	18.5	27.6
	85세 이상	1.7	2.2	2.7	5.1	7.3

출처: 통계청 '장래인구 추계'

두 번째 통념 "결혼하지 않은 사람들이야말로 역시 1인 가구 증가의 주범이다."

가장 흔한 통념이다. 하지만 사실은 다르다. 2010년 1인 가구 중 미혼의 사유로 단독 가구를 구성한 사람은 186만 7천 가구(44.9퍼센트)로 가장 많다. 하지만 앞으로의 추계는 좀 달라질 것으로 예측된다. 2010년의 경우 미혼은 1인 가구를 만들어내는 가장 중요한 요인이었지만, 향후 1인 가구 중 미혼가구 구성비는 점차 감소하고 배우자 별거, 사별 및 이혼가구 구성비는 증가하는 추세를 보일 것으로 전망된다. 2035년에는 결혼하지 않아서 1인 가구를 구성하고 있는 사람들의 비중이 33.8퍼센트까지 하락하는데, 배우자가 있음에도 1인가구를 구성하는 경우는 2010년 12.8퍼센트에서 18.6퍼센트로, 사별로 인한 1인 가구는 2010년 28.8퍼센트에서 30.4퍼센트로, 이혼으로 인한 1인 가구 구성은 13.4퍼센트에서 17.2퍼센트로 늘어날 것으로 추정된다. 즉 1인 가구 증가는 결혼을 미루거나 하지 않으려는 풍조로만 설명될 수 없다. 지금 당장 모든 미혼 집단이 결혼을 한다고 하더라도 1인 가구의 증가는 제어될 수 없다.

세 번째 통념 "1인 가구는 가족이 없는 사람들로 구성되어 있다."

이 통념이 반드시 사실을 설명하는 것은 아니다. 가족이 있음에도 1인 가구가 되는 사람은 적지 않다. 배우자가 있지만 서로 떨어져 지내며 1인 가구를 구성하는 비율은 2010년에 이미 12.8퍼센트를 차지하고 있다고 위에서 지적한 바 있다. 남자의 경우 배우자가 있음에도 불구하고 1인 가구를 구성하는 경우는 평균보다 훨씬 높다. 2010년 남성의 17.5퍼센트는 배우자가 있음에도 1인 가구를 구성하고 있다. 우리는 이 수치를 보자마자 숱한 '기러기 아빠'를 바로 떠올릴 수 있을 것이다. 2035년에 오게 되면 배우자가 있음에도 1인 가구를 구성하고 있는 남성의 비율은 더 높아져서 전체 남성 1인 가구의 27.3퍼센트가 가족이 있는 사람들로 구성될 예정이다.

네 번째 통념 "결혼을 하면 혼자 살게 될 가능성은 거의 없다."

혼인상태별 1인 가구(2015~2035)

(단위: %)

		2010	2012	2015	2025	2035
전체	미혼	44.9	44.6	43.8	39.7	33.8
	유배우	12.8	12.8	12.9	14.2	18.6
	사별	28.8	28.8	28.6	29.3	30.4
	이혼	13.4	13.8	14.7	16.8	17.2
남성	미혼	58	57	55.6	50.1	41.8
	유배우	17.5	17.2	17.2	19.2	27.3
	사별	10	10.5	10.6	10.9	10.7
	이혼	14.5	15.3	16.6	19.9	20.2
여성	미혼	33.5	33.6	33.4	30.7	26.7
	유배우	8.8	8.9	9.1	9.9	10.8
	사별	45.3	45	44.5	45.3	48
	이혼	12.4	12.5	13	14.1	14.4

출처: 통계청 '장래인구 추계'

불행히도 이 통념 역시 틀렸다. 검은 머리 파뿌리 되도록 부부가 함께 사는 시대는 이미 끝났다. 끝없는 결혼과 이혼, 그리고 재혼으로 인해 가족관계는 더 이상 안정적인 둥지가 아니요, 수시로 흔들리는 사건의 현장으로 변하고 말았다. 1990년의 총 혼인건수에 비해 2010년의 총 혼인건수는 오히려 줄었지만, 총 이혼건수는 1990년 45,694건에 불과하던 것이 2009년에 이르면 72,830건으로 늘어난다.[13] 통계에서 보듯이 결혼은 더 이상 안정적인 '같이 살기'를 보장하지 않는다. 결혼은 이제 오랜 기간 동안 부부에게 안정을 제공하는 단단한 틀이 아니다. 결혼은 이혼과 재혼이 반복적으로 일어나는 매우 유동적인 틀로 바뀌었다. 그 때문에 한번 결혼했던 사람도 일시적으로, 또는 매우 장기적으로 혼자 사는 처지가 될 가능성은 앞으로 계속 높아질 것이다.

다섯 번째 통념 "혼자 사는 사람들은 대부분 세련되고 능력도 있는 화려한 싱글이다."

반쯤은 맞고 반쯤은 틀리다. 분명 일부 '골드 세대'로 분류되는 고학력·고소득의 미혼 집단도 있다. 고소득 미혼 전문직이며 도시에 거주하는 3, 40대 미혼 집단은 새로운 도시문화 형성의 주역이기도 하고 소비를 주도하는 트렌드 세터이기도 하다. 이들의 삶은 누구나 부러워할 만하다.

전 인터넷 엔터테인먼트 업체에 부사장으로 근무합니다. 올해 서른일곱이지요. 서울 한남동에 있는 80평 빌라에 살고 있습니다. 크게 부담되지는 않습니다. 연봉이 1억 원 정도인데, 가족이 없으니까 그 수입을 모두 나를 위해 쓸 수 있거든요. 모든 것을 나를 위해 소비합니다. 사고 싶은 물건이 있을 때는 거리낌 없이 사는 편입니다. 저는 그럴 만한 가치가 있으니까요. 그리고 혼자 사는 사람일수록 자신을 위한 투자를 아끼면 안 된다고 생각합니다. 자동차는 볼보를 몰고 있어요. 유아용 자동차 시트가 들어가거나 기저귀가 들어갈 수 있는 커다란 트렁크를 자랑하는 흔한 차보다는 저단의 개성을 뽐낼 수 있는 자동차를 선호하는 편이지요. 혼자 사는 스트레스요? 글쎄요. 전

워낙 일을 좋아하고, 일에 지치면 1년에 네다섯 번은 비즈니스나 여행 목적으로 해외에 다녀오기에 혼자라는 삶에서 지루함은 전혀 느끼지 않습니다. 지난 말에는 2주간 휴가를 얻어 멕시코의 여러 도시를 둘러보기도 했습니다. 멕시코 가보셨나요?[14]

역시 명불허전이다. 이렇게 살 수 있다면 혼자 사는 사람의 팔자는 좋다. 이렇게 살 수만 있다면 혼자 사는 걸 마다할 이유가 없다. 하지만 이런 삶을 사는 사람도 분명 있겠지만, 이 경우에 속하는 사람은 전체 1인 가구 중에서 아주 예외적인 사례이다. 오히려 1인 가구의 대다수는 화려함보다는 한계 집단marginal group에 가까운 삶을 살고 있다.

"여기서 평생 살고 싶은 사람이 있겠어?" 서울 구로동의 한 고시원에서 만난 김관수(52) 씨. 인근 고깃집에서 숯불을 피우고 불판을 갈며 생계를 이어가는 그는 고시원에서 산 지 10년이 넘었다. 말 못 할 집안 사정과 거듭된 사업 실패로 혼자가 됐다. 새벽까지 일하기 때문에 낮에는 고시원 방에서 잠만 잔다. "그나마 골목 안이라 조용해서 좋아." 밖으로 난 창문 하나 없는 그의 방 한쪽에는 메모리폼 베개 하나와 담요 한 장이 반듯하게 개어져 있었다. TV 한 대와 작은 냉장고, 침대 밑에 놓인 걸레가 1.5평 남짓한 공간에 자리 잡은 세간 전부다. "깨끗하지? 이렇게 안 하면 (건강이) 망가져. 내 집이라 생각하고 살아야 돼."[15]

사람들은 혼자 사는 사람의 보고 싶은 모습만 보려 한다. 미디어에 등장하는 혼자 사는 사람의 모습은 때로는 화려하게 그려지지만, 혼자 사는 것이 언제나 반드시 늘 행복한 것만은 아니다.

혼자 사는 미래가 다가온다

혼자 사는 사람의 증가는 결혼에 대한 부정과 직접적으로 연관되지 않는다. 세상의 모든 미혼이 당장 내일 결혼한다 하더라도 혼자 사는 사람들의 증가 추세는 중단되지 않는다. 혼자 사는 사람들의 증가는 핵가족으로 진입하지 않은 사람(미혼), 핵가족이 해체된 사람(이혼 혹은 사별), 심지어 핵가족을 유지하고 있는 사람들에게도 모두 나타나는 현상이다. 1인 가구의 증가는 미혼의 증가로만 환원될 수 없는, 더 복합적인 요인들에 의해 규정되는 새로운 경향인 것이다.

미혼으로 인한 1인 가구는 점차 줄어든다. 1인 가구는 '미혼 집단'이라는 규정에서 벗어나 점차 다른 이들의 집단으로 확산되는 경향을 보이고 있다. 남성이라면 현재 배우자가 있는 결혼 상태라 하더라도 이혼으로 인해 1인 가구가 될 가능성을 무시하지 못한다. 반면 여성의 경우는 사별로 인해 1인 가구가 될 가능성이 압도적으로 많다. 평생을 함께한다는 결혼 서약은 지키면 좋지만 지키지 못해도 비난하지 못할 약속으로 이미 바뀌었다. 결혼이 자동적으로 제공했던 삶의 안정은 이제 낯선 것이 되었을 정도로 가족이라는 다인가구의 삶 속에는 다양한 불안정 요인들이 침투하고 있다. 성인 집단이 결혼, 이혼, 재혼 등을 통해 '같이 살기'로 진입하기도 하고 '같이 살기'에서 벗어나기도 하면서 일시적이든 장기적이든 혹은 길든 짧든 '혼자 사는' 사람의 숫자가 양적으로 늘어날 수밖에 없는 사회적 경향은 이미 돌이킬 수 없는 추세가 되었다. 가족은 어떠한 경우에도 절대 흔들리지 않는 무진동 안정판의 지위를 오래전에 이미 상실했다. 가장과 전업주부, 그들의 자녀로 구성되어 있는, 그리고 어떠한 일이 있어도 헤어질 수 없었던 혈연의 관계이자 감정의 공동체이자 경제적 생활의 기본 단위였던 우리가 알고 있는 표준적 가족은 안정성을 상실하고 있다.[16]

불행한 일이지만 1인 가구의 증가 현상이 공론화되는 경우, 사람들은 그것을 부정적인 사회 문제, 자기중심주의와 파편화의 징후, 공적 생활의 약화로만 해석한다. 하지만 표준 가족의 안정성 상실이 비극의 시나리오가 불가피함을 알리는 징조로만 해석되어서는 안 된다. 가족은 해체되어서는 안 된다는 신념을 갖고 있는 사람의 눈에 이 시나리오는 분명 비극일 것이다. 가족애를 이타주의와 동일시하는 견해를 지닌 사람의 눈에는, 표준 가족에서 벗어난 1인 가구의 증가 현상은 사회를 정상적으로 만들어주는 이타주의에서 벗어나는 몰락의 시나리오로 보일 것이다.[17] 하지만 혼자 살기의 증가에 대해 미리 비극적 시나리오를 떠올리며 걱정할 필요는 없다. 혼자 살기 그 자체는 그냥 계속 증가하고 있는 보편적인 사회 현상일 뿐이다.

우리가 혼자 산다는 문제를 가족이라는 틀의 범주에 놓고 파악하는 이상, 혼자 산다는 문제의 다채로운 스펙트럼을 살펴보는 데 실패할 수밖에 없다. 가족이라는 범주가 중심에 놓이는 순간, 우리는 객관적인 가치판단을 할 수 있는 능력을 흔히 상실한다. 가족이라는 단어는 중립적인 사회과학적 단어라기보다는 때로는 눈물을 자아내거나 때로는 한없는 기쁨을 연상시키는 매우 감정적인 의미를 포함하고 있는 단어이다. 이렇게 감정적 색채가 가득한 '가족'이라는 관념의 스펙트럼으로 사물을 보는 한, 혼자 산다는 것은 객관적인 사회적 사실의 문제가 아니라 늘 윤리적 가치 판단의 잣대로 평가받는 부정적 현상이 된다. '혼자 산다'라는 진술은 불가피하게 부정적 의미를 가진 진술이요, 측은지심을 불러일으키는 말이 된다. 심각한 우려와 결핍의 시선이 따라다니는 진술이라는 얘기다.

하지만 1인 가구의 증가라는 시나리오가 반드시 비극의 가능성을 내포하고 있다는 근거는 어디에도 없다. 1인 가구의 증가는 흑사병처럼 퍼져 나가는 독신 풍조의 확산을 의미하지도, 인구 감소로 인한 사회 몰락의 징조도 아니다. "실용적인 관점에서 보자면 1인 가구의 증가에 대해 경계하는 사람들은 그 원인이 되는 사회적 변화들(개인의 부상, 여성의 지위향상, 도시의 성장, 통신기술의 발달, 생활주기의 확장)이 역진될 가능성이 낮음을 직시해야 한다."[18] 사회학자 에릭 클라이넨버그의 말이다. 1인 가구의 증가는 이타주의의 몰락이 아니라 우리가 너무나 익숙해져 있던 가정중심성domesticity[19]이 약화되는 징후에 불과하다. 개인이 삶의 양식을 선택할 수 있는 자유가 확대될수록, 혼자 사는 상황에 노출되는 가능성은 독신 집단이라는 특이한 집단에 국한된 양상이 아니라 누구에게도 열려 있는 개방적 가능성으로 변화한다. 평균 수명은 늘어나는데 남자와 여자의 평균 수명 격차가 그대로 유지된다면, 그 결과는 당연히 인생의 어느 부분 동안 혼자 사는 사람이 많아진다는 것으로 귀착된다. 이혼율이 증가하면, 그 결과는 당연히 혼자 사는 사람의 증가로 나타난다. 만혼이든 비혼이든 평균 혼인연령이 낮아지거나, 생애주기 동안 아예 결혼을 하지 않는 사람들이 늘어난다면 그것 또한 혼자 사는 사람의 증가로 연결될 것이다. 혼자 산다는 문제는 미혼/비혼의 문제로 축소될 수 없다. 혼자 산다는 것은 단순히 결혼하지 않은 노총각 노처녀의 문제가 아니다. 그것은 우리에게 익숙한 모든 것을 다시 생각해야 한다는 필요성을 그 어느 때보다 강력하게 요구하는 보편적인 미래의 문제이다. 이미 변화는 시작되었다. 우리가 그 변화를 좋아하든 걱정하든 상관없이.

chapter 2

개인의 시대에
오신 것을 환영합니다

이 극이 벌어지는 아름다운 베로나에 명망이 엇비슷한
두 가문이 있었는데 오래 묵은 원한으로 새 폭동을 일으켜
시민의 피로 시민 손을 더럽히게 되었도다.
이러한 두 원수의 숙명적인 몸에서 별들이 훼방 놓는
두 연인이 태어났고, 그들은 불운하고 불쌍하게 파멸하며
부모들의 싸움을 죽음으로 묻었도다
부모들의 싸움을 죽음으로 묻었도다
- 윌리엄 셰익스피어(2008), 『로미오와 줄리엣』, 민음사, 11-12.

수수께끼 같은 친구여, 말해보아라.
너는 누구를 가장 사랑하느냐? 아버지? 어머니? 누이나 형제?
나에겐 아버지도, 어머니도, 누이도, 형제도 없소.
친구들은?
당신은 오늘날까지 내가 그 의미조차 모르는 말을 하고 있구려.
조국은?
그게 어느 위도 아래 위치하는지도 모르오.
미인은?
불멸의 여신이라면 기꺼이 사랑하겠소만.
돈은 어떠한가?
당신이 신을 싫어하듯. 나는 그것을 싫어하오.
그렇군! 그렇다면 너는 도대체 무엇을 사랑하느냐. 불가사의의 이방인이여?
나는 구름을 사랑하오… 흘러가는 구름을… 저기… 저기… 저 찬란한 구름을!
나는 구름을 사랑하오… 흘러가는 구름을… 저기… 저기… 저 찬란한 구름을!
- 샤를 피에르 보들레르(2008), 『파리의 우울』, 민음사, 21-22.

마음의 변화

그 누구도 자기의 삶에 대한 결정을 충동적으로 내리는 사람은 없다. 결혼을 결심하는 것도, 이혼을 하는 것도, 결혼을 망설이는 것도, 아예 결혼하지 않겠다는 작정도 최소한 인생에 있어서 중요한 전환점과 관련된 결정인 이상, 예정에도 없었던 마트에서의 원플러스원 상품의 충동구매처럼 즉흥적으로 내리지 않는다. 남들의 눈에는 고민의 흔적이 보이지 않을지라도, 각자의 인생에 대한 결정에는 수많은 생각과 꽤나 긴 번민의 시간이 숨어 있다. 통계상으로는 하나의 숫자로 표시되지만, 개개의 결심은 꽤나 많은 소주병과 전화 통화량과 상담을 거쳐 이뤄진다.

오랜 숙고의 시간을 거쳐 이혼을 결심하고 혼자 살게 된 사람, 아예 처음부터 결혼의 뜻을 접고 혼자 사는 사람 중 그 어떤 사람도 자신과 동일한 통계치로 묶이는 사람과 동맹을 맺은 적이 없다.

그들은 서로 알지 못하고 한 번도 만난 적이 없다. 이들은 서로 혼자 살자고 내통을 한 적도 없고, 행동통일을 피로 맹세한 비밀결사의 조직원도 아니다. 그러나 유사한 상황에 처해 있음에도 서로를 전혀 알지 못하던 사람들이 각자의 고민의 시간을 거친 후 동일한 결심을 내리는 일들이 반복된다면, 사회학자로서는 개인의 결심 뒤에서 이들을 알게 모르게 이어주는 공통의 가치체계를 찾아볼 수밖에 없다. 사회학자들은 그것을 집단 심성, 즉 망탈리테mentalités라 부른다. 망탈리테 변화의 핵심에는 개인이라는 범주가 있다.

우리만 있고 나는 없었던 시대

개인이 관념상으로도 중요한 의미를 얻지 못했던 시대가 있었다. 사실상 '개인'이 없었음을 입증하는 매우 흥미로운 사례가 있다. 12세기 말에 한 수녀원장이 그린 〈기쁨의 정원〉이라는 이름의 초상화이다. 이 초상화에는 그림을 그린 수녀원장뿐 아니라 수녀 60여 명이 등장하고 있는데, 이들은 모두 동일 인물인 것처럼 유사하게 그려져 있다. 구레비치A. Gurevich는 이 초상화를 이렇게 해석한다.

> 인물들의 자세와 태도뿐 아니라 얼굴과 표정도 놀라울 정도로 유사하다. 혹 조금 다른 점이 발견되더라도 그 차이는 부차적일 뿐이며, 화가가 의도적으로 개개인의 특성을 드러내려고 시도한 결과는 아니다. 대수녀원장 본인도, 커다란 두루마리를 들고 서 있는 점만이

다른 인물과 다를 뿐이다. 수녀들은 이름을 표시한 문구로만 서로 구별될 수 있다. 수녀들은 모두 나이나 개인성이 배제된, 그리스도의 신부이다.[1]

이 그림에 등장하는 수녀 한 명 한 명은 수녀원을 구성하는 요소임은 분명하지만, 수녀 개개인의 구체적인 사정이나 성격은 전혀 중요하지 않다. 이 그림이 60명 수녀의 개성이 아니라 그리스도의 뜻을 따르는 수녀라는 '무리'를 그린 것인 한 60명을 서로 구별할 수 있는 특징의 묘사는 전혀 중요하지 않다. 이 그림 속에 개인은 실제적으로 없는 것이다. 60명의 수녀 사이에 차이가 왜 없었겠는가? 개성을 발견하겠다는 목적으로 60명의 수녀를 관찰했다면, 똑같아 보이는 두건 사이로 살짝 삐져나온 머리카락의 색에서 작은 뉘앙스의 차이만이라도 왜 발견할 수 없었겠는가? 좀 더 투명한 녹색에 가까운 눈동자를 지닌 수녀도 있었을 것이고, 언뜻 수녀원의 분위기를 담은 듯 회색이 슬쩍 나타났을 수녀도 있었을 것이다. 60명의 수녀들이 갖고 있는 엄청난 양의 개인적 특성들은 하느님의 뜻이라는 하나의 전체 앞에서 고개를 내밀어서는 안 된다. 전체론적 규범이 강한 곳에서는 개인은 생명을 유지해도 생명을 지닌 개인의 또 다른 사회적 특성인 개성은 사실상 존재하지 않는다. '우리'는 있지만, '우리'를 구성하는 '나'는 없는 곳이 그곳이다.

우리는 분명하게 존재하지만 우리를 구성하는 요소인 '나'는 존재하지 않는 착시가 지배하는 곳은 수녀원과 같은 특별한 조직에만 국한되지 않는다. 개인주의가 시민권을 획득하기 이전까지만 해도 개인이 '우리' 속에 묻혀서 존재하는 양태는 그리 특별한 것이 아니었다.

기원전 4세기까지 모든 집단의 구성은 경험의 다양성과 관계없이 단 하나의 규범, 다시 말해 전체론적 규범에 의존하였다. 엄격하게 서열화된 유기적 전체로서 구성된 도시 국가나 부족 공동체가 어디서나 배타적으로 군림하였으며, 구속력이 강하고 상호 의존성이 높은 관계로 묶인 구성원들을 절대적으로 지배하였다. 이런 사회에서 인간의 행동은 소속된 집단과 법에 대한 내면화된 복종심, 거의 변하지 않고 반복되는 전통 등에 의해 전적으로 결정된다. 이때 인간은 가치와 행동 규범의 선택에 있어 어떤 자율성도 갖지 못하고, 자신을 고유한 개인으로 생각하거나 떠올리지 못하며, 단지 '우리'에 의존하는 단순한 분자로서 행동할 뿐이다.[2]

물론 모든 개인이 의미 없지는 않았다. 의미를 획득하고 칭송받는 개인도 있었다. 고대 그리스에서도 자기 자신에 대하여 관심을 갖기는 국가의 중요한 원리이자 사회적, 개인적 행위와 생활 기술에 관한 중요한 규칙이었다.[3] 어떤 개인들은 의미 있는 단위를 이루기도 했다. 하지만 그들은 예외적인 경우에 속했다. 극히 예외적인 인물인 '위인'이나 '영웅'을 제외하고는 '개인'이라는 범주는 아무런 의미를 지니지 못했다. 대부분의 사람들은 소크라테스도, 플라톤도, 성 아우구스티누스도 아니었다. 그들은 '개인'을 내세울 처지와 위치에 있지 않았다. 자신의 운명을 스스로 결정할 기회가 아예 부여되지 않았던 사람들은, 운명처럼 부여된 신분과 성별에 따라 미리 결정되어 있고 예정되어 있으며 어떠한 경우에도 바꿀 수 없는 궤도 위에서 삶을 살았다.

개인의 탄생

봉건제가 붕괴되고 종교의 힘이 약화되는 세속화가 진행되면서 소수의 사람에게만 허용되었던 개인의 특징, 즉 개성에 민감한 집단이 출현하기 시작하였다. 그들은 근대적 예술가들이다. 근대적 예술가는 아주 민감한 촉수를 지닌 사람들이다. 그들은 자신이 추구하는 개성을 어떠한 것과도 바꾸려 하지 않는 사람이다. 그들에게 개성은 생명이다. 개성이 없다면 예술가는 자기 존재의 의미를 잃을 수밖에 없기에 그들은 어느 누구도 따라하려 하지 않는다. 또한 궁정의 스폰서 관계에서 해방되어 자율적인 집단으로 성장한 예술가들은, 신분의 명령이 아니라 자기가 설정한 기준에 따라 그릴 그림을 결정하고 음악을 작곡했다. 그들은 궁정 예술가들처럼 경제적 안정을 보장받지는 못했지만, 오로지 자신이 명령한 자기만의 기준에 따라 행동했다.

당시로서는 매우 이질적이고 낯선 행동의 준칙을 지녔던 이들은 자신들의 정당성을 인정받기 위해 동일한 세계관을 공유하는 사람들의 네트워크를 필요로 했다. 그들은 대도시에 모여들었고, 대도시에는 그들이 풍기는 새로운 향기가 강하게 피어오르는 파리의 몽마르트르와 같은 특별한 구역이 생겨났다. 그들은 개성에 대한 민감한 촉수를 지니지 못하고 세태를 따라하는 속물주의자(독일어로는 필리스터Philister)와 자신들을 구별하면서 스스로를 떠도는 보헤미안의 이미지로 이해했다. 보헤미안은 "집단과 그 전통은 열등"⁴하다는 믿음을 지녔다. '집단과 전통'이 차지하고 있는 자리를 보헤미안은 '개성적 개인과 현대성'으로 대체하고자 했다.

예민한 촉수를 지닌 예술가에게 남들과 같아진다는 것은 참을 수 없는 권태의 이미지였다. 파리의 시인 보들레르Charles Pierre Baudelaire 역시 파리의 흔한 인물들과 자신이 구별되지 않는 것을 견디지 못했다. 개성적 존재들에게 존재의 이유는 남들과 달라지는 것이었다.⁵ 예술가들의 예외적인 기질 정도로만 치부되던 자기에 대한 민감성, 개성을 지키려는 욕구, 남들과 달라야 한다는 강박은 예술가 집단의 범주를 벗어나 점차 확산되었다. 아주 예민한 정신을 소유한 예술가들에게서나 발견되던 '권태'라는 정서는 메트로폴리스가 생겨나고 자본주의가 확산되면서 아무리 둔감한 감각을 지닌 사람이라도 느낄 수 있는 보편적인 감정으로 변화한다.

짐멜Georg Simmel은 누구보다도 근대적 감수성을 잘 파악한 사회학자 중 하나였다. 인격적 관계에 기반을 둔 전통적인 공동체와 달리 익명성을 전제로 하는 메트로폴리스는 시민들에게 특유한 정서적 태도를 낳게 했는데, 싫증과 냉정함 그리고 상호 무관심이 대표적이라는 것이다. 이러한 태도는 전적으로 개성적 존재이자 사적 영역에서의 자기 결정권을 지닌 개인을 전제로 한다. 많이 인용되는 짐멜의 논문 「대도시와 정신적 삶」은 바로 이러한 경향을 지적하며 시작된다.

현대의 삶에서 가장 심층적인 문제들은 개인이 자기 자신의 독립과 개성을 사회나 역사적 유산, 외적 문화 및 삶의 기술의 압도적인 힘들로부터 지켜내려는 요구에서 유래한다. 이는 원시 인간이 육신의 실존을 위해 치러야 했던 자연과의 투쟁에서의 마지막 단계에 속한다.[6]

사랑의 짧은 역사

일부 예술가들에게서나 발견되었던 개성과 자기 결정권을 중요하게 여기는 새로운 풍조는 세대의 벽을 넘어 확산되고, 새로운 가치 체계가 만들어지는 토양이 되었다. 그것이 가장 결정적으로 구현된 분야가 사랑이라는 영역이다. 전통적인 결혼은 개인의 결정 영역이 아니라 집안의 결정 사항이었다. 그러하기에 결혼은 애정이라는 열정적 감정을 전제로 하지 않는 통과의례에 불과했다.[7] 물론 그 시대에도 애정은 있었고 또 중요한 역할을 했다. 다만 결혼과 동일시되지 않았을 뿐이다. 애정은 오히려 현재의 관점에서는 불륜이라 부를 수밖에 없는 관계에서 발생했다. 중세 기사들의 마상시합은 귀족 부인과 그들의 예비적인 애정의 상대자 기사 사이의 애정의 관계를 위한 잔치에 다름 아니었다. 하위징아가 그의 탁월한 저작 『중세의 가을』에서 묘사한 귀족 부인과 기사의 애정행각, 그리고 그것을 지켜보는 귀족 부인의 남편에 관한 이야기는 과거의 사람들이 결혼과 애정에 대해 우리와는 전혀 다른 생각을 갖고 있었음을 보여준다.

기마 시합의 에로틱한 요소는 기사가 자기가 사모하는 부인의 베일이나 옷을 걸치고 나오는 습관 속에서 분명히 나타난다. 시합의 열기 속에서 여자들은 몸에 걸친 장신구들을 하나씩 벗어던지고 마침내 경기가 끝나면 그녀들은 머리에 아무것도 걸치지 않은 채 팔과 어깨마저 소매 없이 맨살을 드러낸다. (…) 한 부인이 고귀한 관용으로 가득 찬, 그러나 싸움은 별로 좋아하지 않는 남편을 갖고 있다. 그녀는 자기를 사모하여 섬기는 세 기사에게 자기의 셔츠를 보낸다. 그들 중 하나에게 그것을 갑옷 위에 걸치는 겉옷 대신 걸치고 흉갑도 입지 않은 채 그녀 남편이 베풀기로 돼 있는 다음번 기마 시합에 참가하라는 것이다. 첫 두 기사는 그 제안을 거절한다. 가련한 세 번째 기사만은 그 셔츠를 끌어안고 열렬히 애무한 뒤 기마 시합에 그것을 입고 나간다. 그는 크게 다치고 셔츠는 찢어져 피로 물든다. 그의 용맹은 상을 받고, 그는 부인에게 한 가지 보상을 요구한다. 즉 그는 그녀에게 피로 얼룩진 그 옷을 돌려보내며 그녀로 하여금 기마 시합을 마치는 폐회 축하연 동안 그것을 옷 위에 걸쳐 입고 있으라 요청한다. 그녀는 피투성이가 된 셔츠에 부드럽게 입 맞추고는 그것을 걸쳐 입는다. 대부분의 참석자들이 그녀를 비난하고 남편은 당황하여 수치를 느낀다.[8]

지금이라면 귀족 부인의 남편과 기사 사이에 칼부림이 일어날 만한 상황이다. 하지만 귀족 부인과 그의 남편이 애정이라는 감정에 기초해서 혼약하지 않았고, 그들의 결혼이 개인의 결정에 의한 것이 아닌 이상, 결혼이라는 절차와 애정이라는 감정의 교류가 서로 어긋나도 크게 이상하지 않았다. 애정이라는 개인의 감정에 대한 선호, 그리고 애정이 결혼을 결심하게 하는 가장 결정적 요인으로서 사회적으로 공인받기 위해서는 꽤 오랜 마찰의 시간을 통과해야 했다. 애정은 근대적 개성이 확고하게 인정을 받는 시대에 와서야 비로소 자기 자리를 찾을 수 있었던 것이다.

개인의 애정이라는 감정, 낭만적 사랑에 대한 찬양 역시 예술가 집단으로부터 시작되었다. 파리의 댄디맨 보들레르는 궁정식 사랑과는 다른 현대적인 낭만적 사랑을 옹호했다. 그리고 이렇게 권유했다. "그러므로 독자들은 자신의 사랑을 선택해야 한다. 불가능한 현상인 첫눈에 반하기를 부정하지 않는다면, 스탕달이 쓴 『연애론』 1권 23장을 찾아보라. 운명은 인간의 자유라고 불리는 모종의 융통성을 이용한다는 사실을 믿어야 한다."[9]

개인화의 아방가르드 예술가들이 모여 있던 19세기의 파리는 현재 대다수의 메트로폴리스에서 상식으로 등장하고 있는 낭만적 사랑에 대한 무조건적인 옹호를 위한 무대나 다름없었다. 1830년대의 파리, 보헤미안이 되고 싶은 예술가들이 모여 사는 싸구려 아파트, 인정받지 못했기에 가난할 수밖에 없는 가난한 시인 로돌포는 여공 미미에 대한 운명의 낭만적인 사랑이 싹트는 순간 그녀의 손을 잡고 낭만적 사랑을 찬양한다. 푸치니Giacomo Puccini의 오페라 〈라 보엠〉의 유명한 아리아 "그대의 찬 손"은 바로 이 순간을 노래한다.

그대의 찬 손, 내가 녹여주리라
이 어둠 속에서는 찾아도 소용없어요

다행히 밝은 달이 우리 가까이에 있다오
내가 무엇을 하며 어떻게 사는지 말해줄까요?
나는 시인이라오
다만 시를 읊으며 가난하나 기쁘게 부자같이 지낸다오
시와 사랑의 노래, 아름다운 꿈과 이상의 낙원에서 마음만은 백만
장자처럼
빛나는 그대의 눈동자가 조용한 내 마음에 불길을 던져준다오
사랑스러운 그대의 눈길이 나의 꿈[10]

조르주 비제Georges Bizet의 오페라 〈카르멘〉의 여주인공인 집시 여인 카르멘 역시 열정적인 낭만적 사랑의 아이콘이다. 카르멘은 사랑이라는 격정적 감정이 지닌 치명적 속성을 그대로 드러내는 '팜므 파탈'femme fatale이다.

사랑은 변덕스러운 새, 그 누구도 길들이지 못해. 이미 거절할 마음을 먹은 그를 아무리 불러도 소용없어! 위협도 하소연도 그를 움직이지는 못해. 한 사람은 멋대로 지껄이고 다른 한 사람은 잠자코 있네. 허나 나는 말없는 사람을 택해. 말없는 그를 나는 좋아해. 사랑은 집시 어린 애, 세상의 법 따위는 들은 적도 없어. 그대가 나를 사랑하지 않는대도 나는 좋아해, 한번 내가 좋아하게 되면 조심해야 할 거야![11]

카르멘은 낭만적 사랑의 본질을 이미 꽤 뚫고 있다. "사랑은 변

덕스러운 새"이지만, 사랑이 변덕스러운 새라는 것을 알고 있으면서도 결혼이라는 중요한 결정을 사랑의 감정에 따라 결심하게 되면 결혼은 누구나의 일이 아니라 어떤 사람의 일이 된다. 이미 변덕스러운 사랑의 포로가 되어 있으나, 자신이 처한 시대가 개인의 결정을 존중해줄 수 없다면 낭만적 사랑에서 출발한 자유연애의 결말은 비극일 수밖에 없다.

  사랑에 대한 자기 결정이 중요하지면서, 가문의 결정이 아니라 사랑이라는 자기감정의 명령에 충실하려 했던 전설적인 연인들은 가장 낭만적인 연애의 모델로 격상되었다. 사랑의 묘약을 마시고 금지된 사랑에 빠져든 중세의 가장 로맨틱한 커플 '트리스탄과 이졸데', 이 두 사람의 연애 의지는 그들이 소속된 집단의 의지와 충돌한다. 집단의 의지에 저항해 개인의 의지를 옹호하려는 비운의 커플에게는 죽음만이 예정되어 있을 뿐이다. 하지만 비극을 예감하고 있으면서도 트리스탄과 이졸데는 자유연애에 대한 격정을 포기할 수 없다.

    우리의 마음은 기쁨으로 터질 것 같네
    우리의 모든 감각은
    황홀경에 취해 있고
    불같은 정열이 그 향기를 내뿜고
    번민하던 사랑이 밝게 타오르네!
    이제 우리의 가슴은 환희에 가득 찼다오!
    이졸데!

이졸데, 난 세상을 버렸소!

트리스탄! 당신을 택하기 위해 저도 세상을 버렸습니다.

제가 생각하는 것은 오직 사랑의 기쁨뿐입니다.[12]

원수의 집안에서 태어났지만 첫눈에 사랑에 빠진 로미오와 줄리엣의 비극적 운명처럼, 개인에게 결정권이 보장되어 있지 않았던 시기에 가문의 선택이 아니라 개인의 선택을 감행했던 모든 낭만적 커플은 죽음을 끝으로 이런 모델을 따랐다. 사랑이라는 개인의 감정을 선택했던 사랑의 전사들은 죽음을 피해갈 수 없었다. 현해탄 로맨스의 주인공이자 한국 최초의 서양식 소프라노라는 영예를 지녔던 모던 걸 윤심덕은 도쿄 유학 도중 이미 결혼하여 자녀까지 있는 극작가 김우진과 사랑에 빠졌고, 1926년 윤심덕이 불렀던 〈사의 찬미〉의 가사 그대로 죽음으로 끝을 맺었다.[13] 윤심덕과 김우진처럼 이루지 못하는 사랑을 위해 정사情死를 선택하는 커플도 있었지만, 부모가 결정한 혼인에 반기를 들고 자신의 결정을 위해 도망친 선구자들도 있었다. 1924년 9월 1일자 『동아일보』에 실린 기사이다.

20세 전후의 묘령의 처녀가 시집가기 싫다고 일본으로 달아난 일이 또 있다. 시내 원남동 이십구 번지에 사는 청림교 교주 김상설의 장녀 복인이라는 금년 열아홉 살 된 처녀는 몇 해 전에 시내 교동 공립보통학교를 졸업하고 집에서 놀고 있던 바 몇 달 전에 자기 아버지가 자기 승낙도 받지 않고 진주 사는 어떤 청년과 약혼을 하여 두었는데, 그 후에 알아본즉 신랑은 그리 사람도 잘 나지 못한데다가 가난한 살림을 하는 사람임으로 부모에게 대하여 파혼하기를 여러 번 애원하였으나 파혼은 고사하고 시월로 정한 혼인날마저 점점 가까워 옴으로 피신책으로 대략 한 주일 전에 유학을 핑계하고 일본 동경으로 슬그머니 달아나버리고 말았는데, 그 후에 동경으로 달아난 줄을 탐지한 김상설 씨는 오일 전에 행구를 수습하고 동경으로 따라갔다더라.

현해탄에 몸을 던져 '정사'하는 개인, 부모가 결정한 혼인을 뒤집기 위해 집에서 도망치는 개인 등 연애의 아방가르드들이 곳곳에서 출현하기 시작하면서, 완전히 무시되었고 심지어 경청조차 되지 않았던 결혼에 대한 개인의 의지는 점차 결혼에서 중요해졌다. 이제 더 이상 결혼에 대한 결정권을 보류해둘 수는 없게 되었다. 아주 오랜 시간이 걸렸지만, 가족을 구성하는 결정권은 고스란히 집단에서 개인에게로 넘어왔다. 그리하여 적어도 사적 영역에서는 개인이 역사상 가장 많은 결정권을 갖는 시대가 도래했다. 개성에 대한 예민한 촉수를 지닌 개인들이 자신을 스스로 소중한 존재로 격상시키는 가치관의 변동, 그것을 우리는 벡 부부 Ulich and Elisabeth Beck의 제안에 따라 '개인화'individualization라 칭할 수 있겠다. **개인화**라는 심성이 확산되면,

[개인의] 일대기biography들은 전통적인 계율과 확실성, 외부적 통제와 일반적인 도덕률로부터 멀리 떨어져 나와 개방적이고 개인의 결정

에 따라 계속 달라지는 것이 되며, 각 개인에게 일종의 과제로 제시된다. 살아가는 문제에서 개인의 결정과 관련되지 않은 가능성들의 비율은 점차 줄어들고, 개인적 결정에 열려 있는 일대기의 비율과 개인의 이니셔티브는 늘어나고 있다.[14]

이러한 집단 심성, 즉 망탈리테는 결혼에 대한 전통적인 가치체계와는 전혀 다른 성격을 지녔다. 결혼의 결정권이 개인에게 넘어가면서 결혼은 더 이상 부모가 강제할 수 있는 통과의례도 아니요, 본인의 감정이 동하지 않는 이상 주위에서 설득하고 권한다고 해서 성사될 수도 없는 것이 되었다. 결혼에 대한 결정권은 전적으로 개인의 의지에 달렸다. 그와 함께 결혼은 더 이상 성인이 되는 필수적인 사항이 아니라 '옵션'으로 변화하게 되었다. 너무나 명확한 변화이다. 사랑의 스파크가 튀지 않는데 어떻게 나이 먹었다고 무조건 결혼을 할 수 있겠는가? 요란한 연애소동을 낳게 했던 사랑의 '개인화'가 시대적인 망탈리테가 되면서 역설적으로 낭만적 사랑에 제동을 거는 제도의 훼방꾼은 사라졌음에도 결혼을 결심할 정도의 낭만적 사랑은 점점 어려워지게 되었다. 특히 익명의 짝 없는 남녀가 밀집해 있는 대도시적 환경일수록 낭만적 사랑에 대한 열망은 강해지지만, "사랑은 변덕스러운 새"라는 느낌이 결혼의 은밀한 불안 요소로 작용하게 된다.

개인과 개인을 가족이라는 제도의 틀로 결합시키는 동기가 개인의 감정에서 찾아지는 한, 감정은 개인과 개인을 연결시키는 격정의 동기가 되기도 하지만, 그 감정이 유통기한에 다다랐을 때 나타나는 변덕스런 휘발성은 관계를 위협하는 제일 요인이 된다. 사랑의 격정에 휩싸인 개인들은 결혼이라는 중요한 삶의 전환점을 오로지 자기 결정이라는 관점에서만 받아들이기에 주위의 반대에도 불구하고 결혼을 강행하지만, 또 그만큼이나 동일한 강도로 자기 결정에 따라 결혼이라는 틀을 깰 수도 있다. 격정적이지만 동시에 휘발적일 수밖에 없는 개인의 감정적 결정이 중요해지면서, 그것은 결혼에 대한 거부든 이혼 충동이든 혼자 살 수 있는 가능성을 높이는 촉발 요소로서도 큰 의미를 얻게 된다. 또한 그러한 결정권자로서의 개인은 가족 속에 있다 하더라도 자신의 결정권을 쉽게 포기하지 않으며, 극단적인 경우 가족과 개인의 자유가 충돌할 때 이전 세대의 사람들과는 전혀 다른 선택을 한다. 개인화라는 심성이 지배하는 시대에 살고 있는 사람은 "사랑과 가족과 개인적 자유 사이에 이해관계가 충돌"[15]할 때, 가족을 위해 개인을 희생하지 않고 사랑을 택할 수 있는 용기, 가족 앞에서 개인적 자유를 포기하지 않는 태도를 지닌다. 그러나 혼자 사는 사람을 끊임없이 만들어내는 원천인 '개인화'라는 망탈리테의 강도가 강해질수록 그에 대한 반작용으로 개인화 심성을 비극의 전조로 우려하는 사람들도 등장한다. 그들의 눈에 개인화라는 망탈리테는 과거의 소중한 전통을 붕괴시키는 반사회적 경향으로만 보인다.

혼자 살면 반사회적일까

오타쿠건 히키코모리건 혼자 사는 사람은 반사회적일 것이라는 관습적 가정은 매우 견고하다. 이 가정은 살인 사건의 범인이 마침 혼자 사는 사람으로 밝혀지게 되면, 마치 혼자 산다는 조건이 그 범죄의 원인이라도 되는 양 보도하는 사건의 보도 형식으로도 나타나고, 혼자 사는 것과 가족 해체를 동일시하는 착각으로도 나타난다. 노스탤지어적 정서에 포획되어 있는 사람의 눈에는 오로지 과거의 것만이 바람직한 것이고, 미래에 출현하는 요소들은 모두 타락의 요소들이다. 노스탤지어의 정서에 포획된 사람에게 혼자 사는 사람은 반사회적 인간에 다름 아니다. 과연 혼자 살면 모두가 반사회적이 될까?

대학의 제도에 익숙하지 않은 사람에게 사회학이라는 학문을 설명하기란 쉽지 않다. 보통 사람들은 사회학이라는 이름을 들으면 무엇을 연구하는지 잘 모르겠다는 뜻을 아리송해하는 표정으로 전달한다. 그런 사람들에게 "사회학은 사회를 연구하는 학문입니다"라고 대답해주면, 대부분의 사람들은 그때서야 알겠다는 뜻으로 고개를 끄덕인다. 과연 나는 설명을 제대로 한 것일까? 나의 설명을 들은 사람은 정말 납득한 것일까? 이 질문에 대한 대답은 '사회'라는 단어에 우리가 간주하는 것만큼이나 '투명'하고 '분명'한 의미가 담겨 있는지 여부와 관련 있다. 만약 사회라는 단어에 분명한 뜻이 담겨 있고, 이 단어를 사용하는 한 우리가 의사소통에서 의미론적 혼란에 빠지지 않는다면 나의 설명은 훌륭한 것이 될 것이다. 그리고 나의 설명을 들은 사람도 내가 전달하고자 하는 뜻을 충분히 이해할 것이다. 하지만 냉정하게 판단하자면 이런 일은 결코 일어나지 않았다. 그것은 설명하는 사람의 능력 부족 때문도, 듣는 사람의 이해력 한계 때문도 아니다. 그것은 전적으로 우리가 '사회'라는 단어를 아주 잘 알고 있다고 착각하기 때문이다.

서양 번역어도 아닌 데다 한자로 구성되어 있다는 이유 등으로 우리는 사회라는 단어를 아주 오래전부터 사용했던 단어라고 착각하기 쉽다. 하지만 '사회'는 서양 언어 'society'가 한자어로 번역되면서 사용되기 시작한 근대의 번역에 기반을 둔 조어에 해당된다.[16] 그 이전에 한자문화권에서는 그냥 모임 내지 집단의 뜻으로 '회'會 또는 '사'社라는 말이 쓰였을 뿐이다. 그러고 보면, 서양 언어 'society' 자체도 투명한 뜻을 지녔다기보다 다양한 맥락에 따라 다양한 뜻으로 쓰이곤 했다. 이 점까지 감안하면, 서양 언어의 번역어로 시작된 사회라는 단어의 운명은 사뭇 기구하다. 사회는 누구나 알고 있는 단어이지만, 그 단어의 뜻에 대해서는 누구도 제대로 알고 있지 못하면서 마치 잘 알고 있다고 착각하고 있는 대표적인 단어라 할 수 있다. 많이 쓰이는 단어에 대해 사람들은 그 단어가 모호한 뜻을 지니고 있을 것이라 의심하지 않는다. 정작 자신이 그 단어의 뜻을 잘 모르고 있다 할지라도 단어 그 자체는 투명한 뜻을 지니고 있을 것이라 짐작한다. 사회학이라는 학문에 대한 질문에 대해 "사회학은 사회를 연구하는 학문"이라는 나의 대답에서 방점은 사회가 아니라 연구에 찍혀 있다. 아마도 내 대답에 고개를 끄덕이는 사람도 내 설명을 듣고 사회학이라는 단어가 구체적으로 이해되었기 때문이 아니라 동어반복에 불과한 나의 대답에 대한 '미소 효과' 반응이었을 가능성이 더 크다.

남들은 모두 잘 이해하고 있는 듯한데 자기만 이해하지 못하고 있는 느낌을 받을 때 사람들은 슬쩍 미소로 상황을 모면한다. 특히 모여 있는 사람들이 자기가 정확하게 이해하지 못한 대상에 대해 이해하고 있다는 명확한 반응을 보일수록 더 그러하다. 이럴 때는 슬며시 미소를 짓는 게 적절하다. 사실 자기는 잘 이해하지 못했지만 같이 있는 사람들이 어떤 농담에 웃음보를 터트린다면 박장대소로 응대하지는 못할지언정 최소한 미소는 지어야 한다. 만약 어떤 단어가 아주 자주 사용되고 있고, 누구도 그 단어의 뜻이 명확하지 않다고 탓하지 않는다면 미소 효과는 배가될 수 있다. 특히 그 단어가 아주 익숙한 학문적 단어라면 더욱 그렇다. '사회'는 엄밀하게 말하자면 일상의 언어라기보다 학문적 단어에 가깝다. 학문적 단어임에도 불구하고 일상적으로 쓰이는 단어이다. 그런 점에서 '사회'라는 단어에는 미소 효과가 개입될 가능성이 더 높은 것이다. 사회학에 대한 질문을 받은 사회학자인 나도 '미소'를 지으며 사회학은 사회를 연구하는 학문이라는 동어반복을 천연덕스럽게 늘어놓고, 그 대답을 들은 사람도 '미소'를 지으며 이해했다는 시그널을 보내지만 우리는 아직 대나무 숲에 가서 "임금님 귀는 당나귀 귀"라고 외치지 못한 상태이다.

누구의 의심도 받지 않는 명제들이 있다. 아리스토텔레스에서 유래했다는 "인간은 사회적 동물" 역시 절대 의심받지 않는 명제의 대표적 사례일 수 있다. 의심을 받지 않는 대부분의 명제들이 그러하듯이, "인간은 사회적 동물"이라는 명제를 구성하고 있는 단어들의 의미를 우리는 아주 잘 알고 있다고 전제한다. "인간은 사회적 동물이다"라는 유명한 명제 또한 '미소 효과'에 포획되어 있다. 이 명제는 웬만한 사람이면 다 알고 있다. 비록 이 명제와 아리스토텔레스를 연결시키지 못하고 아리스토텔레스가 누구인지 잘 모른다 하더라도, 이 명제는 대부분의 사람들에게 낯설지 않다. 만약 누가 이 명제로부터 자신의 주장을 시작한다고 가정해보자. 대부분의 사람들은 이 명제에 수긍한다. 그러나 이 명제를 알고 있는 모든 사람들이 '사회적'이라는 뜻을 명확하게 알고 있다고 가정할 수 있을까?

아리스토텔레스의 이 명제는 『니코마코스 윤리학』과 『정치학』에 등장한다. 『니코마코스 윤리학』에는 "자기 혼자만을 위한 자족성, 고립된 삶을 살아가는 사람을 위한 자족성"을 이루기가 어렵다는 이유로 "인간은 본성상 폴리스적(사회적) 동물"[17]이라는 명제가 등장한다. 맥락을 감안하면, 우리가 "인간은 사회적 동물이다"라는 명제만을 따로 떼어내어 말할 때와는 결코 무시할 수 없는 뉘앙스의 차이가 생긴다. "인간은 사회적 동물"이라는 아리스토텔레스는 서로 교통하지 못하는 자족성을 경고하는 것이지, 자족성 그 자체를 부정하는 것도 집합주의적 세계관을 주장하는 것도 아니다. 하지만 누구나 다 알고 있는 듯한 이 명제로부터 매우 단단한 상식의 벽이 만들어진다.

개인들이 만드는 사회

사회라는 단어는 '미소 효과' 덕택으로 그 모호함이 들통 나지 않은 채 단어의 생명력을 유지하고 있는 셈이다. 하지만 그 단어가 발휘하는 효과는 매우 분명하고 때로는 단호하기까지 하다. 특히 누구나 알고 있는 "인간은 사회적 동물이다" 같은 명제와 결합할 때, 사회라는 단어는 선과 악을 판단하는 심판관 역할을 수행하기도 한다. '사회'라는 명사의 의미는 모호하게 남아도, 모호한 명사의 형용사형 '사회적'은 바람직한 것 또는 긍정적인 것과 동일시된다. 덕택에 사회적이지 못하거나asocial, 사회의 지배적 규범을 따르지 않는 반사회적antisocial 행위는 매우 위험한 행동 중 하나로 취급된다.

'사회적'이라는 단어는 다른 인접 단어들과 일련의 치환관계를 맺는다. '사회'라는 단어는 때로 민족, 국가나 공동체와 같은 집합적 군집과 동일시되고, 이 맥락에서 '사회적'이라는 형용사는 민족과 국가에 이득이 된다는 뜻으로 치환된다. '사회'가 미소 효과에 의해 의미의 모호함을 감추고, 또 치환관계를 통해 분명한 판단의 기준으로 자리 잡게 되면 사회적인 것과 치환관계를 맺지 않은 상태를 지칭하는 언어는 반사회적 = 반국가적 = 반민족적 = 반공동체적이라는 아주 부정적인 뉘앙스를 획득한다.

사회 – 민족 – 국가 – 공동체가 긍정적 뉘앙스의 동맹을 이루는 한, 그 공동체들을 그보다 더 작은 단위로 쪼개려는 모든 기도는 부정적인 눈총을 피할 수가 없다. 그 부정적인 대접의 중심에 '혼자 산다는 것'이 있다. '혼자 산다는 것'과 '은둔'은 다르다. '혼자 산다는 것'은 외톨이가 되는 것과도 다르다. '혼자 산다고' 해서 반드시 '고립적'이고 '폐쇄적'인 삶을 사는 것도 아니다. 하지만 사회 – 민족 – 국가 – 공동체의 긍정적 뉘앙스 동맹이 강하게 지배하면, 사회 – 민족 – 국가 – 공동체의 차원에서 조금이라도 비켜나 있는 사람은 비정상적인 상태, 위험한 비정상성으로 취급되기 마련이다.

이때 곧잘 등장하는 어휘가 "수신제가치국평천하"修身齊家治國平天下라는 것이다. 그 말에 따르면, 가족을 구성하지 못한 사람은 함량이 부족한 사람이다. 결혼을 통해 가족이라는 집단을 구성하지 않은 채 홀로 존재하는 사람은 사회 - 민족 - 국가 - 공동체의 긍정적 뉘앙스 동맹에서 비껴나 있는 대표적인 구체적 인물이다. 이런 이유로 결혼을 하지 않은 상태인 이른바 미혼 또는 비혼은 사적 문제가 아니라 공적 문제로 격상되기도 한다.[18]

'사회적인 것'은 '집단을 이루는 것'과 동일하게 여겨지고, 집단에 소속되지 않는 현상은 사회문제 현상으로 취급된다. 물론 특정한 사회문제가 이러한 두뇌의 관습을 정당화시켜주기도 한다. 집단주의적 사고방식은 '미소 효과'와 긍정적 뉘앙스 동맹을 구성하고 있는 사회를 위하여 개인에게 헌신을 바치도록 일방적으로 강요하지만, 만일 우리가 집단주의적 사고방식과 약간의 거리를 두고 '사회적'이라는 말에 대해 생각해보면 사회적이기 위해서 반드시 전제되어야 하는 것은 개체의 존재이다. 분화된 개체 없는 전체는 둔하고 묵중한 덩어리에 불과하다.

서양 언어에서 '사회'가 한편으로 '사교'와 '교제'를 뜻하는 뉘앙스를 담고 있는 것[19]도 바로 이 때문이다. '사회적'이라는 말을 다시 한 번 정의해보면, 그것은 강요된 집단주의처럼 '집단적'이라는 뜻이 아니라 **개인과 개인의 상호작용**을 의미한다. 이 상호작용은 집단으로부터 분리되어 있고 자율성을 지닌 개인을 전제할 때 가능하다. 전근대적 전체주의나 스탈린적 사회주의는 이런 의미에서 '사회적이지 않다'고 말하는 것이다. 그렇기에 '사회적'이라는 단어는 반드시 '집단'을 주어로 삼지 않는다. 개체는 '사회적'인 것이 발생하기 위한 일종의 전제와도 같다. 개체라는 행위자가 없다면 사회적인 것은 발생할 수 없다. 그렇기에 개인화는 사회의 몰락이 아니라, 사람들이 상호작용하는 중요한 형식과 제도가 변화했다는 뜻이다. 1인 가구의 증가와 결부되어 있는 '개인화'의 증대가 반드시 반사회적 경향의 강화를 의미하는 변동은 아니라는 얘기다.

'독신세'를 물려라?

혼자 사는 사람들이 늘어나는 것이 언제나 어떤 경우에서나 가족해체나 공동체의 붕괴와 같은 비극의 시나리오를 예고하는 증거인 것은 아니다. 적어도 1인 가구의 증가가 자신에 대한 민감한 촉수를 지닌 개인이 증가하고, 가족과 개인이 이익이 상충할 때 반드시 가족을 위해 자신을 희생하는 희생 시나리오가 폐기됨을 의미한다면, 1인 가구의 증가는 가족의 해체나 공동체를 붕괴시키는 흑사병 같은 전염병의 이미지가 아니라, 오히려 분해될 수 없는 가장 작은 단위가 핵가족에서 개인으로 이동하는 경향을 의미할 뿐이다.

새로운 변화가 등장하기 시작하면, 언제나 상반된 시나리오가 등장한다. 한편에는 새로운 가치체계에 열광하는 집단도 등장하지만, 동시에 변화되는 가치체계에서 상실을 감지하는 사람들도 똑같은 정도로 생겨난다. 어떤 사람은 새로운 가치관에 개탄하며, '독신세'와 같은 징벌세라도 도입해서 이 추세를 억제하자고 주장한다. 혼자 사는 사람에 대한 낙인 효과가 공적 제재의 근거로까지 등장하는 것이다. '독신세'는 낙인 효과에 근거한 대표적인 공적 제재 중의 하나이다. 1927년 독신세라는 희한한 제도를 도입한 사람은 무솔리니였다. 그는 "우리나라의 인구 증가에 채찍질을 가하기 위해 이 세금을 활용한다"면서 "9천만 독일인, 2억 슬라브 민족 앞에서 겨우 4천만 이탈리아 인구가 말이 되는가?"라고 물었다. 무솔리니의 목표는 20세기 후반에 인구 6천만을 돌파하는 것이었다.

하지만 무솔리니는 틀렸다. 강해진 개인화의 경향이 이타주의가 붕괴되고 이기주의가 창궐하는 종말의 시나리오로 귀결될 필연성이란 없다. 강화된 개인화 경향은 사회의 가장 기초적인 구성단위가 가족에서 개인으로 이동했음을 보여주는 가치관의 변동, 그 이상도 그 이하도 아니다. 하지만 개인에 대한 관심의 증대를 자기만 아는 이기주의의 증가와 같은 것으로 간주하는 오래된 습벽은 개인화로 인한 가치관의 변화를, 단지 "버릇없는 애들" "세상 물정 모르는 철없는 것들" "요즘 것들"과 같은 이미지만을 덧씌울 정도로 낯설게 여긴다. 새로운 문화의 징후가 등장할 때 크고 작은, 때로는 작고 때로는 요란한 두 세계의 충돌이 불가피하다. 두 개의 다른 가치관이 충돌하는 현재, 우리가 살고 있는 세계는 요지경일 수밖에 없다. 이제 우리는 그 요지경 속으로 들어간다.

chapter 3

4인용 테이블과
1인용 테이블

뜨거운
순대국밥을 먹어본 사람은 알지
혼자라는 건
실비집 식탁에 둘러앉은 굶주린 사내들과
눈을 마주치지 않고 식사를 끝내는 것만큼
힘든 노동이라는 걸

고개 숙이고
순대국밥을 먹어본 사람은 알지
들키지 않게 고독을 넘기는 법을
소리를 내면 안 돼
수저를 떨어뜨려도 안 돼

서둘러
순대국밥을 먹어본 사람은 알지
허기질수록 달래가며 삼켜야 한다는 걸
체하지 않으려면
안전한 저녁을 보내려면
- 최영미, "혼자라는 건".

혼자 사는 사람의 1인용 테이블

'화려한 싱글'이라는 희극이든 '노년의 고독사'라는 비극이든, 싱글리즘에 의해 예정되어 있는 모든 시나리오는 잠시 잊자. 혼자 사는 사람이라면 예정된 시나리오, 즉 객관적 근거도 별로 없는 시나리오를 앞에 두고 고민하기보다는 혼자만의 삶이 펼쳐지는 지평에 대해 조금 더 이해를 해보려고 하는 게 낫다.

  우선, 철학적 의미에서 혼자라는 것과 삶을 살아가는 단위가 혼자라는 것은 매우 다르다. 식탁 테이블을 생각해보자. 그리고 사람들이 모여서 식사를 하는 테이블을 하나의 가족이라 가정해보자. 테이블에는 사람들이 앉을 수 있는 의자가 당연히 있다. 테이블에 딸린 의자에 앉는 사람을 라이프니츠Leibniz의 모델을 따라 하나의 단자單子 즉 모나드monad[1]라 가정해보자. 1인 가구는 테이블에 단어의 의미 그대로[2] 단독 모나드가 앉는 하나의 의자만 있는 모습이다. 하나의 테이블과 하나의 의자가 놓인 구성보다는 테이블 하나에 여러 개의 의자가 놓인 '표준가족'이 더 많다. '표준가족'의 4인용 테이블에 놓인 각각의 의자에 앉는 사람은 1인용 테이블에 앉는 사람처럼 한 명 한 명이 단독 모나드들이지만 4명이 함께 식사를 하면 단순한 산술적 합 이상의 의미를 획득한다. 4인용 식탁과 1인용 식탁은 테이블에 앉는 사람에게 완전히 다른 상호작용 형식, 그로 인한 사뭇 대조되는 환경을 제공한다.

　아는 사람으로부터 들은 이야기이다. 그 사람은 혼자 산다. 혼자 산다고 해서 식욕이 줄어들었거나, 혼자 사는 조건에 맞추어 좋아하는 음식이 변하지는 않았다. 비극적인 그리고 다소 희극적이기까지 한 스토리는 그래서 시작된다. 그 사람은 어느 날 고기가 몹시도 먹고 싶었다. 특별히 고기를 좋아하는 입맛도 아니었는데, 그날따라 불판 위에서 갈색으로 윤이 자르르 흐르게 잘 구운 삼겹살이 생각났다고 했다. 그 사람은 그저 고기가 먹고 싶었으므로, 집 근처의 고기 파는 집으로 가서 자리를 잡았다. 그리고 종업원에게 삼겹살을 달라고 주문했다. 불판이 달궈지고 고기가 적당히 익어갈 무렵에야 그 사람은 깨달았다. 그 넓은 식당에 혼자 고기를 먹고 있는 사람은 자기뿐임을. 각각의 모나드가 모여 테이블마다 하나의 집단 실체를 구성하고 있는 식당에서 단독으로 실체를 구성하고 있는 그 사람의 고기 먹는 속도는 점차 빨라졌다. 원래 원했던 것은 느긋한 저녁식사였지만, 결국 그 사람은 패스트푸드도 아니고 불판이 달구어져야만 익는 나름의 슬로푸드인 삼겹살을 햄버거처럼 먹어대고 나왔다. 소주 한 잔도 곁들이지 못한 채로.

1인용 테이블과 4인용 테이블

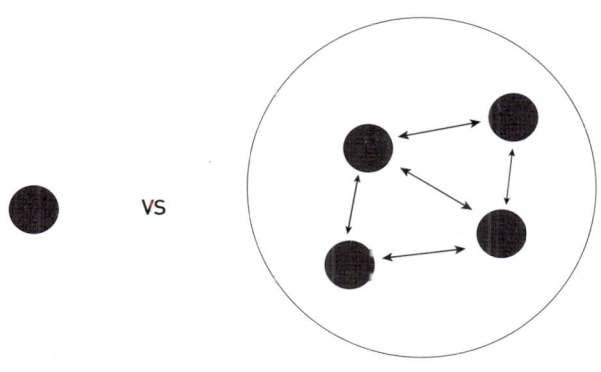

　혼자서 가구를 구성할 때와 달리 여러 명이 모여 하나의 가구를 구성하면, 즉 식구를 이루면 편한 점이 많다. 당연히 식구를 구성하고 있는 사람들의 숫자가 세상에는 더 많으니 당연한 일이다. 가족은 여러 명의 식구로 구성되어 있음을 전제로 하니, 식당에 가장 많은 테이블은 표준가족의 숫자에 맞춰 4인용이거나 커플에게 적합한 2인용이다. 대부분의 식당은 혼자서 밥을 먹을 수 있는 단독 테이블을 갖추고 있지 않다. 한 개인이 단독 테이블에서 식사를 하는 것과 한 개인이 한 집단의 일원이 되어 4인용 식탁에서 식사를 하는 경우, 밥을 먹는다는 생물학적 욕구를 채워주는 행위는 동일한 듯 보여도 그 행위가 놓여 있는 맥락은 완전히 다르다. 4인용 식탁에 앉는 남자와 혼자 식탁에 앉는 남자, 부부가 같이 침대를 쓰는 남자와 혼자 잠에 드는 남자는 동일한 연령과 계급과 직업을 지니고 있어도 절대로 같은 사람이 될 수 없다.

4인용 테이블에는
혼자만의 의자가 없다

4인용 테이블은 어딘가에 놓여 있다. 4인용 테이블이 놓인 곳은 '어딘가'일 수밖에 없다. 표준가족을 구성하고 있는 사람도 자신이 앉을 수 있는 그 테이블이 놓인 그곳만 알고 있지 다른 사람들이 앉는 다른 테이블은 알 수 없다. 테이블은 집마다 다 다르고 그 집 사람들만이 테이블의 형태와 색깔을 알 수 있다. 그 의자에 앉아 있는 사람만이 알고 있는 그곳을 '안'이라 하면, 그 '안'을 모르는 다른 사람들은 '밖'에 있다. 그 어딘가에 있는 4인용 테이블은 누구나 돈을 내면 가서 먹을 수 있는 식당에 있는 테이블과는 다르다. 식당에 놓인 4인용 테이블에서 우리는 누군가와 함께 밥을 먹을 수 있지만, 함께 밥을 먹는 그 누군가는 매번 달라질 수 있다. 하지만 '안'에 놓여 있는 4인용 테이블에서는 특별한 일이 없는 한 언제나 동일한 사람들이 밥을 먹는다. '안'에 있는 4인용 테이블은 의자에 앉을 자격이 있는 사람들끼리 일상적으로 벌이는 행위의 네트워크가 일어나는 장소이다. 4인용 테이블에서 벌어지고 있는 상호작용은 오랜 기간에 걸쳐 반복된다는 의미에서 지속적이고, 그 상호작용을 벌이고 있는 행위자들이 일종의 이익 공동체를 구성한다는 점에서 집합적이다. 또한 이 4인용 테이블이라는 행위자의 네트워크는 다른 자발적 결사체와 달리 개인의 의사에 따른 가입과 탈퇴가 자유롭지 않다는 점에서 다르기도 하다.

네 개의 의자는 하나의 의자로서는 고유성을 지니지 않는다. 한 개의 의자의 의미는 다른 의자와의 관계에 의해 규정된다. 한 명은 여자다. 또 한 명은 남자다. 각각은 한 개의 의자를 차지하고 있다. 한 개의 의자를 차지하고 있는 남자, 또 다른 의자를 차지하고 있는 여자의 속성은 그들의 독자적 개성에 의해 규정되지 않는다. 의자에 앉아 있는 남자는 여자와의 관계에 의해, 여자는 건너편 의자에 앉아 있는 남자에 의해 그 정체성이 결정된다. 또한 조금 작은 의자에 앉아 있는 사람은 더 큰 의자에 앉아 있는 사람과의 관계에 의해 존재가 결정된다. 큰 의자에 앉아 있는 사람은 작은 의자에 있는 사람과 보호와 보살핌으로 이어져 있고, 작은 의자에 앉아 있는 사람은 큰 의자에 있는 사람에게 기쁨으로 보답한다. 4인용 테이블은 일종의 세트이다. 만약 하나의 의자라도 부족하게 되면, 4인용 테이블은 제대로 움직이지 않는다.

4인용 테이블에 앉아 있는 남자 김 아무개 씨는 김 아무개 씨이지만, 동시에 김 아무개 씨는 정 아무개 씨의 남편일 수 있다. 김 아무개 씨는 개성을 지닌 고유한 존재이면서 동시에 정 아무개 씨의 남편인 이상 아내 정 아무개 씨의 기대에 부응해야 하는 사람이기도 하다. 김 아무개 씨는 개성적 자아를 지닌 자아이면서 동시에 타인들이 기대하는 역할을 충족시켜야 하는 주인공이다. 4인용 테이블에 앉아 있는 개인은 허버트 미드George Herbert Mead가 언급했던 객체로서의 자아 me와 주체로서의 자아I로 분리된다.

김 아무개 씨는 결혼 이전에는 그냥 김 아무개 씨일 수 있었지만, 결혼과 더불어 남편이라는 호칭, 사위라는 호칭, 그리고 자녀를 얻게 된 후 아빠라는 호칭에 의해 더 이상 단순히 김 아무개 씨일 수 없다. 김 아무개라는 주체로서의 자아I에 충실할 수 있었던 그 사람은 남편이라는 객체로서의 자아를 구성해야 한다. 다인 가구를 구성하고 있는 행위자의 숫자가 늘어날수록 김 아무개 씨에게 타인들이 기대하는 역할의 종류는 늘어난다. 김 아무개 씨가 정 아무개 씨와 부부의 관계를 맺고, 아들과 딸을 하나씩 갖고 있다면 김 아무개 씨와 정 아무개 씨는 남편과 아내라는 역할 이외에 아빠와 엄마라는 역할까지 또 얻게 된다. "언어에 의해 매개되고 동시에 규범에 의해 조절되는 상호작용의 연관"[3]을 통해 김 아무개 씨의 객체로서의 자아me가 만들어진다.

어떤 아빠가 될 것인가, 어떤 남편이 될 것인가의 문제는 김 아무개 씨의 개성이 요구하는 사항이 아니다. 아빠와 남편으로서의 역할에 대한 규범은 전적으로 김 아무개 씨가 살고 있는 시대의 요구이다. 객체로서의 자아의 주인공은 자신이 아니다. 모든 자아는 "사회적 과정에 의해 또는 사회적 과정을 매개로 하여 형성되고 그 사회적 과정의 개인적인 반영"[4]에 불과하다. 아빠가 되고 남편이 되는 것은 "그에게 객체로 다가오는 것을 자신 안에 받아들여 전유함으로써 외부적인 것에서 자신을 다시 발견하는 것"의 문제인 이상, 다인 가구 속의 사람은 자기 내면이 아니라 미드에 의해 '일반화된 타자'the generalised other라고 이름 붙여진, 누군지는 알 수 없지만 강력한 힘으로 다가오는 그 사람들을 참조해야 한다. 규범적인 역할은 객체로서의 자아가 "스스로 가정하는 타인의 태도를 조직화한 세트"[5]에 다름 아니다.

단순한 아빠의 역할, 엄마의 역할 따위란 없다. 현실에 존재하는 아빠의 역할과 엄마의 역할은 '바람직한' 아빠와 엄마의 역할뿐이다. 바람직한 아빠와 엄마의 역할을 가르치는 규범의 출처는 도처에 널려 있다. 바람직한 자식이 되는 역할을 알려주는 '일반화된 타자' 역시 학교에, 책 속에, 그리고 어버이의 날이나 가정의 날과 같은 기념일 등 도처에 널려 있다.

가정이라는 복합 모나드가 개인이 소속될 수 있는 유일한 제도가 아님은 분명하다. 하나의 가족은 또 다른 가족과 연결되어 있고, 사생활의 영역인 가정 외부에는 공적 생활이 펼쳐지는 외부 공간이 있다. 가족과 가족이 이어져 하나의 의상학적 관계가 만들어지고, 사적 생활과 공적 생활로의 분화가 일어날수록 한 개인이 참조해야 하는 '일반화된 타자'의 숫자는 기하급수적으로 늘어난다.

바람직하다고 할 수는 없지만, 그런 참조를 통해 가정 내 성별 분업도 여전히 정당화된다. 아빠로서의 일과 엄마로서의 일, 남편으로서 일과 아내로서의 일, 사위로서의 일과 며느리로서의 일은 여전히 구분된다. 한 개인은 외부에서는 직장인이어야 하고 돌아오면 사적 공간에서의 역할을 참조해야 한다. 개인이 참조해야 하는 타인의 숫자가 기하급수적으로 늘어나고, 개인이 연출해야 하는 페르소나의 숫자가 늘어날수록 주체로서의 자아의 크기는 줄어든다. 주체로서의 자아와 객체로서의 자아는 제로섬의 관계에 가깝다. 하나가 늘어나면 다른 부분은 줄어든다. 객체로서의 자아가 커지면, 즉 **역할밀도**가 짙어지면 주체로서의 자아는 작아지고, 그 결과 **자기밀도**는 제로에 가까워진다. 자기밀도가 제로에 가까워질 때, 같이 사는 사람은 혼자 사는 사람에게서 자유의 향기를 느낀다.

너무 힘겨운 역할밀도

4인용 테이블에서 혼자 밥 먹는 것은 불가능하다. 누군가 실제로 4인용 테이블에서 혼자 밥을 먹고 있을지라도 그는 그 테이블을 아주 잠시 동안만 혼자서 이용하는 것뿐이다. 식탁 의자에 앉는 순간 그는 아무리 혼자라 해도 언제나 나머지 빈 의자들에 의해 끊임없이 규정받는다. 그런데 간혹 변화가 일어난다. 4인용 테이블을 구성하고 있는 사람 중 누구 하나가 혼자임을 주장한다면, 그 주장은 그 주장을 하는 한 사람에게만이 아니라 나머지 3명에게도 영향을 미친다. 그래서 4인용 테이블에 앉아 있는 사람은 어떤 결정이든 혼자서 내릴 수 없다. 4인용 테이블에 앉을 수 있는 사람은 그 테이블에 귀속되는 자격membership을 얻은 대가로 자기만의 것을 고집할 수 없다.

저는 욕심이 좀 많아요. 결혼할 때 저 스스로하고 신랑한테 약속을 한 게, 나는 뭐든지 3분의 1로 나누겠다는 게 있었어요. 시간이 곧 돈이고, 애들, 신랑, 나, 시간도 3분의 1로. 나를 위해 3분의 1은 꼭 해줘야 하고요. 결혼하면 보통 애들한테 투자하느라 나한테는 돈을 못 쓰잖아요. 나는 꼭 3분의 1로 쪼개서, 그래도 나에게 3분의 1은 투자하도록 최대한 노력하겠다고.[6]

32세 가정주부의 이야기이다. 4인용 테이블에 앉을 수 있는 의자를 갖고 있는 이 여자는 스스로 욕심이 많다고 표현한다. 그 여

가사분담에 대한 실태(2010년 조사)

(단위: %)

	부인이 주도	공평하게 분담	남편이 주도
남편	87.4	10.0	2.6
부인	87.7	10.3	2.0

출처: 통계청(2012) '사회조사 2011'

자의 욕심은 4인용 테이블에 앉는다 해도 24시간의 1/3은 자신을 위해서 쓰겠다는 것이다. 자신의 욕심을 이렇게 표현하는 이 사람의 말을 뒤집으면, 4인용 테이블에 앉는 사람은 대부분 자신을 위한 시간을 보장받지 못한다는 뜻이기도 하다. 4인용 테이블에서 흔히 벌어지는 성별 분업의 관행을 참조하면, 이 소박한 욕심이 이해된다. 누군가는 4인용 테이블에 음식을 차려야 한다. 그리고 식구들이 식사를 한 후에 테이블을 다시 정리해야 한다. 4인용 테이블에서 의자에 앉을 권리가 있는 사람은 함께 식사를 하지만, 식사가 시작되기 이전과 이후의 시간은 '다함께'가 아니라 '누군가'의 몫으로 돌아간다.

성별 분업이라는 관행이 살아 있는 한 식사 준비와 마무리에 소요되는 '이전'과 '이후' 시간은 여자의 몫이다. 2004년도에 통계청이 실시한 '생활시간조사'에 따르면 맞벌이 부부의 경우 여자는 하루에 2시간 28분을 가정관리 시간[7]에 투자한다. 하지만 남자는 고작 32분을 가정관리에 투여한다. 맞벌이인 경우 여성은 하루에 2시간 28분을, 맞벌이가 아닌 여성은 하루에 6시간 25분을 가사노동에 투여하지만, 남자는 부인이 맞벌이를 하든 하지 않든 큰 차이가 없다. 맞벌이를 하는 아내를 둔 남편이 가정 관리에 32분을 할애한다면, 맞벌이를 하지 않는 아내를 둔 남편도 하루에 31분을 사용한다. 일상을 구성하는 이런 시간의 차이는 다인으로 구성된 가족 내에서 부부간의 '장미의 전쟁'이 끊이지 않도록 하는 잠재적 불안 요인이다.

다인 가구를 구성하는 여성도 자기실현에 대한 욕구를 완전히 포기하는 경우는 없다. 여자가 가정 일에 전념하는 것이 좋다는 의견은 이제 소수에 불과하다. 여성이 직업을 가지는 것이 좋다는 견해는 전체의 84.3퍼센트에 달하는데, 가정 일에 여성이 전념하는 것이 좋다는 8.0퍼센트와 비교하면 압도적인 차이를 나타낸다. 대부분의 사람들은 남녀를 불문하고 여성이 직업을 갖는 것에 찬성한다. 하지만 여성의 사회 진출에 대한 리버럴한 태도와 가사노동이 가족 내에서 실제로 분배되는 관습은 서로 충돌한다. 가사노동은 여전히 전적으로 여성의 몫이다. 가사 분담을 남편이 더 많이 하는 경우는 아주 예외적인 극소수의 사례에 불과하다. 여성 취업에 대한 견해와 생활시간조사 결과는 서로 충돌하며, 잠재적 갈등 요인으로 남는다.

4인용 테이블을 구성하는 사람들의 역할로 이루어지는 행위자의 네트워크는 제대로 작동하는 한, 4인용 테이블 특유의 안정감의 원천이 된다. 그러나 의자들 사이에 배분되는 역할의 정당성과 역할의 강도에 대한 공정함의 시비가 벌어지기 시작하면, 이 행위자의 네트워크는 갈등이라는 감정이 폭주하는 고속도로가 된다. 4인용 테이블에 올라갈 식재료를 확보하는 돈을 4인용 테이블 위에 '간과

여성 취업에 대한 견해

(단위: %)

	직업을 가지는 것이 좋다	가정 일에 전념하는 것이 좋다	모르겠다
2009	83.8	9.3	6.9
2011	84.3	8.0	7.8
남자	80.9	9.7	9.4
부인	87.6	6.3	6.2

출처: 통계청(2012) '사회조사 2011'

쓸개를 내놓고' 벌어오는 사람은 4인용 테이블 위에서 '돈 벌어오는 기계'로 전락한 자신의 모습을 확인하고는, 남편 또는 아빠라는 객관적 자아me를 만들어낸 역할이라는 괴물에 대해 망연자실해한다. 눈에 보이지는 않지만 4인용 테이블에는 보들레르가 시집 『파리의 우울』에서 알레고리allegorie로 읽어낸 것과 같은, 인간 몸뚱이에 붙은 키메라의 존재 비슷한 것이 어슬렁거린다. 그것은 다인 가구의 구성원들이 짊어져야만 하는 역할이라는 괴물이다.

막막한 잿빛 하늘 아래, 길도 없고, 잔디도 없고, 엉겅퀴 한 포기, 쐐기풀 한 포기도 없는 먼지투성이의 황량한 벌판에서 나는 등을 구부리고 걷고 있는 여러 인간들을 만났다. 그들은 모두 제가끔 등에 어마어마한 키다이라(키메라)를 걸머지고 있었는데, 그것은 밀가루 부대나 석탄 부대, 혹은 로마 보병의 장비처럼 무거워 보였다. 게다가 이 괴물 같은 짐승은 움직이지 않는 짐이 아니었다. 탄력 있고 강한 근육으로 인간을 덮어 싸고 짓누르고 있었다. 업고 가는 인간의 가슴에는 올라탄 짐승의 거대한 두 발톱이 달라붙어 있고, 어마어마한 머리는 인간의 이마까지 넘어와 마치 적에게 공포를 주려고 옛 용사들이 썼던 끔찍한 투구와도 같았다. 나는 그 중 한 사람에게 물어보았다. 그들이 대체 어디로 그렇게 가고 있는지를. 그는 아무것도 모르며, 그뿐 아니라 어느 누구도 모른다는 것이다. 그러나 걸어야 한다는 어떤 욕구에 의해 떠밀리고 있으니까 어디론가 가고 있다는 것은 분명하다고 대답했다. 그런데 기묘한 일은 이들 나그네 중 어느 누구도 자신의 등에 붙어 목에 매달린 이 잔인한 짐승에게 화를 내고 있는 것 같지는 않았다. 마치 괴물을 자기 육체의 일부분으로 생각하는 것처럼 보였다. 피곤하나 진지한 모든 얼굴에는 전혀 절망의 빛이 보이지 않았다. 우울한 둥근 하늘 아래로, 하늘 못지않게 황량한 대지의 먼지 속에 발을 잠근 채 그들은 영원히 갈망해야 하는 운명의 선고를 받은 자 같은 체념의 얼굴을 하고 길을 계속했다.[8]

수행해야만 하는, 그것도 성공적으로 수행해야만 하는 역할의 숫자가 늘어날수록 자아I의 고유성은 설 땅이 없어진다. 아니, 단 하나의 역할만 더 추가되어도 그러하다. 좋은 아빠와 자상한 남편, 능력 있는 직장인이 되는 것이나, 자애로운 엄마와 따뜻한 아내 그리고 커리어 우먼이 동시에 되어야 하는 것이나 어렵기는 매한가지다. 그러다가 어느 날 잊고 있던 자기에 대한 질문을 불쑥 던질 때는 이미 갱년기이다. 역할밀도가 높은 삶을 살았을수록, 그리고 자기밀도가 허약한 사람이었을수록, 갱년기에 찾아온 질문은 혹독하고 그만큼 고통도 오래간다. 겪어본 사람은 안다. 갱년기의 질문과 비교할 때 사춘기의 고민은 그저 연습문제에 불과했음을.

1인용 테이블에 숨어 있는 고통

1인용 식탁은 다르다. 1인용 식탁에는 혼자 앉는다. 4인용 식탁에는 식탁을 차리는 사람, 식탁을 치우는 사람, 식탁에 올린 재료를 구입할 수 있는 돈을 조달하는 사람, 식탁의 청결을 유지하고 아름답게 꾸미는 사람 등이 각자의 역할에 따라 분배되어 있다면, 1인용 식탁은 단수의 행위자로 구성되어 있기에 식탁에서 일어나는, 식탁이 요구하는 그 모든 일은 한 명의 행위자의 몫이다.

언제나 남의 떡은 커 보이는 법이다. 역할밀도라는 키메라에 허덕이고 있는 사람에게는 혼자 사는 사람의 어깨가 구름처럼 가벼워 보인다. 정말 혼자 살면 깃털처럼 바람을 타고 두둥실 바람과 함께 놀듯 살 수 있을 것 같다. 과연 그러할까? 너무 꽉 들어찬 역할밀도는 역할밀도로부터의 완전한 도피를 상상하게 하지만, 혼자 사는 것과 역할밀도로부터의 완전한 자유는 사실 거리가 멀다. 결혼한 사람들이 푸념처럼 하는 이야기, "능력 있으면 혼자 사는 게 좋아"는 역할밀도의 스트레스에 지쳤다는 뜻에 다름 아니다. 역할밀도로 인한 스트레스가 강하면 강할수록 자기밀도로 가득 차 보이는 혼자 사는 삶은 잃어버린 낙원의 이미지로 다가온다. 물론 술에서 깨고 나면 사람은 짝을 찾아야 한다고 다시 말을 뒤집겠지만. 가사노동에 대한 성별 분업을 둘러싸고 여자와 남자는 가족 내에서 늘 사소하거나 때로는 큰 싸움을 벌인다. 그에 비해 혼자 사는 사람은 성별 가사노동 분업의 희생자는 아니지만 그렇다고 해서 수혜자이지도 않다. 역할밀도로부터 자유롭게 풀려나서 자기밀도가 높아진 삶이 자동적으로 그 사람을 가사노동과 같은 지겨운 반복이 사라진 천국으로 안내하지는 않는다. 1인 가구의 가정에서는 아예 성별 분업 자체가 불가능하다. 그 모든 것은 1인 가구를 구성하고 있는 단 한 사람의 몫이다. 집안일은 아무리 해도 티가 나지 않는 끝없는 노동이라고 한다. 만일 당신이 남자라면, '혼자 산다는 것'은 하지 않으면 티가 나고 해도 티가 나지 않는 시시포스의 운명과도 같은 가사노동에 수많은 시간을 투여해야 함을 의미한다. 아무리 임시적이고 한정된 시간이라 해도 남자가 주부가 되었을 때, 즉 주부의 역할을 맡았을 때 느끼는 고통은 여성 전업주부가 느끼는 고통과 전혀 다르지 않다.

최악의 것은 청소죠. 그건 정말 끔찍해요. 매일 해봐야 진짜로 알 수 있을 텐데. 이를테면 당신이 금요일 날 무엇을 닦아 놓아도 다음 주 똑같은 시간, 똑같은 곳에 똑같은 먼지가 앉아 있을 거예요. 그러니 지겹지 않겠어요. 최소한 맛이 가게 하는 일임엔 틀림없죠. (…) 이건 거의 바다 한복판에서 걸레질 하는 것이나 마찬가지라고요.⁹

혼자인 사람이 갑자기 삼겹살이 먹고 싶어질 때도 난감하지만, 주말 마트에서 혼자 장 보는 것도 그에 못지않게 편한 일은 아니다. 주말의 대형 마트에는 혼자서 카트를 끄는 사람보다 4인용 식탁에서 바로 카트로 이동한 듯한 사람이 많다. 4인용 식탁에서 곧바로 마트로 이동한 사람은 아주 적절하게 황금의 가족 내 분업을 유지하고 있다. 아이들은 카트에 타고 있고, 아빠는 보통 카트를 밀고 있으며, 어머니는 카트에 물건을 담는다. 거의 모두 4인 1조로 움직이고 있는 카트 사이에서 혼자서 카트를 끄는 남자는 왠지 낯설다. 아니, 아주 이질적이다. 언젠가 카트를 혼자 끌고 있는 사람을 만났다. 내 머릿속에서 즉각적으로 든 생각, "이혼했군". 그런데 사실 그 남자의 모습은 나의 모습과 다르지 않다.

이와 대비되는 예를 한 가지 들어보자. 우리 일상에는 특정 젠더들이 지배적 위치를 점하는 공간들이 많다. 마트에서 나와 자동차 정비업소로 간다. 대부분 남자들이다. 일하는 사람도 남자고 자동차를 몰고 온 사람도 남자다. 길거리에서 어림짐작으로 보면 승용차의 경우 운전자의 절반이 남자이고 절반이 여자일 텐데, 자동차 정비업소에는 중장비 전문이 아님에도 웬일인지 대부분 남자들만 온다. 자동차 정비를 맡기고 기다리는 동안 사람을 관찰할 수 있는 기회가 있다. 아주 가끔 여자가 차를 몰고 오는 경우가 있다. 그런데 많은 경우 여자들은 남자를 데리고 온다. 아마 여성 단독으로 1인 가구를 구성하고 있는 사람이 자동차 정비업소에 오면 자신이 매우 이질적으로 느껴질 것이다.

남자인 나는 자동차 정비업소에서는 이질감을 느끼지 못하지만 백화점에서는 가끔 머리가 어질어질한 경험을 한다. 평일 낮에 백화점에 가본 경험이 있는 남자라면 누구나 다 공감할 것이다. 평일 낮 백화점에는 여자와 남자가 모두 있지만 여자와 남자의 역할이

분명하게 다르다. 평일 낮에 여자는 대개 손님이고, 만일 남자가 있다면 그 남자는 거의 판매원이다. 여성은 고객으로, 남자는 판매원으로만 있는 백화점에 남성 고객이 가면 그 상황은 틀림없이 불편한 광경이 된다. 옷을 살 때 더욱 그렇다. 남성복 판매점에 남자 고객은 아무도 없다. 남자가 남자 옷을 사는 일이 적어도 평일의 백화점에서는 아주 예외적인 일이 된다. 그 불편함이 싫어서 나는 점원을 상대로 해야 하는 옷가게에 가지 않은 지 오래되었다. 옷을 골라 계산대에서 계산만 하면 그만인 SPA 브랜드 매장이 차라리 편하다. 그래서 언제인가부터 내 옷의 90퍼센트는 SPA브랜드이다.

혼자 사는 삶의 대가

혼자 산다고 해서 의식주 문제가 자동으로 해결되는 것이 아님은 당연하다. 아무리 혼자 산다고 해도 의식주에 투여해야 하는 자본과 시간과 정성과 귀차니즘이 4인용 식탁에 비해 1/4로 줄어드는 마법은 결코 일어나지 않는다. 혼자 살아도 냉장고는 있어야 하고, 역설적으로 혼자 사는 사람에게는 4인 식탁 옆에 놓인 냉장고의 1/4 크기가 아니라 오히려 더 큰 냉장고가 필요하다. 자주 시장을 보지 못하는 대신 저장 공간이라도 확보해야 하기 때문이다. 감기라도 걸리면 더 큰일이다. 4인용 식탁 위에는 남편이 서투른 솜씨로나마 끓여낸 콩나물국이 오르지만, 1인용 식탁의 주인이 몸살이라도 걸렸을 때 식탁 위에 환자식을 차려주는 우렁각시는 전설에나 있을 뿐이다.

4인용 테이블의 행위자 네트워크에서는 안과 밖의 일이 지닌 중요성의 차이를 두고 일쑤 다툼이 벌어지고 젠더의 주도권을 두고 전쟁이 일어나며, 그리하여 젠더로서 자신을 재구성해야 할 필요성을 느끼곤 한다. 하지만 1인용 테이블에서는 생물학적 의미의 성性과 사회적 젠더 그 자체의 차이와 뉘앙스 구별이 아예 실종된다. 역할로서의 성이나 자연적 성이나 다 사라진다는 얘기다. 1인용 테이블에 앉는 사람의 성은 정확하게 중성이다. 그에게 여성적 영역과 남성적 영역의 분할은 교과서적인 이야기이다. 1인용 테이블은 두 영역의 분할을 허락하지 않는다. 1인 가구는 밖의 경제활동과 안의 가정활동을 관할하는 주체가 동일하다. 1인 가구는 능력 있는 가장이어야 하는 동시에 자애로운 안사람이어야 한다. 연말소득공제 업무를 처리하고 자동차세를 납부하고 가장 경제적인 자동차 보험회사를 찾는 사람과, 마트의 할인 정보를 수집하고 포인트 카드를 챙기고 원플러스원 상품을 찾아내는 사람이 동일하다. 이 식탁에 필요한 돈을 제공하는 사람이 이 식탁에 올릴 음식을 요리하고, 이 식탁에서 나온 음식물 쓰레기까지 처리한다. 1인용 테이블에 식사를 제공하는 능력은 TV의 케이블 채널에서 보는 것처럼 멋지게 요리의 레시피를 재현해낼 수 있는 즐거운 능력이 아니다. 이 모든 귀찮은 과정을 혼자서 처리해야 하는 자립의 능력이다. 이런 자립의 능력이 없으면, 아무리 밖에서 돈을 많이 번다고 하더라도 1인용 테이블에는 온갖 배달음식 전단지만 올라갈 뿐이다.

1인용 테이블을 지킨다는 것은 혼자서 제대로 식사할 수 있는 능력을 지녀야 한다는 의미이고, 혼자서 여행하면서도 궁상스럽지 않게 보일 수 있는 자기 관리 능력이 있다는 뜻이고, 혼자서 영화 보는 것도 두려워하지 않을 정도로 독립심이 강해야 한다는 것이다. 4인용 테이블에서는 가중된 역할 때문에 한숨이 올라온다면, 1인용 테이블에서는 단독으로 구성된 행위자의 네트워크가 모든 역할을 농축해서 전담하기에 한숨이 나온다. 4인용 테이블에 앉아 있는 사람에게는 역할이라는 이름의 '일반화된 타자'가 너무 강한 강도로 개입을 해서 문제이지만, 어쨌건 '일반화된 타자'의 요구사항은 항상 구체적이게 마련이다. 하지만 1인이 행위자 네트워크를 구성하는 1인용 테이블의 사람에게는 그런 '일반화된 타자'조차 부재한다. 1인용 테이블의 인물은 거의 모든 역할을 떠맡고 있지만, 그렇기에 아무런 역할도 맡고 있지 않은 허깨비처럼 자신이 느껴지곤 하는 것이다.

역할밀도에서 자기밀도로 가는 길

가족과 일에 완전히 무책임한 사람이 아니라면, 즉 관계가 부여하고 사회가 안겨준 책임에 그리 둔감한 사람이 아니라면, 그리고 그런 역할을 수행하는 데 참조가 될 만한 일반화된 타자가 많다면, 그 사람은 비록 과잉의 역할 때문에 스트레스는 받을지언정 무엇을 해야 할지 모르는 진공의 상태에 처하지는 않는다. 하지만 혼자 사는 사람은 다르다. 혼자 사는 사람은 단독으로 테이블에 앉아 있지만, 그 테이블에서 참조할 수 있는 모델을 갖지 못한 사람이다.

혼자 사는 사람에게는 "편의적이고 습관적인 개인"[10]이 없다. 그에게는 매뉴얼에 따라 자동적으로 이루어지는 일이 하나도 없다. 4인용 테이블에는 심지어 조작된 엄마의 모습과 습관적으로 무책임한 아빠의 모습조차 가능하지만, 혼자 사는 사람에게는 그 어떤 경우에도 모델이 부재하다. 혼자 사는 사람은 삶의 방향을 잃어버렸을 때, 어떤 삶을 살아야 할지 알 수 없을 때, 미래를 위해 무엇을 준비해야 할지 도무지 알 수 없을 때, 참조하거나 모방할 수 있는 준거집단이 곁에 없다. 그리고 모두가 4인용 테이블에 앉는다는 대전제 아래 만들어진 사회의 커리큘럼에는 싱글학 개론이 비집고 들어설 틈이 없다. **일반화된 타자의 과잉 역할**이 문제되는 만큼이나 혼자 사는 사람에게는 **일반화된 타자의 부재**가 큰 문제로 떠오른다. 혼자 사는 사람은 외부에서 역할을 가르쳐주는 일반화된 타자 없이 모든 것을 자기가 궁리하고 자기 힘으로 해내야 한다.

하지만 일반화된 타자가 없음으로 인해서 방향을 상실하게 되는 현상은, 혼자 사는 사람에게만이 아니라 새로운 인간형을 지향하는 사람이라면 다 해당되는 일이다. 모두가 안방의 조강지처가 되기를 원하는 일반화된 타자가 가득한 곳에서 자유부인이 된다는 것은 위험천만한 모험이고 감행이다. 그래서 소설 『자유부인』에서 자유를 찾고 싶었던 그 여자는 그저 바람난 여자로 끝나고 말았다. 봉건제의 흔적이 여전히 남아 있던 식민지 상황에서 모던 보이, 모던 걸이 된다는 것 또한 다르지 않았다. 모던 보이, 모던 걸 역시 파탄으로 끝났다. 가부장제가 여전히 유효한 사회에서 전혀 다른 아버지가 되려는 개인은 참조할 수 있는 일반화된 타자가 없기 때문에 허우적거릴 수밖에 없다. 결혼은 했지만 더 이상 자신의 엄마처럼 살고 싶지 않은 결혼한 여자에게도 일반화된 타자는 부재한다.

이런 점에서 혼자 사는 사람과 관습적 역할의 규범대로 살지 않으려는 사람 사이에는 중요한 공통점이 있는 셈이다. 이 공통점이 부각되면, 결혼 유무는 더 이상 중요한 문제가 되지 않는다. 핵심은 오히려 일반화된 타자가 부재한 상황을 **돌파하는 기술**에 있다. 일반화된 타자가 부재하는 상황을 돌파하기 위해서는 넘어야 할 허들이 많다. 그렇기에 혼자 사는 것은 잠시 아내가 아이들을 데리고 친정에 갔을 때 느끼는 아빠의 자유로움과는 전혀 다른 것이다. 혼자 사는 삶에는 자유로움도 물론 있지만, 삶을 위협하는 장애물들도 많다. 그것들을 제어할 수 있는 능력이 없다면 그(또는 그녀)의 삶은 결코 순탄할 수만은 없다.

chapter 4

화려한 싱글인가, 궁상맞은 독신인가?

로미오: 과일나무 가지 끝을 은빛으로 물들이는
저기 저 축복받은 달님에게 서약컨대.
줄리엣: 오. 둥근 궤도 안에서 한 달 내내 변하는
지조 없는 달에게 맹세하지 마세요.
그대의 사랑도 그처럼 바뀌지 않도록.
로미오: 어디에다 맹세하죠?
줄리엣: 아무 맹세 마세요.
하겠다면 품위 있는 자신에게 맹세해요.
- 윌리엄 셰익스피어(2008), 『로미오와 줄리엣』, 민음사. 56.

넌 이렇게 말해야 했어.
내가 결혼하지 않은 이유는 우아한 싱글이 더 좋기 때문이야.
이 잘난 척하고 걸늙어 보이는 편협한 얼간이들아.
세상을 살아가는 방법이 하나밖에 없는 줄 알아?
네 집당 한 집 꼴로 독신자 가구고, 영국 왕실의 대부분이 독신이야.
사회 조사에 따르면, 이 나라 젊은 남자들은
배우자로는 완전히 낙제점 이하이기 때문에,
그 결과 나처럼 남의 양말을 빨아줄 필요도 없고.
경제력과 자기 집을 갖고 있으면서 인생을 즐기며 사는
독신녀들로 이루어진 새로운 세대가 생겨난 거라구.
만약 질투심에 타오르는 당신네 기혼자들이 공모해서
우리가 바보짓을 하고 있다고 느끼게 만들려는 시도만 하지 않는다면
우린 너무너무 행복할 걸 하고 말이야.
- 헬렌 필딩(1999), 『브리짓 존스의 일기』, 문학사상사. 65.

자기만의 방

1인용 테이블과 4인용 테이블 사이에는 결코 통과하기 쉽지 않은 결혼이라는 절차가 있다. 그 절차를 통과한 사람만이 1인용 테이블에서 4인용 테이블로 옮겨 앉을 수 있다. 성공적인 로맨스는 4인용 테이블로 옮겨 타기 위한 티켓이다. 4인용 테이블에 앉아 있었던 사람도 논리적으로는 1인용 테이블에 앉아 있었던 순간이 있었겠지만, 로맨스가 성공했다는 표시인 청첩장을 손에 쥔 순간부터 과거를 까맣게 잊는다. 청첩장을 주위에 돌리고 기념사진을 찍고 축의금이라는 적금을 탄 사람은 4인용 테이블이라는 관람석에 승리자처럼 앉아서, 자신이 직전까지 앉아 있었던 1인용 테이블을 마치 모노드라마가 펼쳐지는 무대인 양 바라본다. 4인용 테이블에 앉은 사람은 마치 투시경이라도 손에 쥔 것처럼 아직도 1인용 테이블에 혼자 앉아 있는 사람들을 관찰하고, 로맨스에 성공하지 못하는 이유를 분석하고 충고하고 측은하게 여기고, 때로는 혼자라는 사실을 과장해 공포심을 조장하기도 한다.

그럴 때마다 1인용 테이블에 앉아 있는 사람은 졸지에 혼자 사는 이유를 설명해야 하는 피고인이 된다. 4인용 테이블에 있는 사람은 아무 때나 1인용 테이블에 앉아 있는 사람에게 결혼하지 않은 혹은 못한 이유를 물어도 되는 자격증을 지닌 사람처럼 행동한다. 1인용 테이블에 앉아 있는 사람은 4인용 테이블에 앉아 있는 사람에게 "왜 결혼하였어요?"를 묻지 않는데 그 반대 경우는 언제든 허용된다. 4인용 테이블 사람은 특권이라도 지닌 것처럼, 그리고 마치 자신은 세상에서 가장 행복한 가정을 꾸리고 있기라도 하는 양 천연덕스럽게 묻는다. 왜 혼자 사느냐고. 1인용 테이블과 4인용 테이블 사이에는 개인 간 능력의 격차도 성실성과 책임감의 차이도 없지만, 양적 다수를 차지했다고 믿고 있는 사람들은 상대방을 존중하기 위해서 지켜야 하는 궁금증 억제의 법칙을 쉽사리 잊어버린다.

1928년 10월 소설가 버지니아 울프는 케임브리지 대학교 내 여자대학인 거턴칼리지와 뉴넘칼리지 학생들의 요청으로 두 차례 강연을 했는데, 그 강연의 기록은 후에 『자기만의 방』이라는 제목으로 출판된다. 버지니아 울프는 '여성과 픽션'이라는 주제의 이 강연에서 대영박물관 서가의 장서들 중 남성이 여성에 관해 쓴 책과 여성이 남성에 관해 쓰거나 여성에 관해 쓴 책들 사이의 심각한 불균형에 대해 언급하고 있다. 버지니아 울프의 글에서 남성을 4인용 테이블에 앉아 있는 사람으로, 여성을 1인용 테이블에 앉아 있는 사람으로 바꾸어 읽어도 무방하다.

당신은 일 년 동안 여성에 대해 쓰인 책이 얼마나 많은지 알고 있습니까? 그 가운데 남성에 의해 저술된 책이 얼마나 되는지 짐작할 수 있겠습니까? 여러분이 어쩌면 우주에서 가장 많이 논의되는 동물이라는 사실을 알고 있습니까? (…) 설명하기 놀라운 사실은 성, 즉 여성이 유쾌한 수필가나 글재주 있는 소설가 혹은 석사학위를 받은 젊은이들이나 학위를 받지 않은 사람들, 또한 여성이 아니라는 점을 제외하고는 아무 자격도 없는 사람들의 관심을 끈다는 점이었습니다. 이 가운데 어떤 책은 표면적으로 볼 때 경박하고 익살스러웠지만, 반면에 진지하고 예언적이며 도덕적으로 권고하는 내용을 다룬 책도 많이 있었습니다. 그저 제목을 읽은 것만으로도, 연단과 설교대에 올라 이 한 가지 주제로 강연에 보통 할당되는 시간을 훨씬 초과하는 다변으로 설교하는 무수히 많은 교장 선생님과 목사님들의 모습이 연상되었습니다. 그것은 대단히 신기한 현상이었지요. 그리고 명백히—여기서 나는 M^{male}이라는 글자를 염두에 두고 찾아보았습니다—남성에게만 한정된 현상이었지요. 반면, 여성들은 남성에 대한 책을 쓰지 않습니다. (…) 교수님과 교장 선생님, 사회학자, 독사, 소설가, 수필가, 언론인, 또는 여자가 아니라는 사실 이외에는 아무런 자격도 없는 사람들이 나의 단 하나의 단순한 물음—왜 여성은 가난한가—을 추격해 마침내 그것은 쉰 개의 물음이 되었고, 그 쉰 개의 물음은 미친 듯 강물 한가운데로 뛰어들어 휩쓸려 가버렸습니다.[1]

결혼을 하지 않았다는 이유로 법정에 선 1인용 테이블의 사람은 버지니아 울프의 묘사처럼 "여성이 아니라는 점(결혼했다는 점)을 제외하고는 아무 자격도 없는 사람들의 관심"의 대상이 되어, "단 하나의 단순한 물음—왜 결혼하지 않았는가 혹은 왜 이혼했는가—"에 대답해야만 하는 강제적 상황 속에 놓인다. 관람석의 사람에게는 단순한 물음이지만, 그 질문에 답해야 하는 사람에게 그 물음은 그다지 단순하지 않다. 1인용 테이블과 4인용 테이블 사이에는 혼인 여부의 차이라는 단순한 사실이 놓여 있지만, 그 단순한 사실에 대한 질문은 흔히 생각하는 것보다 복잡하다.

로맨스와 짝짓기에 숨은 욕망들

공통점이 없어 보이지만, 사실 1인용 테이블과 4인용 테이블도 공유하고 있는 영역이 있다. 가족이 확대가족extended family과 동의어였던 시절, 가족은 경제 공동체에 가까웠다. 가정을 뜻하는 그리스어 '오이코스oikos'로부터 현대적 의미의 '경제'economy라는 단어가 유래한 것은 우연이 아니다. 확대가족의 최우선 요구는 생계를 꾸리고 다음 세대의 생존을 보장하는 것이었다. 생존과 재생산이 최대 목적인 확대가족에서는 결혼 역시 일차적으로 경제적인 필요[2]가 우선이었고, 개인들끼리의 감정적 공조는 관심거리가 아니거나 부차적인 관심거리에 불과했다.[3] 그러나 우리가 살고 있는 이 시대에 4인용 테이블을 구성하려면 개인들 사이의 감정적 공조인 연애가 필수적이다. 핵가족이 앉는 4인용 테이블은 가족의 성격을 경제 공동체에서 감정의 공동체로 바꾸어 놓았다. 4인용 테이블과 1인용 테이블은 확대가족이라는 경제 공동체의 자장에서 벗어난 사람들이 앉는 삶의 무대라는 점에서 공통점을 가진다. 하지만 둘 사이의 이런 공통점에도 불구하고, 4인용 테이블과 1인용 테이블은 바로 그 감정적 공조라는 측면에서 극과 극이다. 4인용 테이블은 승자이고, 감정적 공조라는 영웅적 승리를 이루지 못한 사람은 1인용 테이블에 앉는다.

남의 떡은 언제나 커 보이는 법이다. 1인용 테이블에 앉아 있는 사람에게 4인용 테이블은 항상 행복해 보인다. 혼자서 일인 다역을 해야 할 때, 그리고 자신을 정의내리기 위해 참조할 수 있는 모델이 부재하여 혼란에 빠져 있을 때, 누구라도 4인용 테이블로 건너가고 싶은 유혹을 느낀다. 독신을 결심한 아주 소수의 사람을 제외하면, 1인용 테이블에 앉아 있는 사람은 4인용 테이블로의 이동 자체를 거부하지는 않는다. 1인용 테이블에 앉아서 4인용 테이블로 옮겨갈 궁리를 하고 있는 가장 유명한 사람이 있다. 그 사람의 일기는 『안네 프랑크의 일기』만큼이나 유명하다. 일기를 쓰는 그 여자의 이름은 브리짓 존스이다.

"All By Myself"와 브리짓 존스

소설의 주인공이자, 영화로도 만들어져서 전 세계의 짝 없는 청춘들을 열광하게 한 가상의 인물 브리짓 존스는 32살이나 먹었다. 게다가 남자친구도 없는 노처녀이다. 어김없이 새해는 다가온다. 나이 한 살을 더 먹어도 여전히 남자친구는 없다. 친척들이 모이는 명절 때마다 브리짓은 화제의 중심이 된다. 사람들은 언제 브리짓이 싱글 생활을 끝내게 될지 궁금해 하면서도, 속으로는 불가능하다고 여긴다. 브리짓은 뚱뚱하다. 게다가 골초 흡연가에 술주정뱅이니까. 단단히 모욕감을 받은 브리짓은 혼자 사는 집으로 돌아와 최악의 인생 시나리오에 대해 생각한다. 그 시나리오에 따르면, 브리짓은 평생 싱글에서 벗어나지 못하다가 죽은 지 3주 만에 발견된다. 더 이상 이렇게 살 수 없다고 생각한 브리짓이 파자마 바람으로 충분하게 감정이입을 하며 따라 부르는 노래가 에릭 카르멘의 원곡을 제이미 오닐Jamie O'Neal이 다시 부른 "All By Myself"이다. 노래의 가사는 마치 브리짓의 처지를 묘사하기 위해서 만들어진 듯하다.

When I was young, I never needed anyone
And makin' love was just for fun
Those days are gone
젊었을 때는 그 누구도 필요하지 않았고
사랑하는 것은 그저 즐기기 위한 것일 뿐
그렇게 날들은 가버렸지

Livin' alone, I think of all the friends I've known
But when I dial the telephone,
Nobody's home

혼자 살며 알고 있던 친구들을 떠올리면서
전화를 걸지만
아무도 받지를 않네

All by myself, don't wanna be
All by myself anymore
혼자이고 싶지 않아
더 이상 나 혼자가 아니기를…

Hard to be sure, some times I feel so insecure
And love so distant and obscure
Remains the cure
확실한 건 아니지만, 때로는 너무나 불안해
그토록 멀고도 희미한 사랑만이 나를 보듬어주네

All by myself, don't wanna be
All by myself anymore
혼자이고 싶지 않아
더 이상 나 혼자가 아니기를…

작정을 한 수도승도 아닌 이상 누가 모든 것을 나 홀로 해야 하는 'All By Myself' 상황을 즐기겠는가? 영화 〈나 홀로 집에〉의 주인공 케빈은 어쩌다가 집에 혼자 있게 되었기에 행복하다. 만약 케빈이 늘 혼자 있어야만 하는 혈혈단신의 처지였다면 〈나 홀로 집에〉라는 영화의 장르는 코미디가 아니라 공포물이었을 가능성이 훨씬 더 크다. '비동일적 주체의 가능성'이나 '리게티György Ligeti 음악의 시대성' 같은 주제들에 대해 하루 종일 고민하다가, 집으로 돌아가는 차 안에서 된장찌개를 끓여먹을까 아니면 어제 먹다가 냄비째로 냉장고에 넣어둔 김치찌개를 다시 먹을 것인가를 궁리하는 사람이 동일 인물이라면, 인생은 이미 살짝 코미디에 가까워진다. 혼자 사는 사람의 숫자만큼이나 세상에는 혼자 사는 상황에서 벗어나고 싶은 사람이 있는 법이다. 절대적으로 언제나 반드시 인생이 끝나는 그 순간까지 모든 것을 나 홀로 하리라고 결심한 사람은 이 세상에 없다.

그렇기에 누구나 로맨스를 기대한다. 1인용 테이블에 있는 사람은 'All By Myself'를 신조로 삼는 신흥종교의 광신도라기보다는 로맨스 없는 결혼에 회의를 느끼는 사람일 확률이 크다. 1세기 전 사람이라면, 결혼 앞에서 로맨스 따위를 내세우지도 않았다. 결혼에 로맨스와 같은 낭만적 감정의 기대는 요구하지도 않았다. 결혼은 그저 생애주기에서 사춘기처럼 누구나 한번은 겪는 그저 그런 통과의례에 불과했다. 그저 그런 통과의례에 불과하다면, 결혼이라는 통과의례는 짚신도 통과할 수 있는 것이다. 그래서 짚신도 짝이 있었던 시절이 가능했다. 하지만 지금 우리는 짚신조차도 로맨스가 없으면 짝을 찾지 않는 시대에 살고 있다. 1인용 테이블에 앉아 있는 사람은 결혼을 부정하는 사람이라기보다 로맨스 없는 결혼을 망설이는 사람에 가깝다. 심지어 「B 사감과 러브레터」의 B 사감마저도 밤이 되면 은밀히 로맨스를 꿈꾸지 않았던가?

누구나 짝을 찾고 싶다

〈짝〉이라는 리얼리티 쇼가 있다. 늦은 시간에 방송하지만 결코 낮지 않은 시청률을 기록할 정도로 꽤나 인기를 끌고 있는 프로그램이다. 프로그램은 매우 익숙한 주제인 남녀의 짝짓기를 기본 포맷으로 삼고 있다. 짝이 없는 남녀가 이 프로그램에 출연한다. 프로그램에 출연 신청을 한 남녀는 두 가지 조건을 갖추고 있다. 그들은 짝이 없다. 이 조건만으로는 충분하지 않다. 그들은 짝을 찾고 싶어 해야 한다. TV 쇼이지만 거짓으로 짝을 찾고 싶어 해서는 안 된다. 〈짝〉은 연예인들이 등장하여 가짜 부부 행세를 하는 〈우리 결혼했어요〉와 같은 셀러브리티 프로그램과는 다르다. 〈우리 결혼했어요〉는 누가 보더라도 페이크 리얼리티 쇼이지만, 〈짝〉은 출연하는 사람들이 진심으로 짝을 찾고 싶어 하기 때문에 재미를 준다. 때로는 한 번도 연애조차 해본 적이 없는 남녀가 짝을 찾으러 등장하기도 하고, 어떤 때는 돌아온 싱글들이 다시 짝을 찾겠다고 출연한다. 해외에서 직장에 휴직계를 내고 짝을 찾으러 온 교포도 있고, 시골에서 농사를 짓다가 애정촌에 들어온 남자도 있다.

짝이 없으면서 짝을 찾고 싶은 남녀가 애정촌에 입소하면, 애정촌은 세상에서 가장 실험적인 공간으로 바뀐다. 짝 찾기라는 평범한 포맷은 애정촌이라는 공간 속에서 짝이 없으면서 진짜 짝을 찾고 싶은 사람들과 만나면 가장 놀라운 독창성으로 변한다. '애정촌' 그곳은 현실에는 없지만 짝이 없는 사람이라면 한번쯤 거치고 싶은 로맨스를 위해 모든 것이 동원되고 연출되는 이상적 환경이다. '애정촌'에서는 짝 찾기라는 요소를 제외한 모든 삶의 요소가 증발되어 있다. 애정촌에 모인 남녀들은 로맨스의 성사를 위해 본래 종사하던 직업적 일조차 멈추고 애정촌에 입소했다. 애정촌에서는 노동도 잠시 유예된다. 단체생활이기에 사생활도 보장되지 않는다. 남녀가 일정 기간 동안 합숙생활을 하지만, 이곳에서는 짝이라는 남녀의 애정관계를 제외한 모든 인간관계가 통제된다. 애정촌에서는 남자끼리 혹은 여자끼리의 우정이 형성될 틈이 없다. 만약 애정촌에 입소한 사람이 애정이 아니라 우정이라는 인간의 감정에 충실하면 그 사람은 낙오자가 된다. 애정촌의 모든 사람은 로맨스라는 궁극의 목적을 향해 달려가는 경쟁자들이다.

애정촌에서 한 명이 로맨스에 성공하면, 다른 참가자는 로맨스에 성공할 가능성이 낮아진다. 그것을 잘 알고 있기에, 애정촌에 들어온 사람들은 로맨스라는 지상 최대의 목표를 향해 전력 질주한다. 맘에 드는 여자가 있는 남자는 새벽에 일어나 서툰 솜씨로 아침식사를 마련해서 마음에 두고 있는 여자에게 대접하고, 한 남자와의 로맨스를 꿈꾸는 여자는 마음을 고백하는 편지를 쓰기도 한다. 남자는 로맨스를 성사시키기 위해 이벤트를 준비하고 노래를 부르고 춤도 추는 광대 짓도 서슴지 않는다. 로맨스가 성사될 수 있는 가능성이 열리면 그들은 기뻐하고, 기대가 좌절되면 운다. 때로는 자신과의 로맨스를 기대하는 두 명의 후보자를 두고 마음의 결심을 하지 못해 고민하기도 하고, 아무도 자신을 로맨스의 상대로 대하지 않는 사람은 좌절에 빠지기도 한다. 결코 길지 않은 애정촌에서의 생활이지만, 애정촌에는 로맨스를 둘러싼 희로애락이 파노라마처럼 펼쳐진다.

결혼정보회사의 까다로운 심사를 통과하고, 결코 적지 않은 회비를 내고 회원으로 등록하고, 결혼정보회사에서 매칭해준 사람과의 만남을 통해 결혼이라는 절차를 거쳐 4인용 테이블로 이동한 사람의 입장에서는 애정촌의 남녀들을 이해하기 힘들다. 로맨스에 대한 기대를 포기한 사람은 결혼정보회사에서 각자의 스펙에 맞추어 골라준 적합한 사람과의 몇 차례 만남을 통해 결혼에 골인하는 것이 훨씬 더 쉽다. 결혼을 반드시 해야 한다는 결심과 결혼정보회사가 그 결심을 한 사람의 스펙 범위에서 크게 벗어나지 않은 사람을 소개시켜준다는 두 가지 중요한 전제가 충족되면, 결혼은 애정촌에서의 눈물과 번민 없이도 가능할 수 있다. 하지만 어떻게 해서든 결혼을 해야 한다는 욕구보다 로맨스에 대한 기대가 조금이라도 더 큰 사람은 〈짝〉에 출연할 수는 있어도 듀오에 등록할 수는 없는 법이다.

첫눈에 반하기

로맨스를 꿈꾸는 사람은 결혼정보회사에 등록하는 사람을 속물이라 비웃을 수 있다. 결혼정보회사에 등록하는 순간 자신을 인간 시장에 내놓은 것이나 마찬가지라고 비아냥거릴 수도 있다. 결혼정보회사에 등록할 때 제출해야 하는 정보의 범위[4]만 놓고 보자면,

결혼정보회사에 등록하는 것이 스펙에 따른 인간 시장이라는 말이 과장만은 아닐 것이다.

　결혼정보회사가 스펙 대 스펙의 연결, 현실적인 연결을 해준다면, 로맨스는 겉보기에는 스펙 대 스펙의 매칭을 하지 않는 것처럼 보인다. 결혼정보회사에 갈 정도로 결혼에 목을 매고 있지 않은 사람이라면, 결혼정보회사를 통해 스펙과 스펙의 교환 시장에 나설 정도로 급한 사람이 아니라면, 대개는 로맨스의 영역에 머무른다. 물론 로맨스를 기대하는 사람은 결혼정보회사의 문을 두드린 사람을 비난할 수 있다. 그들의 가장 고급스러운 비판은 자신의 스펙을 자본주의적 시장에 팔아 넘겼다는 것이다. 하지만 로맨스의 시장은 결코 전자본주의적 낭만이 그대로 살아 있는 로미오와 줄리엣들의 공간이 아니다. 그럼에도 그 공간에서 로맨스는 현실을 정지시키는 마법의 도구로 격상된다. 자유 경쟁에 기초한 자본주의 사회에서 로맨스가 유토피아로 포장되면, 로맨스는 상품화되고 상품은 로맨스화 되는 경향[5]이 동시에 벌어진다. 로맨스 영역은 결혼정보회사의 교환법칙으로부터 결코 무풍지대로 남아 있을 수 없다. 자본주의적 교환법칙은 전혀 자본주의적이지 않은 낭만적 외양의 로맨스로 등장하지만, 로맨스 영역에서 벌어지는 애정 경쟁은 자본주의적 시장 경쟁을 고스란히 빼닮았다. 남자라면 '사'士 자 돌림의 직업과 자동차 키와 명품 백, 여자라면 빼어난 미모와 재능과 착한 성품이 그 전쟁에서 승리하기 위한 군수물자로 동원된다.

　스펙과 스펙이 매칭되는 인간 시장에서 결혼에 성공하는 승자가 되는 길은 논리적으로는 간단하다. 자신의 스펙을 넘어서는 사람을 탐하지 말고 스펙에 걸맞은 사람에 만족하며 그 범위 내에서 고르면 된다. 하지만 로맨스를 기대하는 사람들은 스펙과 스펙이 만나는 맞선 시장을 경멸하며 스펙을 뛰어넘는 낭만적이고 마법적인 사랑을 꿈꾼다. 확실히 로맨스는 스펙만으로는 이루어지지 않는다. 로맨스에는 스펙 이외에 특별한 그 무엇이 있어야 한다. 우리는 그것을 케미스트리chemistry 즉 화학반응에 비유한다. 로맨스에는 상대방에 대한 성적 끌림이 순간적인 불꽃처럼 타오르는 케미스트리의 신비로운 순간이 필요하다. 이 사랑의 마법은 사실 케미스트리보다는 연금술achemy에 가깝다. 그 과정을 잘 이해하기가 어렵기 때문이다. 케미스트리라는 불꽃이 튀었다 하더라도, 케미스트리가 로맨스로 안정되기 위해서는 데이트라는 절차를 거쳐야 한다. 그러나 순간의 케미스트리는 단 한 번의 데이트에서 무너질 수도 있기에, 한 번의 데이트가 지속적인 데이트로 이어지고 최종 목적지인 로맨스에 도달하기 위해서 케미스트리의 예심을 거친 선수들은 수많은 요소들을 관리해야 한다. 촌스럽지 않은 옷매무새와 파트너에 대한 세심한 감정적 배려, 자신의 고급스런 취향을 은근히 드러낼 수 있는 식사코스, 낭만적 사랑의 주인공이 될 수 있는 충분한 자격이 있음을 보여줄 수 있는 이벤트 기획, 데이트 도중 화기애애한 분위기를 한 순간도 놓지 않는 유머, 마지막으로 섹스라는 로맨스의 절정의 순간으로까지 상대방을 이끌 수 있는 섹시한 몸매 등 어느 것 하나 소홀히 해서는 안 된다. 어느 한 가지 요소라도 관리에 실패하면 그런 로맨스의 순간은 다가오지 않는다.

결혼정보회사의 신상카드를 통과하면 한 개인은 신상카드를 구성하는 항목에 의해 합리화[6]되어 비교 가능하고 측정 가능한 대상으로 변형된다. 결혼정보회사가 펼쳐 놓은 경기장에서는 합리화된 스펙의 요소들만이 영향력을 발휘한다. 하지만 로맨스의 필드는 다르다. 로맨스의 필드에서는 합리화된 스펙의 요소뿐 아니라 합리화되지 않은 요소들까지 관여한다. 그래서 우리는 케미스트리요, 알케미라고 여기는 것이다. 여기서는 로맨스의 도구가 될 수 있는 모든 것이 중요성을 띠면서, 오히려 역설적으로 가장 자본주의적 법칙에서 벗어난 것처럼 보였던 낭만적 사랑의 영역이 가장 자본주의적 법칙에 종속되게 된다.

로맨스의 도구를 동원할 만한 충분한 돈이 없다 해도, 여자라면 크게 문제되지 않는다. 단 예쁘다면. 그래서 예쁘면 착하다는 속설까지 생긴다. 즉 예쁘지 않은 여자는 로맨스의 도구로 쓸 수 있는 신체자본이 없는 셈이다. 브리짓 존스가 그런 경우이다. 로맨스의 도구가 없는 남자라면 더 결정적인 홈이 된다. 로맨스의 도구를 가용할 수 없는 남자는 로맨스를 통한 짝짓기가 이루어지는 현대의 경향을 통과할 수 없다. 남자의 경우 독신남이 경제적 하층에서 더 많이 등장하는 사실은 이렇게 설명된다.[7]

물론 힘든 조건을 통과해 로맨스에 성공한다 하더라도, 성공한 로맨스가 반드시 결혼으로 이어진다는 보장은 없다. 손만 잡아도 결혼해야 한다고 생각했던 시대는 지나갔다. 순결을 잃었기에 원하지 않아도 결혼을 한다는 이야기는 이제 호랑이 담배 피던 시절의 오래된 스토리에 불과하다. 로맨스가 일반화된 사회에서는 한 번의 데이트가 로맨스로 이어지지 않고, 성사된 로맨스 또한 결혼으로 이어지지 않는다.⁸ 결혼이라는 목적지까지 도달하는 여정에는 굽이굽이마다 장애요인들이 도사리고 있다.

패스트 로맨스의 시대

로미오와 줄리엣의 사랑, 트리스탄과 이졸데의 사랑은 누구나 꿈꾸는 일생일대의 로맨스이다. 이들의 로맨스에 잠재되어 있는 비극에도 불구하고 우리는 그 로맨스에서 낭만적인 유혹을 느낀다. 사랑을 위해 기꺼이 목숨까지 내놓을 수 있는 열정을 찾을 수 없는 시대에 살고 있기에, 이들의 로맨스는 낭만적으로 느껴지기에 충분할 만큼 예외적으로 보인다. 우리는 일생일대의 로맨스의 시대가 아니라 패스트 로맨스의 시대에 살고 있다.

로맨스가 쉽게 성사되기 어려웠기에 한번 성사된 로맨스의 약속이 무게를 지녔던 시절은 이미 지나갔다. 분명 로맨스는 쉬워졌다. 대학 진학 때까지는 이성교제를 포기하겠다는 결심을 스스로 하곤 했던 예전의 세대는 이미 중년의 학부모들이 되었다. 그들의 자녀 세대에서는 이성교제와 품행 방정 사이에 함수 관계가 없다. 로맨스는 패스트 패션의 경향과 유사해졌다. 빨리 결정을 내리지 못하고 망설이는 사람은 로맨스에 돌입할 수 없다. 이른바 '밀당' 즉 밀고 당기기는 여전히 있지만, 수 년 동안 지속되기도 했던 과거의 '밀당'은 이제 전설이다. 스마트폰 시대에는 밀고 당기기마저 패스트해진다. 로맨스가 로미오와 줄리엣처럼 일생에 몇 번 올 수 없는 생애의 유일무이한 기회였던 시대는 지나갔다. 누구나 쉽게 그리고 일찍부터 로맨스의 관계에 빠질 수 있는 가능성이 높아지면서 고등학생들도 길에서 손을 잡고 버스 안에서 애정 표현을 할 정도로 로맨스가 쉬워졌다. 만난 지 100일 되는 날이 기념일이 될 정도로 로맨스의 주기도 짧아졌다. 로맨스가 빨라지고, 한 인간이 경험할 수 있는 로맨스의 빈도가 그만큼 빈번해지면 로맨스는 더욱 불안정해진다.

혼전 로맨스가 한두 번에 불과했던 중년 및 그 이전 세대와 달리, 최근의 로맨스 빈도는 일 년에 몇 차례로 바뀌었다. 심지어 '원 나이트 스탠드'one night stand라는 과거 세대가 꿈도 꾸지 못했던 하룻밤만의 로맨스도 가능한 시대이다. 한 개인이 경험할 수 있는 로맨스가 빈번해지면, 로맨스에 대한 기대치가 높아지고, 그에 덩달아 높아진 기대치는 로맨스를 더욱 감정의 접착제가 아니라 휘발성 감정으로 만들어버린다. 로맨스의 휘발성이 강해지면, 로맨스는 오히려 개인의 근심덩어리가 된다. 일생에 한두 번의 로맨스를 겪었던 세대는 로맨스가 부재하는 순간을 자연스런 인간적 상황으로 순응적으로 받아들이지만, 로맨스가 빈번해진 시대에 살고 있는 사람은 불과 몇 달에 불과한 로맨스의 결핍만으로도 마음이 조급해진다. 조급한 마음에 더욱 쉽게 맺은 로맨스는 또 결혼이라는 무거운 결심을 이끌어내기에는 더욱 휘발성을 띠게 된다. 그리하여 더 많은 사람들이 데이트의 상황에 몰입하고 커플이 되고 이벤트를 하고 기념일을 챙기고 애정을 표현하지만, 결혼이라는 목적지에 도달하는 순간은 점점 늦어지고 있다.

플라스틱 섹스

한 세대 이전만 해도 결혼을 하지 않는다는 건 매우 이상한 행동이었음에 분명하다. 정확한 수치는 알 수 없지만, 지금의 노년 세대만 하더라도 결혼하지 않는 사람은 거의 없었다. 이혼하는 사람도 드물었다. 아니, 이혼이라는 개념 자체를 알지 못하면서 평생을 살기도 했다. 이전 세대에게 짝을 맺지 않는다는 것은 대단한 결심을 하거나 종교적 '출가'를 하지 않는 이상 낯선 것이다.

어느 정도 나이를 먹으면 누구나 짝을 찾았다. 짝을 찾아 혼인관계를 맺을 때 개인의 선택은 중요하지 않았다. 결혼에 대한 결정권은 개인에게 없었다. 결혼에 대한 결정권이 없으면, 결혼에 대한 요즘과 같은 기대도 없다. 부부간의 좋은 금슬은 요행의 영역이나 다를 바 없었다. 서로에 대한 정보도 없고 서로의 감정에 대한 확인도 없는 상태에서 부부의 연을 맺었는데, 마침 둘의 성격이 잘 맞는다면 대단한 행운이다. 잉꼬부부가 되는 행운을 얻지 못했다고 해서 불행하다 할 수는 없다. 한 쌍의 원앙을 닮은 좋은 행운을 지닌 부부도 가끔 탄생했지만, 그 요행에서 벗어난 사람은 자신에게 그런 행운이 찾아오지 않았다고 불행을 느끼지는 않았다. 금슬이 좋지 못하다면 그건 행운이 비껴난 것이지 불행하다는 뜻은 아닐 테니까.

생애주기에서 일정한 나이가 되면 누구나 결혼하던 시대, 특별한 사유가 없으면 본인 뜻과 상관없이 가족 결정에 따라 누구나 결혼하여 가족관계를 형성하던 시대에는, 결혼이라는 제도 안으로 들어가는 시기가 조금이라도 늦으면 매우 특이한 존재 취급을 받았다. 심지어 아예 그 관계 안으로 들어가지 않거나 못했다면 더욱 특별한 존재로 취급받았다. 독신자란 자유의 표상이라기보다는 위험한 존재였다.

특별한 사유가 없으면 모두가 결혼을 했기에 결혼을 한다는 것은 성인이 된다는 것과 동의어나 다를 바 없었다. 그러니 "결혼을 해야 어른이 된다"는 말은 가장 흔한 속설의 하나가 되기에 충분했다. 모든 어른이 결혼을 하던 시기라면 결혼과 어른됨을 동일시해도 논리적으로 큰 문제는 없다. 하지만 모든 어른이 결혼을 하는 게 아니라 어떤 어른만 결혼을 한다면, 결혼과 성숙한 어른을 기계적으로 연결시키는 사고방식은 시대에 뒤떨어진 유물이 된다. 하지만 사고의 습관은 의외로 힘이 강하다. 속설은 속설을 만들었던 조건들이 이미 한참 전에 사라지고 난 뒤에도 '옛말'이라는 이유나 '삶의 지혜'라는 이름으로 여전히 언급되고 통용된다. 이 시대에 결혼이라는 것은 과연 성숙의 기준이 될 수 있을까? 그럼에도 성숙과 미성숙의 기준을 결혼이라는 제도에 진입했는지 여부에 의해 결정하는 가장 단세포적인 생략법이 여전히 지배하는 사회가 우리 사회이다.

섹스라는 것이 결혼관계를 맺은 부부 사이에서만 용인이 되는 사회가 있다. 흔히 보수적인 성문화를 지닌 나라에서 그런 태도가 등장한다. 이런 사회에서 섹스란 공식적으로 부부 사이의 관계에서만 존재하는 것 혹은 용인되는 것으로 받아들여진다. 부부관계 이외의 사이에서 발생하는 섹스 행위는 금지의 대상이고 도덕적 타락의 표시이고 존재하지 않는 것으로 여겨지며, 매우 음습한 영역의 일로 간주된다. 심지어 '섹스'를 돌려서 말할 때 '부부관계'라고 하지 않던가? 그래서 부모는 아직 혼인관계에 접어들지 못한 자녀의 섹스에 대해 신경질적으로 민감하다. 보수적인 공식 성문화를 가진 나라에서는 섹스는 부부 사이에서만 발생하는 것이기에, 부부 사이가 전제되지 않는 섹스에 대해서는 도덕적인 비난이 쏟아진다. 간통죄가 형사처벌의 대상이 될 수 있는 이유도, 간통이 부부관계 이외의 관계에서 발생한 섹스이기 때문이다.

결혼하지 않았다는 것은 금욕주의적 삶을 사는 것과 동의어가 아니다. 하지만 그럼에도 사람들은 혼자 사는 것과 금욕주의적 삶을 사는 것을 동일시한다. 혹은 그 반대로도 생각한다. 혼자 사는 사람은 곧 성적으로 방종한 사람이기도 하다. 만일 혼자 사는 사람이 성에 관한 억압을 벗어나 있다고 말한다면, 그런 말은 금욕주의자나 포르노 배우 둘 중 하나라는 말로 여겨질 뿐이다. 중간은 없다. 직장에서 술자리가 벌어질 때 혼자 사는 사람이 끼여 있으면 반드시 신체의 용불용설을 언급하는 사람이 등장한다. 혼자 사는 사람은 그 해석에 따라 금욕주의자로 포장된다. 금욕주의자로 포장되는 바로 그 순간 다른 자리에는 꼭 카사노바 이론을 들먹이는 사람이 앉아 있기 마련이다. 바로 조금 전까지 용불용설에 따라 생식기능이 퇴화되어 불쌍한 성불능자가 되지 않았을까 의심받던 동일한 인물은, 곧바로 밤이면 밤마다 불을 찾아 헤매는 불나방이 된다. 상황이 이렇게 돌아가는 것은 혼자 사는 사람에 대해 적용할 수 있는 '일반화된 타자'의 모델이 없기 때문이다. 그러나 그는 사극영화에서 바늘로 허벅지를 찌르는 수절과부도 아니요, 생식기능을 상실할 지경으로 온몸이 페니실린이 된 청결체도 아니며, 치마 두른 사람만 보면 욕정이 타오르는 카사노바도 아니다.

결혼하지 않은 사람에 대한 의심에는 늘 보수적 가족주의 세계관이 따라다닌다. 이 틀에 따라 세상을 보면 독신이란 조건은 도덕적인 성관계가 허용되지 않은 조건에 처한 사람이다. 즉 보수적 가족주의자는 독신인 사람이 성적으로 억압되어 있고 성의 욕구를 충족시키지 못하는 조건 속에 있다고 판단하기에, 성적 욕구 불만 때문에 언제든지 성범죄자가 될 잠재성을 가진 존재로 취급한다. 하지만 그런 보수적 가족주의관은 19세기 빅토리아 시대나 조선 유교사회에서는 타당했을지 모르나, 피임이 일반화되고 여성이 경제적 독립성을 지닐 수 있는 사회에서는 더 이상 유지되기 힘들다.

여성이 단지 경제적인 이유만으로 남성에게 의지할 필요는 없어졌다. 또한 남성 역시 전적으로 가계를 책임져야 하는 피부양자로서의 지위에서 상대적으로 자유로워졌다. 결혼이라는 도덕적으로 용인되는 사회적 관계에서만 성관계를 맺을 수 있다는 '순결'의 이데올로기는 여성과 남성 모두에게 이미 끝난 시대다. 이 시대는 섹슈얼리티가 결혼이라는 제도와 결합해 있는 시대가 더 이상 아니다. 인구 재생산의 목적에서 벗어나서, 그 자체가 탐닉의 대상이 될 수 있는 섹스는 점차 평범해지고 있다.[9] 섹스는 점점 더 엄숙하고 단단한 의미를 잃어버리고, 부드럽고 탄력적인 행위가 되어가고 있다.[10] 앤서니 기든스A. Gidenns가 만든 매우 적절한 표현을 따르자면, 우리 시대의 섹스는 생식이라는 생물학적 의미를 상실한 플라스틱과 같은 성격을 지닌 대상으로 변했다.[11] 순결을 잃었다고 억지로 4인용 테이블로 옮겨갈 필요도 없고, 혼인빙자간음죄는 박물관에나 전시되어야 할 정도로 섹스가 결혼의 전제조건이 아닌 시대가 되었다. 섹스 또한 로맨스만큼이나 패스트해진 시대에, 1인용 테이블에는 밤마다 욕정을 참지 못해 허벅지를 은장도로 찌르는 수절과부는 더 이상 앉아 있지 않다. 1인용 테이블에 앉아 있는 배드보이, 배드걸이 성적으로 타락한 인간 말종이 아니라, 새로운 유형의 쿨한 인간 유형으로 취급되는 시대가 이미 도래했다. 중세의 황혼기에 도시가 정치적 자유라는 신선한 공기를 인류에게 선물했다면, 후기 자본주의 시대의 메트로폴리스는 결혼하지 않으면서도 연애와 섹스를 할 수 있는 가능성을 부여한다.

결혼하지 않을 권리

고아라는 단어는 아주 구슬프게 들린다. 가족도 없이 세상에 내던져진 가련한 존재, 가족의 외부에 있는 고아는 불행할 수밖에 없다. 이혼 역시 그러하다. 결혼은 축하할 일이지만 이혼은 불행이다. 이혼이란 가족을 해체하고 가족제도 외부로 나가는 행위이기 때문이다. 우리는 가족이 있는 사람에게 긍정의 이미지를 부여하고, 가족 외부의 사람에게는 부정적 이미지를 부여하는 습벽을 갖고 있다. 부모를 알 수 없는 고아, 이혼한 사람, 사별한 사람, 혼자 사는 노인, 결혼하지 못한 사람의 사회경제적 처지는 모두 동일하다고 볼 수 없다. 보호도 제대로 받지 못한 채로 버려지는 방식으로 이

혼당하는 사람이 있는가 하면, 이혼 후 오히려 행복한 삶을 살게 되는 사람도 있다. 나아가 결혼하지 못했기에 행복할 수 있는 사람도 있다. 하지만 우리의 사고 습관은 개개인이 처한 구체적 모습이 아니라 가족관계라는 유일한 기준에 의해 사람의 행복과 불행을 판단한다.

물론 결혼이 행복일 수도 있다. 많은 경우 결혼이 행복을 가져다주는 것은 틀림없다. "결혼은 불행"이라는 주장은 "화려한 싱글"이라는 첫 번째 거짓말에 사로잡힌 사람의 마타도어Matador이기 십상이다. 하지만 또 모든 결혼이 행복을 가져다주지 않는 것은 분명하다. "결혼은 행복"이라는 주장은 행복하지 않은 수많은 결혼을 생략한다. 그러므로 결혼이 거의 무조건적으로 행복이기 위해서는 전제가 필요하다. 고향을 떠나 독신으로 낯선 도시에 살아야 하는 남성에게 결혼은 대부분의 경우 행복이다. 결혼으로 인해 그 남성은 잃어버리는 것보다 많은 것을 얻을 수 있다. '화성에서 온 그 남성'은 성생활과 하루 세 끼의 식사 해결에 대한 매일 반복되는 고민, 가사노동으로 인한 스트레스에서 벗어날 수 있는 마법을 결혼이라는 절차를 통해 일거에 얻는다. 그래서 남자는 결혼이 행복을 가져다줄 것이라고 철석같이 믿는다. 많은 경우 그 믿음은 사실이다. 하지만 그 믿음은 여성의 편에서 바라보는 결혼에 대한 시각을 생략했다. 여성의 경우는 다르다. '금성에서 온 여성'에게 결혼은 다른 맥락이다. 화성인 남자는 결혼으로 인해 자신이 벗어던질 수 있는 문제를 중심으로 생각하고, 금성인 여자는 결혼으로 인해 생기게 될 앞으로의 문제에 주목한다. 남성이 임금노동을 자신의 몫으로 돌리고 부인에게 가정을 배당하는 성별 분업이 의문시되지 않는 사회에서 결혼은 행복의 이미지와 결부되어 있지만, 그 단순한 성별 분업 자체가 문제로 부각되는 사회에서 결혼과 행복의 행복한 짝짓기는 옛날의 이야기가 된다. 마치 노스텔지어처럼 결혼과 행복의 행복한 짝짓기라는 관습만 남아 있을 뿐이다.[12]

이 시대에 결혼을 반드시 해야 할 이유가 줄었다 해도 그것이 젠더마다 동일하게 줄어든 것은 아니다. 결혼을 반드시 해야 할 이유는 남자보다 여자에게서 더 빠르게 줄어들었다. 벡 부부의 지적처럼 "과거의 여성들은 실망에 부딪혔을 때 자기의 희망을 버렸지만, 오늘날의 여성들은 자기의 희망을 고수한 채 결혼을 버린다."[13] 관습적 성별 분업이 가족 내에서 지켜지는 한, 대부분의 남성에게 결혼은 혼자 사는 것보다 편리하다. 대부분의 남성에게 결혼이란 힘겹게 유지했던 1인 다역에서 벗어나 남편과 아버지라는 역할로 단순화된다는 의미를 가진다. 하지만 여성은 달라졌다. "그녀들은 자기 어머니나 할머니가 했던 것, 즉 남편의 요구에 맞춰주고 자기 자신을 희생하는 방식은 덜 받아들이게 된다. 이전에 응집력을 보장했던 접착제들, 즉 과거에 여성이 맡았던 역할들은 사라져가고 있다. 다른 사람을 위해 자기를 부정하기, 최소한 겉으로라도 유지하기 위해 기꺼이 끝도 없고 보이지도 않는 감정 패치워크를 떠맡기 과제를, 이제 누가 수행해야 하는가? 많은 여성들은 평화의 사도가 되는 것에 싫증을 내고 있고, 많은 남성들은 아직 준비가 되어 있지 않다."[14]

여성이 결혼을 급하게 선택할 이유는 이제 사라졌다. 통계청이 실시한 '사회조사'에서 결혼—이혼—재혼에 대한 견해 조사결과는 이러한 태도의 변화를 분명하게 보여준다. 결혼을 필수적 절차로 생각하는 사람들은 아주 분명한 추세로 줄어들고 있다. 1998년에 실시한 '사회조사'만 하더라도, 73.5퍼센트의 사람이 결혼이 필수라고 생각했었는데, 불과 10여 년이 지난 2010년의 조사에서는 64.7퍼센트의 사람만이 결혼을 반드시 해야 한다는 태도를 보여주고 있다. 성별의 차이는 더욱 뚜렷하게 나타난다. 여성의 경우 남성에 비해 결혼의 필요성을 느끼지 못하는 사람이 더욱 가파른 증가 추세를 보여주고 있다. 2010년의 조사에 따르면 남자의 70.5퍼센트가 결혼을 필수라고 여기고 있지만, 여성의 경우에는 남자와 달리 절반을 겨우 넘긴 59.1퍼센트의 사람만이 결혼을 필수라고 응답했다. 게다가 미혼인 경우 결혼에 대한 남녀의 태도 차이는 더욱 분명하게 나타난다. 미혼 남자의 62.6퍼센트가 결혼하고 싶어 하지만, 결혼에 찬성하는 미혼 여성은 절반을 밑도는 46.8퍼센트에 불과하다.

결혼이 개인의 결정으로 시작된다면, 결혼의 파국 역시 전적으로 개인이 결정할 수 있는 영역이다. 과거의 이혼은 개인과 개인의 이별에 그치지 않고 집안과 집안의 파국이었기에, 개인이 단독으로 내릴 수 없는 결정 영역이었다. 그러나 오늘날의 개인화는 결혼의 파국 역시 개인에게 결정권을 넘겨주었다. "검은 머리 파뿌리 되도록" 부부의 연이 지속되는 것은 오히려 행복한 예외적인 경우로 취급 받을 정도로 이혼은 보편적이고 이혼에 대한 태도 역시 가벼워졌다. 이제 어떠한 경우에도 이혼을 해서는 안 된다는 의견을 지닌 사람은 절반 정도에 불과하다. 결혼에 대해 유보적이고 이혼에 대해 용감해진 가치관이 우세한 사회에서, 이런 가치관 변화는 1인 가구의 증가에도 뚜렷한 흔적을 남긴다.[15]

싱글 라이프의 환상

1인용 테이블에는 아주 다양한 사람들이 앉아 있다. 어떤 사람은 밤마다 1인용 테이블에서 결혼정보회사 가입 원서를 쓴다. 어떤 사람은 가족이라는 굴레를 내던지고, 자신을 찾겠다고 4인용 테이블에서 1인용 테이블로 갓 이주했다. 어떤 사람은 본인의 의사와 관계없이 타인의 의지에 따라 1인용 테이블로 내몰렸다. 1인용 테이블에 앉게 된 사연도 제각각이고, 1인용 테이블에서 벗어나려는 의지도 사람마다 제각각이며, 1인용 테이블에 머무는 기간도 일률적으로 예측할 수 없다. 그럼에도 불구하고 이들은 4인용 테이블이 아니라 1인용 테이블에 앉아 있는 순간 공통점을 지닌다. 자신을 규정할 수 있는, 자신이 누구인지를 이해할 수 있는 세트화된 '일반화된 타자'가 없기에 이 사람들은 가족 내에서의 역할을 순응적으로 받아들이면 그만인 4인용 테이블의 사람과는 다른 고민에 휩싸여 있다.

1인용 테이블에 앉아 있는 사람이 워낙 다양하기에, 1인용 테이블에 앉아 자신을 정의내리고자 하는 사람은 자신을 부르는 용어를 아주 섬세하게 여러 요소들을 감안해서 선택해야 한다. 혼자 사는 사람을 부르는 호칭은 다양하다. 특정 호칭의 선택은 단순한 선택 그 이상의 의미를 불러일으킨다. 바 호크에 앉아 신비감마저 불러일으키는 묘한 색상의 칵테일을 음미하며 "저 혼자 살아요"라는 말을 건네는 사람도, 생활보호대상자인 독거노인도 통계상으로는 동일한 분류 칸에 배치된다. '미혼'이나 '비혼'은 통계적이고 아카데믹한 냄새는 나지만 판타지를 불러일으키는 용어는 아니다. '1인 가구'는 더더욱 건조하기 이를 데 없는 단어이다. '혼자 산다'는 표현은 판타지에 슬쩍 발을 걸친 듯한 느낌을 주지만, 자칫 잘못하면 궁상맞은 느낌을 줄 수도 있다. 자신을 소개하는 호칭이 고민거리인 사람에게 '싱글'이라는 단어는 이러한 모호함과 주저함을 단번에 날려줄 수 있는 좋은 선택이다. '싱글'은 일단 듣는 사람에게 판타지를 불러일으키는 단어이다. 가수 비욘세는 당당하게 외치지 않는가. 나는 "싱글 레이디"라고.

> All the single ladies
>
> Now put your hands up
>
> Up in the club, just broke up
>
> I'm doing my own little thing
>
> Decided to dip but now you wanna trip
>
> Cuz another brother noticed me
>
> I'm up on him, he up on me
>
> Don't pay him any attention
>
> Cried my tears, three good years
>
> Ya can't be mad at me

if you liked it then you should have put a ring on it
Don't be mad once you see that he want it
If you liked it then you should have put a ring on it

모든 솔로 여성들이여
이제 손을 들어보
클럽에서 업된 기분으로, 막 헤어지고 난 나는
나만의 무언가를 할까 해
약간 발을 담그는 정도로 있을까 했지만 이제 나가보고 싶네
왜냐하면 어떤 오빠가 날 눈여겨봤거든
난 그한테 호감이 갔는데 그도 그런 모양이야
그에게 어떤 경고도 하지 마
난 3년간 울 만듬 울었다구
넌 나한테 화낼 수 없어
네가 좋았다면 반지를 걸어줬어야지
그가 원하는 걸 한번 봤다고 화내지 마
네가 좋았다면 반지를 걸어줬어야 한다고

로맨스에 대한 기대를 포기하지 못하고 성사되지 못한 로맨스에 서러워하는 브리짓 존스나 영화 〈파니 핑크〉의 주인공에 비하면 비욘세는 얼마나 당당한가. 깨진 로맨스 따위에 신경 쓰지 않고 또 다른 로맨스를 향해 떠나가는 싱글, "저는 당신 거라예"라는 말밖에 할 줄 몰랐던 이전 세대와는 전혀 다른 심성과 태도를 지닌 '싱

글'이라는 모던하고 시크한 현대의 표상. '일반화된 타자'의 부재로 곤란을 겪고 있던 1인용 테이블에 앉아 있던 사람이라면, 이러한 싱글은 마음속의 영웅이자 따라하고 싶은 '워너비'$^{wanna\ be}$가 된다.

〈섹스 앤 더 시티〉와 〈신사의 품격〉

'독신'이나 '자취'나 '혼자 산다' 같은 표현에 비해 '싱글'이라는 단어를 자신에게 적용시키는 순간 마법이 펼쳐진다. 애인 없는 노처녀, 장가 못한 노총각, 이혼 당한 남자, 우즈베키스탄까지 선을 보러 가야 하는 농촌 총각, 자신의 삶을 살기 위해 단독 비행을 결심한 여자 등등 3박 4일 동안 펼쳐 놓아야 할 사연들을 가슴에 꾹꾹 눌러 담고 있는 사람이라면, 싱글은 산뜻하고 경쾌하고 발랄하고 지적이고 도시적이고 매력적인 느낌을 준다. 전적으로 미디어 효과에 불과하지만, 싱글 라이프는 누구나 부러워하는 매혹적인 삶이다.

가중된 역할밀도 때문에 숨 막히는 삶을 살고 있는 중산층 여성에게 〈섹스 앤 더 시티〉에 등장하는 싱글 여성들이 뉴욕이라는 메트로폴리스에서 펼쳐 보이는 싱글 라이프는 부러움 그 자체이다. 뉴욕에 살고 있는 4명의 전문직 여성들은 궁상맞은 브리짓 존스도, 신경질적인 독신녀도 아닌 대도시의 부상하는 문화적 아이콘인 싱글 레이디이다. 그들은 당당하다. 결혼한 사람은 꿈도 꾸지 못할 다양한 남자들과의 반복되는 데이트, 데이트 이후에는 짜릿한 섹스의 순간이 이어진다. 언제나 선택권은 여자들에게 있고, 남자들은 주변에 넘쳐난다. 심지어 남성 시청자의 입장에서도 저 4명의 여자처럼만 살 수 있다면 여자가 되는 것도 나쁘지 않으리라는 생각마저 불러일으킬 정도이다. 여성 시청자의 입장에서 <섹스 앤 더 시티>는 현실의 여자들에게 불가능한 모든 것을 가능하게 하는 마법의 공간이다. 그들은 짝이 없다. 그래서 자유롭다. 그들은 누구나 부러워하는 화려한 삶, 자유로운 삶을 영위하고 있다.

드라마 <신사의 품격>에 등장하는 남자들 역시 <섹스 앤 더 시티>의 주인공들 못지않다. 식구들은 자기를 돈 벌어오는 기계로 보고 있는 듯한데, 가사노동도 제대로 돕지 않는다는 잔소리마저 들으며 쓰레기라도 커리라는 와이프의 명령에 쓰레기봉투를 들고 내려가다가 엘리베이터 거울에서 본 추리닝 바람의 자신의 모습은 <신사의 품격>에 등장하는 인물들과 어찌나 대조적인지. <신사의 품격>을 보고 있노라면, 남자가 나이를 먹는다고 꼭 아저씨가 되는 것은 아닌 것 같다. 어떻게 저 남자들은 저토록 품격을 유지할 수 있다는 말인가? 저 남자들은 나이를 먹어도 잘 생겼고 옷도 잘 입고 로맨스도 끊이지 않는다. 저들과 나의 차이는 단 한가지이다. <신사의 품격>에 등장하는 남자도 '싱글'이다. 이쯤 되면 거실에서 찬밥에 열무김치를 때려 넣고 고추장을 쓱쓱 비벼 먹으며 <섹스 앤 더 시티>를 보는 주부나, <신사의 품격>을 보다가 거실에서도 담배를 피우지도 못하고 베란다로 내몰린 남자나, 싱글 라이프는 잃어버린 이상향처럼 보인다.

혼자 사는 사람 역시 마찬가지이다. 자신을 규정해주는 '일반화된 타자'가 없어 왜 혼자 사느냐고 피고석에 내몰린 채 일일이 대답하느라 지친 사람에게, 미디어가 보여주는 싱글 캐릭터는 가상으로 동일시할 수 있는 가장 손쉬운 '일반화된 타자'이다. 피고석에서의 끝없는 심문에 지친 혼자 사는 사람에게, 드라마의 캐릭터는 구세주처럼 참조할 수 있는 '일반화된 타자'의 모습으로 등장한다.

화려한 싱글이라는 판타스마고리아

상품의 기만적 외양을 지칭하기 위해서 마르크스가 차용했던 물신物神이라는 개념, 또한 발터 벤야민Walter Benjamin이 메트로폴리스 속 소비주의를 설명하기 위해 변형시킨 '판타스마고리아'(phantasmagoria, 환등상)의 이미지를 우리는 미디어 세계에서 상상적으로 구축된 가상의 인물 유형을 지칭하는 개념으로 사용할 수 있다.

'싱글'이라는 용어는 혼자 사는 사람에게 일종의 가상의 거울과 같다. 가상의 거울은 마치 보드리야르Jean Baudrillard의 시뮬라시옹simulation처럼 실재를 재규정한다. 거울 속에서 혼자 사는 것은 생활양식의 조건이 아니라 채워 넣어야 하는 가상의 프로파일로 번역되는데, 이 번역의 주역은 산업이다.

'싱글'이라는 판타스마고리아는 미디어 판타지의 발명품이지만, 미디어의 판타지는 '일반화된 타자'의 부재로 인해 혼란을 겪는 사람에게 참조하고 따라야 할 모델을 제시한다. 혼자 사는 사람은 그것을 자신의 프로파일로 끊임없이 번역하는 대상으로 삼는다. 에바 일루즈의 지적처럼 자아 자체가 "인상 형성 및 인상 관리를 목적으로 조립되고 조작되는 존재"[16]가 된 현대 사회에서 '싱글'이라는 미디어 판타지는 혼자 사는 사람이 피고인석에서 벗어나 자신을 누구나 부러워하는 대상으로 만들려는 역공을 시작할 때 참조할 수 있는 중요한 캐릭터이다.

미디어의 판타지가 만들어낸 인물들은 '인상 관리'를 위한 궁극적 참조물이다. 싱글 레이디는 〈섹스 앤 더 시티〉의 캐리나 사만다, 샬롯 혹은 아만다를 인상 관리를 위한 모델로 참조할 수 있고, 차가운 도시남자 일명 '차도남'은 〈신사의 품격〉의 김도진처럼 보이기 위해 인상을 관리한다. 효과적인 인상 관리를 위해 끊임없이 미디어의 판타지 인물을 '일반화된 타자'로 참조하는 혼자 사는 사람은 미디어의 인물과 패러-소셜para-social 관계에 접어든다.[17] 패러-소셜한 관계는 실제의 인격체들 사이에서 양방향으로 형성되는 관계가 아니라 TV 시청자가 TV에 등장하는 셀러브리티의 페르소나와 일방향으로 맺게 되는 관계[18]이지만, 미디어화된 친밀성mediated intimacy을 통해 '화려한 싱글'은 혼자 사는 사람의 멘토이자 롤모델이 된다.[19]

혼자 사는 사람의 삶은 미디어 판타지가 제공하는 라이프스타일을 자신의 프로필로 만듦으로써 가상의 세계에 접근한다. 라이프스타일은 특수한 하위문화에 기초한 구분이기에 계급 특성을 드러내지 않는다는 점[20]에서 유혹적이다. 1인용 테이블에 앉아 있는 사람은 자신에게 쏟아지는 질문에 대해 하나의 라이프스타일을 채용함으로써 그 이유에 일일이 대답하지 않으면서도 질문하는 사람이 스스로 짐작하도록 할 수 있다. 화려한 싱글이라는 라이프스타일은 아주 적절한 수단이다. '싱글'이라는 단어는 1인 가구의 계급적 스펙트럼을 드러나지 않도록 은폐한다.

사회학자 피에르 부르디외는 한 개인이 처한 사회적 위치, 교육 수준, 그리고 성장한 계급적 배경 등에 따라 후천적으로 길러진 성향의 체계를 지칭하는 개념으로 '아비투스'habitus를 든 적이 있다. 아비투스는 부잣집에서 사랑받으며 자랐고 좋은 교육까지 받은 사람에게서 나타나는 이른바 '부티'처럼 오랜 세월의 흔적이 쌓여서 만들어진 결과물이다. 화려한 싱글이라는 이데올로기 역시 하나의 아비투스에 가까워 보인다. 그러나 아비투스가 부지불식간에 사람들이 드러내는 계급적 한계의 표식이라면, 라이프스타일은 자신이 명시하고 싶은 특정한 표현을 위해 적극적으로 채택된다. 그렇게 채택된 라이프스타일을 계급적 표식인 아비투스보다 더 강하게 드러낼 수 있다면, 1인용 테이블에 앉아서 피고인 취급을 받았던 사람은 그 순간 모든 사람들이 부러워하는 새로운 문화적 아이콘의 자리를 차지할 수 있다.

〈섹스 앤 더 시티〉가 인기를 얻은 것은 드라마의 주인공들이 혼자 사는 사람이 느낄 수밖에 없는 불안을 대리만족을 통해서 잠시라도 잊을 수 있도록 해주기 때문이다. 〈섹스 앤 더 시티〉의 주인공들은 소비주의의 환상이 만들어낸 인물들이다. 이들은 고민이 없다. 이들은 혼자 사는 이유를 정당화하기 위해 키보드를 붙잡고 댓글 논쟁을 벌이는 쓸데없는 노력도 하지 않는다. 이들은 1인용 테이블을 피고석으로 만드는 4인용 테이블의 테러로부터도 자유롭다. 1인용 테이블에 앉아 있는 사람뿐 아니라 오히려 4인용 테이블에 앉아 있는 사람도 이들을 욕망하기 때문이다. 이 당당한 싱글 레이디들이 인생을 즐기는 법, 그들이 먹는 음식, 입는 옷, 데이트 하는 장소, 남자를 대하는 태도, 이 모든 것은 피고석에서 벗어나 욕망의 대상으로 화려한 변신을 하고 싶은 모든 이들에게 교과서적 참고 텍스트가 된다. 이들처럼 되는 가장 빠른 길은 무엇일까? 그들을 싱글 레이디로 만들어준 자본주의의 훈장인 소품들을 완벽하게 구매하면 된다.

혼자 사는 사람의 처세술

효과적인 인상 관리를 통해 '화려한 싱글'이라는 판타스마고리아에 다가서기 위해서는 소품이 필요하다. '화려한 싱글'이라는 프로파일은 혼자 사는 사람의 내면을 담는 그릇이 아니라, 혼자 사는 사람이 구비한 소품으로 완성되는 빈 공간이다. 화려한 싱글이라는 프로파일을 위해서는 필수적으로 구비해야 하는 소품들이 있다. 혼자 사는 사람은 화려한 싱글이 요구하는 공통의 파노폴리[21]를 구성하는 가제트[22]를 구비해야만 그런 싱글이 될 수 있고 피고인석에서 풀려날 수 있다. 판타지화된 솔로의 가제트에 포획된 혼자 사는 사람은 혼자 살아도 혼자 사는 게 아니다. 이들은 당당한 싱글 레이디가 되기 위해 갖추어야 할 소품들의 정보를 꼼꼼하게 제공하는 미디어와, 그 미디어 속에 숨어 있는 소비주의의 물신과 이미 동거를 시작하고 있는 셈이다. 이들은 혼자 살아도 자신의 진정한 모습을 알지 못한다. 이들이 자신을 알기 위해서는 타인들이 구축한 소품들로 구성되어 있는, '화려한 싱글'을 완성해주는 스펙의 집합체를 쇼핑해야만 한다. 4인용 테이블에 앉아 있는 사람들은 꿈도 꾸지 못한 샤방샤방한 옷차림, 가족들과는 할 수 없는 해외여행, 소중한 나에게 아낌없이 투자하기 위해 등록한 헬스클럽의 회원증, 이런 소품이 없으면 당신은 싱글이 아니라 그저 혼자 사는 사람일 뿐이다.

싱글의 라이프스타일에는 4인용 테이블로 옮겨간 사람들이 포기할 수밖에 없었던 화려함과 자유분방함이 분명 있다. 하지만 싱글이 구사할 수 있는 이 라이프스타일은 그 사람이 1인용 테이블에 앉아 있기 때문에 저절로 얻어진 것이 아니다. 누구나 욕망하는 대상으로 격상된 싱글의 라이프스타일은 돈 있는 사람만이 따라 할 수 있는 것이다. 화려한 싱글의 라이프스타일을 영위하기 위해서 막대한 돈이 필요하다는 리얼리티가 반격하는 그 순간, 혼자서 늙어간다는 불안감, 이러다가는 죽을 때도 혼자일지 모른다는 공포감이 고개를 슬며시 내민다. 아직은 먼 미래가 현재의 나를 엄습한다. 그때 "혼자 살수록 돈이 필요하다"는 결론은 그나마 괜찮은 양로원에 들어가기 위해 적금통장을 애인처럼 끼고 사는 궁상맞은 익스프레스 웨이로 독신을 인도한다.

분명 언젠가 모든 개체는 죽는다. 죽음이라는 순간을 피할 수 없다. 혼자 사는 능력의 처세술이 불로장생의 명약이 아닌 이상, 혼자 사는 능력도 죽음이라는 불안을 잠재우지 못한다. 여전히 마음속에 도사리고 있는 가장 큰 불안은 나이를 먹어간다는 점이다. '화려한 싱글'이라는 말이 혼자 살기의 가능성이 가진 한 줌의 여지를 과장하는 것이라면, 적금 통장 12개를 갖고 있는 궁상맞은 독신은 혼자 살 때 발생할 수 있는 위험을 과장하는 인물이다. 문제는 균형이다. 균형 잡기는 사실 판단에서 나온다. 싱글은 반드시 화려하지도 않고, 반드시 위험하지도 않다. 또한 싱글은 화려할 수도 있고, 위험할 수도 있다. 위험은 줄이고 화려함을 키우는 방책이 바로 혼자 살 수 있는 능력이 꽃을 피우는 처세술이다. 만약 당신이 화려한 싱글이 아니라면, 그리고 화려한 싱글의 가제트를 확보하지 못하고 있다면, 그런 욕망을 달성한 사람은 당신을 두 번 죽인다. 화려한 싱글의 가제트를 확보한 사람은 자기만 싱글이 됨으로써 싱글이 되지 못한 다른 사람들을 다시 한 번 죽이는 셈이다. 많은 경우에 그렇듯이 1인용 테이블의 적은 1인용 테이블에 앉아 있다.

chapter 5

고독이 필요한 시간

나는 인간의 자유란 원하는 것을 하는 데 있는 것이 아니라,
원하지 않는 것을 하지 않는 데 있다고 생각한다.
바로 그것이 내가 늘 요구하고 자주 유지했던 자유이다.
그런데 나는 그것 때문에 나와 같은 시대를 사는 사람들로부터 큰 빈축을 샀다.
그들을 말할 것 같으면, 활동적이고, 수선스럽고, 야심에 차 있으며,
타인들에게 있는 자유를 싫어할 뿐 아니라,
자기 자신들의 자유도 원치 않는 그들은 자기들 뜻대로 할 수 있기만 하면,
더 정확히 말해 타인의 의지를 지배할 수만 있다면,
평생을 바쳐 스스로 싫어하는 일을 할 것이고,
남을 지배하기 위해서 온갖 비굴한 짓도 마다하지 않을 사람들이기 때문이다.
- 장 자크 루소(2010), 『고독한 산책자의 몽상』, 부북스, 118-119.

식탁에 둘러앉은 고만고만한 숟가락들
번들거리는 포크와 나이프처럼
따로 노는 머리들, 딴생각에 잠긴
비싸지만 맛없는 접시들
감자는 생선의 비위를 맞추고
치킨은 포도주의 눈치를 보며 몸을 낮추고
기세가 오른 포도주는 시가를 피우며
술잔을 들어 올린다
대장의 말씀이 끝나기를 기다리며
네 명의 배고픈 남자들은 수저를 들지 않는다
우리 일생에 두 번 오지 않을 푸른 저녁에
- 최영미(2009), "사교적인 저녁식사", 『도착하지 않은 삶』, 문학동네, 114.

나는 누구인가?

고즈넉해서 때로 고립되었다는 느낌까지 주는 1인용 테이블과 달리 4인용 테이블은 늘 사람들로 북적인다. 4인용 테이블에서는 타자를 향한 시선이 섬세해질 수밖에 없다. 남편은 부인의 시선에서, 부인은 남편의 시선에서, 부모는 아이의 시선에서, 그리고 이해심 깊은 부모라면 아이는 부모의 시선에서, 서로가 서로를 관찰하고 그 관찰의 결과에 따라 자기를 연출한다면 최상의 조건이다. 역지사지가 능숙하게 일어나는 4인용 테이블은 평화로울 가능성이 매우 높다. 하지만 그 평화에서는 가끔 불길한 징조도 느껴진다. 어느 날 우연히 마주친 거울 속에서 ○○ 엄마, ○○ 아빠, ○○ 부인, ○○ 남편이 아닌 자연인 아무개 씨의 모습이 섬광처럼 스쳐갈 때, 4인용 테이블의 외적인 평화로는 쉽게 감추어지지 않는 내적인 질문이 솟아난다. 나는 누구인가?

누구나 역할이라는
가면을 쓴다

사회화를 통해 역할에 대한 기대를 제대로 습득하면 사회로부터 칭찬을 얻을 수는 있지만, 자기가 생각하는 자기와 남들이 생각하는 자기 사이의 간극은 더욱 벌어진다. 그 간극이 더할 나위 없이 벌어질 때, 어느새 사람들은 역할이라는 가면persona을 쓰고 있는 자신을 발견한다. 삶에 대한 염세적 태도에 관한 한 타의 추종을 불허한 쇼펜하우어Schopenhauer가 이 가면을 그대로 지나칠 리 없다. 공적 세계에서 우리는 누구나 직업의 가면을 쓰고 있다.

> 우리의 문명 세계는 그저 하나의 커다란 명목에 지나지 않는다. 거기에는 장교가 있고 졸병이 있고 친구, 의사, 변호사, 목사, 철학자가 있고, 이 밖에도 수없이 많은 직업이 있으나 그들의 직업이 그들을 대표하고 있지는 않다. 직업이란 하나의 가면에 지나지 않으며 거의 모든 직업에 돈벌이꾼들이 숨어 있다.[1]

성인인 사람은 직업이라는 가면을 피할 길이 없다. 아니 누구나 직업이라는 가면을 쓰고 싶어 한다. 어떤 사람에게든 직업이라는 가면을 쓰는 일은 절실하다. 먹고사는 문제로부터 자유로운 사람은 세상에 없으니.

내 직업은 교수이다. 이슬만 먹고도 불로장생하는 신선은 아니기에, 먹고살기 위해서는 누구나처럼 돈이 필요하고, 먹고사는 데 필요한 돈을 교수라는 직업을 유지하면서 조달한다. 그 점에서 나는 다른 임금노동자와 다르지 않다. 집에 있을 때는 교수라는 가면을 벗고 있지만, 교문에 들어서는 순간 교수라는 가면을 장착해야 한다. 강의실에서 학생들은 나를 40대 남자로 인지하지 않는다. 어디까지나 학생들은 나를 교수라는 가면을 통해서 바라본다. 학생들은 내게 실력 있는 교수로서 해당 분야의 전문지식에 통달해 있고, 교육자로서 학생들이 어떤 고민을 늘어놓아도 해결의 실마리를 제공해줄 수 있는 상냥한 멘토이기를 기대한다. 모든 교수가 이런 조건을 갖추고 있지는 않겠지만, 사람들의 마음속에 있는 교수의 모습은 적어도 이렇다. 내가 교수라는 직업상의 가면을 쓰고 있는 이상, 나는 '엄마친구 아들'이나 '친구 남편'처럼 학생들의 마음속에 만들어져 있는 교수와 비교 대상이 된다. 이것을 알고 있기에, 적어도 나는 비교의 기준이 되는 이상적인 교수에 비해 창피하지 않은 수준만이라도 유지하려고 늘 허우적거리며 산다. 교수라는 가면을 쓴 대가이다.

    가면을 쓴다는 건 '척'할 수 있는 능력이 커지는 것과 같다. 나는 세상의 모든 지식을 알고 있지 못함에도 불구하고 적어도 강의 시간에는 마치 세상의 모든 진실에 대해 알고 있는 듯한 목소리로 강의를 한다. 발언 기회를 나만 쥐고 있는 일방향적 강의는 그나마 괜찮다. 갑자기 누군가 손을 들고 질문을 하면, 순간 가슴이 철렁 내려앉는 듯하다. 공포가 밀려온다. 내가 모르는 걸 질문하면 어떡하지? 내가 침을 튀겨가며 주장했던 내용을 그 학생이 반박하는데, 그 반박이 논리적이고 설득력이 있으면 어쩌지? 단답형 대답으로 가능한 질문일까? 아니면 한참을 설명해야 하는 질문일까? 아주 짧은 시간이지만 머릿속에서 번개처럼 불길한 생각들이 스쳐 지나가며 등골이 살짝 서늘함을 느낀다. 떨리는 목소리를 감추며 질문을 듣는데, 학생이 마침 손쉽게 대답할 수 있는 질문을 했다면 그 학생이 정말이지 고맙다. 나는 그 학생 덕택에 내가 쓰고 있는 직업의 가면이 요구하는 역할을 성공적으로 연출할 수 있었다.

모두가 쓰고 있는 역할 가면은 솔직과 정직의 틀로 이해할 수는 없다. 만약 우리가 쓰고 있는 모든 역할 가면을 위선적 행동이라고 판단하고 역할 가면을 벗어던지겠다고 선언하면, 그 사람은 솔직한 사람이 되는 것이 아니라 오히려 무책임한 사람이 된다. 역할에 걸맞은 행동을 한다는 것은 위선적 행동을 한다는 뜻이 아니라, 사람과 사람 사이의 상호작용을 가볍게 여기지 않고 상호적 관계를 중요하게 여긴다는 뜻이다. 예전 어머니들이 밥상에서 늘 했다는 전설적인 이야기가 있다. 생선 한 마리가 밥상 위에 올라오면 밥상에 앉아 있는 사람의 서열에 따라 생선의 가장 맛있는 부위가 분배된다. 할아버지부터 아버지를 거쳐 아이들까지 분배가 끝나고, 마침내 생선머리만 남았을 때 어머니는 "난 생선머리가 제일 맛있어"라고 했다는 얘기. 사실 생선 머리를 좋아하는 식성을 지녔을 리 없는 그 어머니는 위선적인 사람일까? "썩은 사과가 제일 맛있다"는 어머니의 말, "나는 너희들이 먹는 것만 봐도 배부르다"는 아버지의 말은 위선적인 태도가 아니라 아버지와 어머니라는 역할에 충실하려는 의지를 담고 있다. 그들이 느끼는 강한 책임감이 그들의 얼굴에 아버지, 어머니라는 역할 가면을 어떠한 경우에도 떨어지지 않는 단단한 접착제로 붙이고 있는 것이다.

역할에 대한 만족도는 역할 행동이 거짓이기 때문에 떨어지는 것이 아니다. 역할에 대한 만족도의 차이는, 역할의 진정성의 차이에서 온다. 역할의 진정성authenticity은 모든 형태의 자기 연출을 부정하는 데서 오는 게 아니라, 오히려 연출을 스스로 설정할 수 있는 자기 결정력이 강할 때 온다. 역할이란 그것이 사회적 관계인 한 연출이 불가피하다. 하지만 만족도의 차이는 거짓과 진실의 차이 때문이 아니라, 역할의 내용을 스스로 결정했는지 혹은 외부에 의해 수동적으로 결정되었는지에 따라 달라진다. 모든 회사원은 자기 역할을 수행하기 위해 자신을 회사원으로 연출해야 한다. 아버지는 자신을 아버지로, 어머니는 자신을 어머니로 연출해야 한다. 연출된 아버지와 연출된 어머니가 거짓은 아니다. 하지만 우리가 진정한 아버지와 어머니에 대한 질문을 던진다면, 연출의 주체에 대한 의문이 중요해진다. 우리는 자신이 행해야 하는 역할의 연출을 스스로 결정할 수도 있고, 수동적으로 외부에서 만들어진 각본에 따라 연출할 수도 있다. 자기가 설정한 시나리오에 따라 자신을 연출할 때 우리는 '자기관계'에 의해 결정된다. 하지만 우리가 수동적으로 외부의 시나리오를 수용하기만 한다면, 연출된 나는 전적으로 '타자관계'에 의해 정해진다. 역할에 대한 만족도는 '자기관계'에 의한 연출과 '타자관계'에 의한 연출 사이의 균형에 따라 달라진다. 역할이라는 가면을 쓰고 있는 사람이 던지는 "나는 누구인가"라는 질문은 모든 역할 가면을 벗어던지겠다는 선언이 아니라, '자기관계'와 '타자관계'의 균형을 문제 삼고 있는 것이다.

타자지향형 인간

인간이 혼자서 행위할 때와 개인들이 모여 하나의 집단을 구성했을 때의 행동 양식의 차이는 사회학자라면 누구나 관심을 갖는 주제이다. 세상에는 혼자 있는 것을 더 선호하는 사람도 있지만, 어떤 사람들은 혼자 있는 것을 잘 견디지 못한다. 우리가 보통 '성격'이라 부르는 개인적 기질이 이런 차이를 만들어내기도 하겠지만, 사회학자의 관심은 두 가지 기질 사이의 비교가 아니라 특정한 기질이 부각되도록 만드는 사회적 환경이다. 이와 관련해 이미 고전이 된 사회학적 연구가 있다. 제목만으로도 충분히 유명한 데이비드 리스먼David Riesman의 『고독한 군중』이 그것이다. 리스먼은 인구통계학적 자료에 근거하여 인구변동 추이와 인간의 성격 유형 사이의 상관관계를 규명했다. 그는 인구통계학적 추이를 인구성장이 정체되어 있는 단계, 인구가 급격히 증가하는 단계, 인구증가가 다시 둔화되는 단계 등 3가지로 구별하고 각각의 단계에 상응하는 사회적 성격 유형을 전통지향형, 내부지향형, 타인지향형의 셋으로 구별하였다.[2]

리스먼의 성격 유형 분석 중 타인지향형 성격 유형은 '타자관계'에 전적으로 의존하고 있는 성격 유형이다. 타인지향형 성격 유형은 리스먼의 설명에 따르면 사회가 복잡화되고 그리하여 개인과 개인의 관계에 매스 커뮤니케이션이 강력한 매개 역할을 할 때 강화된다. 타인지향형 성격 유형은 자신을 연출하되, 스스로 연출하기보다는 전적으로 다른 사람에 의존하여 연출하는 사람이다.

타인지향형 인간의 공통점은 개인 지향성의 근원이 동시대 타인들이라는 점이다. 그 타인들이란 자기가 직접 아는 사람일 수도 있고, 친구나 매스미디어를 매개로 하여 간접적으로 알게 된 사람들일 수도 있다. 그리고 그 지향성의 근원은 어린 시절부터 이미 마음속에 깊이 새겨져 있다는 점에서 내재화된 근원이라 말할 수 있다. 그것은 그 사람의 인생을 인도하는 하나의 안식처이며 근거로서 작용한다. 타인지향형 인간이 추구하는 인생 목표는 타인들이 인도하는 대로 바뀐다. 다만 일생토록 변하지 않는 것이 있다면, 그 개인이 이런 식으로 어떤 목표를 이루기 위해 노력한다는 사실과 그것을 위해 타인들이 퍼뜨리는 신호에 끊임없이 주의를 기울인다는 사실뿐이다.[3]

타인지향형 인간은 스스로 설정한 인생의 목표가 없는 사람이다. 타인지향형 인간은 타자관계가 과도하게 발달하여 자기관계의 영역이 거의 흔적을 찾아볼 수 없을 정도로 퇴화한 인물이다. 스스로 설정하고 관리하는 자기 영역 없이, 세상이 흘러가는 대로 남들이 하는 대로 따라 한다. 이렇듯 절대적으로 타자관계에 의존하는 사람이 양적으로 다수를 이루는 사회에서는 심지어 유행이 될 수 없는 취미마저도 유행을 탄다. 봄에 피는 들꽃보다 더 화려한 색채의 아웃도어 의상을 위 아래로 갖춰 입고, 여자들이라면 모두 눈썹 문신에다가 남들이 흔히 하는 헤어스타일을 하고 있다. 거기 더하여 남녀 할 것 없이 그 시즌에 유행하는 선글라스까지 빠짐없이 걸친 한 무리의 사람들을 토요일 이른 아침, 지하철역에서 마주치면, 아무리 눈썰미 좋은 사람이라 해도 개개인을 구별해낼 자신이 없어진다. 마치 적당히 배가 나오고 적당히 머리가 벗겨지고 적당한 금속제 안경을 쓰고 누구나 입는 무채색의 정장을 입고 점심시간에 사무실 빌딩에서 한꺼번에 쏟아지는 중년 남성들을 한 명 한 명 식별하는 것이 거의 불가능에 가깝듯이 말이다.

 개체는 단순한 존재가 아니다. 모든 개체는 개체마다 다 복합적이다. 하지만 과도한 타자관계가 개체를 지배하면 그 관계는 개체를 단순화시킨다. 어떤 남자도 남편이라는 존재로 단순화될 수 없다. 그 남자는 남편이자, 아버지이자, 학부형이자, 동호회 회원이자, 누구에게는 선배이고 누구에게는 후배이자, 형이자 동생이다. 하지만 과도한 타자관계는 한 개인이 품을 수 있는 무한의 속성을 한두 가지 속성으로 환원시킨다. 과잉의 타자관계에 노출된 개인들은 인생의 목표도, 삶을 사는 보람도, 성공하고 싶은 영역도, 좋아하는 음식도, 가고 싶은 여행지도, 사고 싶은 자동차도, 살고 싶은 집조차도 유사해진다. 타자관계에는 지나치게 민감하지만 그에 비해 자기관계에는 둔한 사람들이 좋아하는 처세의 방법은, 더도 덜도 말고 딱 남들이 하는 것만큼 행동하기이다. 그리하여 수도권의 30평대 아파트에 살며, 소나타를 몰며 4인용 테이블에 앉아 있던 사람은 어느 날 나는 누구인가라는 갱년기의 질문에 부딪혔을 때 쉽사리 붕괴될 수 있다. 갱년기를 겪어본 사람은 누구나 안다. 사춘기는 연습에 불과했음을.

친구가 많으면 꼭 좋은가?

타자관계에 전적으로 의존하면서 자기밀도가 골다공증에 걸린 뼈처럼 구멍이 숭숭 뚫린 사람은 혼자 있는 것을 견디지 못한다. 혼자였던 경험이 인생에서 찰나에 불과한 사람은 자신이 참조할 수 있는, 아니 자신이 따라해야 할 타자관계가 부재한 상황이 오면 어떤 결정도 내릴 수 없고 어떤 행동도 할 수 없다. 마치 외국어에 서툰 사람이 단체로 나선 해외 관광에서 모든 결정을 가이드에 의존하는 것처럼 말이다. 가이드가 버스에 타라 하면 오르고 내리라 하면 내려서 구경하고 가이드가 먹으라는 음식만을 먹다가, 자유시간이 갑자기 주어졌을 때 가이드 곁을 쉽사리 떠나지 못하는 상황과도 유사하다. 그 사람에게 자유시간이란 전체 일정 때문에 양보해야만 했던 자신의 기호와 욕구를 발휘해 마음 놓고 관광을 할 수 있는 시간이 아니라, 홀로 내팽개쳐진 시간이다.

'자기'가 없는 사람은 무리를 떠날 수 없다. 무리를 떠나 혼자 있는 상황은 그 사람에게는 형벌과도 같다. 비록 무리 속에서 과도한 타자관계로 인해 스트레스를 경험한다 하더라도, 자기관계의 경험을 상실한 사람은 혼자 남겨지는 형벌보다는 오히려 함께하는 것으로 인한 스트레스를 선택한다. 동일한 무리에 속한 사람은 서로가 비슷하다고 생각한다. 아니, 반드시 서로 비슷해야 한다. 유사성에 기초한, 혹은 유사성을 추구하는 사람들이 모였을 때 상호작용의 밀도가 증가하면 비교는 불가피하다. 물론 그 비교는 제한된 상황에서만 행해진다. 처음부터 같은 유사성, 같은 타인지향적 관계를 통해 형성된 무리이기 때문이다. 본래 비교란 유사한 속성을 지닌 집단 내에서 각자의 고유성을 측정하려는 노력으로부터 나온다. 그러나 그들의 고유성이란 대개가 강한 타자관계를 통해 형성된 것이기에, 비교 행위 역시 자신들의 유사성을 가장 이상적으로 구현할 수 있느냐로 모아진다. 이미 수백만 원대의 값비싼 자전거를 가진 사람들의 동호회에서는 천만 원 대 자전거를 가진 사람이 비교의 준거가 된다.

이런 관계에서 완전히 자유로운 성인군자는 사실 현실 속에 없다. 비교는 각 개인에게 정서적인 영향을 미친다. 비교의 결과에 만족스러운 사람은 자신감을, 비교의 결과에 만족하지 않는 사람은 침울함을 느낀다. 각자의 정서 상태를 유지하려 하거나 혹은 벗어나려 할 때, 유사한 집단 내에서는 치열한 경쟁을 피할 수 없다. 때로 비교의 경쟁에서 유리한 고지를 차지한 사람이 그렇지 않은 사람에게 연민과 적선의 정서를 표현하기도 한다. 유리한 고지를 차지한 사람은 연민의 감정을 표현하면서 명예를 챙길 수 있지만, 연민의 대상으로 졸지에 전락한 사람이 입는 심리적 상흔은 그 어느 것보다 크다. 누구의 명예는 누군가의 수치가 된다.

집단주의와 자기밀도의 제로화

하지만 승리한 사람은 집합체의 붕괴를 원하지 않는다. 유사한 사람들의 집합체가 유지되어야만 비교의 과정을 통해 그 누군가가 명예를 챙길 수 있음을 알고 있기에, 유사한 사람들은 어떤 경우에도 집단의 붕괴를 원하지 않는다. 자신이 칭찬을 받기 위해서는 칭찬을 해야 하는 사람도 필요함을 잘 안다. 내가 칭찬의 대상이 되려면, 나를 칭찬해줄 타인이 절대적으로 요구된다. 자식이 좋은 대학에 갔다는 이유로 칭찬을 들으려면, 자식을 좋은 대학에 보내고 싶어 하는 동일한 욕망을 지닌 타인들 사이에 있어야 한다. 자식을 좋은 대학에 보내고 싶어 하는 욕망이 전혀 없는 사람에게 내 자식이 좋은 대학에 갔다고 아무리 자랑을 해봐야 의례적인 범위 내에서 칭찬을 받을 뿐이지, 부러움 섞인 진심어린 칭찬을 기대할 수는 없다.

 골프에 목숨을 거는 사람들 사이에서 홀인원은 축하할 만한 사건이지만, 골프에 조금도 관심이 없는 사람에게 홀인원의 의미는 아무리 설명해줘도 납득하기 힘들다. 주식으로 떼돈을 벌어들인 사람에 대한 질투도 주식 동호회에서나 가능한 일이다. 아무리 떼돈을 벌었다 해도 고상한 클래식 동호회에서는 시기와 부러움의 대상이 되기보다는 속물이었음을 드러내는 표시가 될 수 있다. 유사성을 추종하는 사람들이 무리를 형성하면, 개인은 '일반화된 타자'가 부재하는 1인용 테이블의 사람과는 달리 자기 동일시identification를 할 수 있는 모델을 쉽게 발견할 수 있다. 하지만 무리를 구성하고 있는 사람이 모두 한 가지 모델을 추종하고 그에 따라 각자의 삶을 연출하던, 무리를 구성하고 있는 사람들 사이에서 경쟁적 모방emulation은 불가피해진다. 모두가 그저 그런 삶을 살고 있는 대규모 아파트 단지의 한 집에서 자동차를 바꾸면 옆집의 마음은 살짝 흔들리게 되어 있다. 1204호 집의 새로운 명품백은 1205호의 거실에도 은근슬쩍 영향을 끼친다. 무리를 구성하고 있는 사람은 서로가 르네 지라르René Girard가 말한 욕망의 삼각형désir triangulaire 속의 욕망의 중개자médiateur du désir가 된다.⁴

자기밀도가 제로화된 사람은 누구보다도 강한 욕망을 지니고 있지만, 이 욕망은 자신이 설정한 욕망이 아니라 자신과 함께 집단을 이루고 있는 사람들의 욕망을 모방하려는 욕망이다. 자기밀도가 제로인 사람들이 서로 모여 강력한 상호모방 체계를 구성하면 쇼펜하우어가 조롱하는 속물주의에 포획된 인간이 나타난다.

지력이 보통 수준으로 아무런 정신적인 욕구도 갖고 있지 않은 사람은 본래 독일어에만 있는 고유한 표현으로 '필리스터'Philister라 불린다. (…) 다시 말하면 필리스터는 정신적인 욕구가 없는 인간이다. 여기서 여러 문제가 제기된다. 첫째는 그 사람 자신에 관한 일이다. 앞에서 지적한 참된 욕구가 없으면 진정한 만족은 없다는 원칙에 따라 그 사람은 정신적인 즐거움이 무엇인지 모르고 있다고 할 수 있다. 이런 사람의 생활은 지식이나 지혜를 갈망하는 데서 고무되는 일이 없으며, 더구나 이 갈망과 비슷한 미적인 갈망으로 활기를 얻게 되는 것도 아니다. (…) 그들에게 실제의 향락은 관능적인 것뿐이며, 이것으로 그들은 그럭저럭 지탱해 나가고 있다. 그러므로 굴 조개를 먹거나 샴페인을 마시는 것이 그들에게는 최고의 생활이며 육체적인 쾌락에 도움이 되는 것을 손에 넣는 것이 그들이 사는 목적이다. 이 목적을 위해 부지런히 돌아다니며 그것으로 충분히 행복할 수 있는 것이다. 그러나 그런 것이 미리 주어지면 그들은 필연적으로 권태에 빠진다. 그래서 이 권태에 대항하여 여러 가지 궁리를 한다. (…) 그래서 결국 그들에게는 나름의 허영심을 자극하는 향락만이 남게 된다. 이 향락은 재물이나 지위 또는 권력으로 남을 능가해 남들보다 존경받는 데서 이루어진다. 그렇지 않다면 적어도 같은 의미에서 뛰어난 사람들과 교제하여 그들이 내뿜는 아름다운 빛 속에서 낮잠을 자는 데서 이루어진다.[5]

이러한 이유로 사람들은 자신과 동일한 욕망을 지닌 유사한 집단을 필요로 한다. 아니, 그 집단을 벗어나지 못한다. 그 집단 내에서 아무리 뒷담화가 판치고 루머에 의한 희생자가 생기고 거들먹거리는 눈꼴 시린 사람이 많다고 하더라도, 그 집단을 쉽게 벗어나지 못한다. 적어도 그 집단을 벗어나는 순간 자신이 칭찬의 대상이 될 수 있는 가능성이 줄어듦을 알고 있기 때문이다. 칭찬과 질투와 시기의 주인공이 되고 싶은 사람은 친목계를 탈퇴하지 못한다.[6]

집단 내부에서는 명예로운 자와 치욕을 느끼는 자로 구분되지만, 집단을 유지하는 가장 좋은 방법은 우리에게 속한 내집단과 우리 외부의 외집단을 구별하는 방식이다. 외집단에 속한 사람들을 경멸할 때, 내집단에 속한 사람은 비록 승리자가 아니라 할지라도 최소한의 체면을 가질 수 있다. 유사성에 기초하고 유사성 강화를 목적으로 삼는 사람들이 모여서 집합체를 구성하고 그 속에서 상호작용이 일어나는 경우와, 이질적인 사람들이 집합체를 구성하고 상호작용을 하는 경우, 그 구체적인 결과는 전적으로 달라진다. 뒤르켐Emile Durkheim이 현대 사회의 특징을 분석하기 위해서 『사회분업론』에서 구별했던 연대의 두 가지 형태, 즉 기계적 연대와 유기적 연대의 차이는 타자관계가 과잉으로 발전한 집단에서 등장하는 독특한 심성을 설명하는 틀로도 이해할 수 있다. 뒤르켐은 기계적 연대의 특징을 다음과 같이 묘사했다.

상반되는 의식이 서로를 약화시키는 것처럼, 동일한 의식은 교환되면서 서로를 강화한다. 전자가 의식을 상호 약화시킨다면 후자는 의식을 상호 강화시킨다. 만약 누군가가 우리 앞에서 이미 우리의 생각이 되어버린 관념을 표현한다면, 그것에 대한 우리의 표상은 우리 자신의 고유한 생각에 추가되고 중첩되며 융합됨으로써 자신이 가지고 있는 활력을 우리 생각에 전달하게 된다. 바로 이러한 관념의 융합으로부터 새로운 생각이 등장한다. 그런데 이것은 앞의 생각들을 흡수하고 나아가서 개별적 관념이 고립되어 있을 때보다 더욱 생명력을 가진 관념이 된다.[7]

자기밀도가 제로가 된 곳에서 서로 상반된 의식은 낙인의 대상이다. 타자관계가 지배적인 곳에서는 서로 동질성을 확인할 수 있는 것만 용납된다. 유사한 의식을 지닌 사람들의 상호작용 밀도가 높아질수록 개성보다는 집단 소속감이 더 중요해진다. 비슷한 사람들은 서로의 태도를 강화해준다. 평일 낮 백화점 식당에 모인 전업주부들이 한번 수다를 시작하면 그 식당의 데시벨은 기찻길 수준으로 높아지고, 남자들 역시 끼리끼리 모여서 '기계적 연대'를 강화하기 위해 룸살롱으로 간다. 한 중년 남성의 고백이다.

서로 동질감을 회복하는 어떤 또래의식이 있다는 생각이 들거든. 룸싸롱 가면 괜히 막 오버하고 그러면서 서로 남자들 같은 경우에는 그게 약간 일탈이잖아. 그치? 도덕적인 그런 거의 일탈인데, 그런 거를 같이 함으로써 뭔가 이렇게 동료의식, 이런 것들을 서로 확인하는 과정 그런 거라고 생각이 들거든. 그래서 물론 룸싸롱 아가씨가 맘에 들어가지고 연애를 할 수도 있지만 그런 경우는 거의 없거든. 그리고 그 자리에서는 막 옆에 있는 아가씨한테 친밀하게 놀고 뽀뽀도 하고 주물질 하고 술도 러브샷도 하고 그러잖아. (…) 서로서로 이렇게 하지만 사실은 여기에 친밀성이 생기는 게 아니라 이렇게 함으로써 같이 갔던 사람끼리 친밀해지려고 하는 거지.[8]

무리를 떠날 수 없는 남자들은 다 함께 나쁜 짓을 할 남자의 무리가 필요하다. 여자들은 여자들만 공유할 수 있는 수다의 공동체가 필요하다. 각자의 로맨스에서 출발해 4인용 테이블을 구성했지만, 4인용 테이블에 앉아 있는 사람들은 어느새 자연스럽게 남자는 남자끼리, 여자는 여자끼리의 동성 유대에 기초한 동성사교성 homosocial[9]의 관계에 몰입한다. 남자들은 남자들끼리 서로 보기 민망한 쫄쫄이 옷을 입고 때로 자전거를 타고 위대한 국토종주를 떠나고, 여고 동창생들은 다시 모여 여자들끼리 단풍 여행을 떠난다. 꽃보다 단풍보다 더 화려한 등산복을 입고 지하철에서 쉴 새 없이 떠들어대는 사람들의 떼, 더 이상 식별이 힘들 정도로 놀랍게 비슷해져버린 인상과 옷차림과 몸매를 지닌 중년 남녀들의 떼, 이 떼에 속해 있는 구성원으로서는 각자의 외양들이 정상성으로 보이지만,

한 발자국만 이 떼와 거리를 두고 보면 이들을 휘감고 있는 어두운 아우라가 보인다. 이들은 마치 아저씨 아줌마라는 관념을 유기체로 복제한 클론처럼 보인다. 뒤르켐의 분석처럼 이 집단은 이미 개성이라는 단어를 박물관에 보내버렸다.

동질성에 의한 연대는 집합의식이 우리의 전체의식을 지배하고 모든 점에서 우리의 의식과 일치할 때 최고점에 도달한다. 그러나 이 경우 우리의 개성은 사라진다. 우리의 개성이 나타날 수 있는 것은 공동체가 우리 안에 아주 작은 위치를 차지하고 있을 때이다. 우리 안에는 두 가지 정반대되는 힘이 존재하는데, 하나는 구심적 힘이고 다른 하나는 원심적 힘이다. 그런데 이 두 힘이 동시에 증가할 수는 없다. 우리는 서로 대립되는 두 방향으로 우리 자신을 발전시킬 수 없다. 만일 우리가 스스로 생각하고 행동하려는 경향이 강하다면, 다른 사람들과 함께 생각하고 행동하는 강력한 성향을 동시에 가질 수는 없을 것이다. 우리의 이상이 우리만의 고유하고 개성적 모습을 갖는 것이라면, 우리가 모든 사람을 닮을 수는 없을 것이다. 이와 같은 연대가 그 영향력을 행사하는 순간부터 우리의 개성은 말 그대로 사라지게 된다. 왜냐하면 우리는 더 이상 우리 자신이 아니고 집합적 존재이기 때문이다.[10]

동질성에 기반을 둔 사회적 관계의 밀도가 높아진 사회에서 개인은 자유롭지 못하다. 개인이 "사회가 소유하고 있는 물건"[11]으로 전락한 곳에서 자기관계의 희미한 흔적을 기억해내는 사람이 있다면, 그 사람은 혼자라는 것에 대한 질문을 다시 던진다. 혼자라는 것에 대한 질문은 타자관계에 의해 압사당할 위험에 처한 자기관계에 대한 일종의 노스탤지어이다.

'사회적인 것'과 '집합적인 것'은 흔히 같은 것으로 간주되지만, 둘은 동일한 것이 아니다. 집합의식이 사회성원들이 공유하고 있는 공통의식이라면, 사회적인 것은 공유하고 있는 집합의식을 반드시 전제로 삼지 않는다. 사회적인 것은 오히려 이질적인 개인을 전제로 삼기 때문에, 사회적인 것은 공유하고 있는 공통의식이라기보다 이질적인 의식에 가깝다. 그렇기에 사회적이라는 것은 동질적인 집합적 의식을 산출해내는 방법을 지칭하는 게 아니고, 오히려 이질적인 것들이 서로 교섭되는 방법을 의미한다. 4인용 테이블을 집학적 상식이 지배하면, 집합적 상식과는 다른 의견을 갖고 있는 개인들은 결코 편안하지 않은 삶을 살 수밖에 없다.

집단이 지배하는 사회는 개인이 자신에 대한 민감한 촉수를 지니는 것을 허락하지 않는다. 집단주의는 개인의 인격을 흡수하면서 자란다. 이러한 집단주의가 지배적인 사회에서 자신에 대한 민감한 촉수를 지닌 사람은 냉소주의에 쉽게 빠진다. 지배적인 타자관계에 염증을 느끼면서도, 타자관계의 지배에서 벗어날 수 있는 가능성을 어디에서도 찾을 수 없는 사람은 냉소의 어조를 떠날 수 없다.

의도된 고독과 자기관계의 회복

혼자일 수 있는 능력을 상실한 자기밀도 제로의 사람에게 혼자라는 것은 고립의 형벌에 다름없지만, 타자관계와 자기관계의 균형을 회복하고 싶은 사람에게 '혼자'라는 것은 균형 회복을 위해서 반드시 거쳐야 하는 과정이다. 혼자라는 건 항상 네거티브 성향을 의미하지 않는다. 때로 혼자라는 것은 인생의 전략이자 자신의 삶을 연출하기 위한 지침이 될 수도 있다. 진정한 쉼이 필요할 때나 지난 일을 반추할 때는 물론이려니와 정신적이거나 육체적인 운동을 할 때도 혼자의 시간은 빛날 수밖에 없다. 외로움의 날 끝은 사람을 향하게 되어 있고 그 방향을 통해 우리 인생은 부단히 혼자가 아님을 알게도 된다. 외로움의 명약은 외로움이다. 가장 큰 '혼자'로 살 수 있을 때 혼자인 자신에게 성실할 수 있다. '괜찮은 혼자'가, '성숙한 혼자'가 세상을 든든히 받친다. 고립되거나 고독한 개별자가 아니라 권능과 개성의 원천으로서의 혼자라는 것은 성숙을 위해 누구나 불가피하게 거쳐야 하는 통과의례이다.

고독은 나의 힘
—혼자라는 거대한 전환

라인홀트 메스너Reinhold Messner라는 전설적인 이탈리아 등반가가 있다. 히말라야의 8천 미터가 넘은 14개의 산에 모두 올랐고, 에베레스트 산에 단독 무산소 등반에 성공한 사람이다. 1970년 그는 동생과 함께 낭가파르바트 등반에 나섰지만 실패했고, 동생을 히말라야에서 잃었다. 1978년 그는 단독으로 낭가파르바트를 오르기 위해 다시 그곳에 갔다. 절대 고독의 상태이다. 이처럼 의도한 고독을 그는 '흰 고독'이라 불렀다. '흰 고독'은 고립과는 달랐다. 흰 고독은 자기관계를 회복하기 위해 의도된 고독이다.

> 나는 산을 정복하려고 이곳에 온 게 아니다. 또 영웅이 되어 돌아가기 위해서도 아니다. 나는 두려움을 통해서 이 세계를 새롭게 알고 싶고 느끼고 싶다. 물론 지금은 혼자 있는 것도 두렵지 않다. 이 높은 곳에서는 아무도 만날 수 없다는 사실이 오히려 나를 지탱해준다. 고독이 더 이상 파멸을 의미하지 않는다. 이 고독 속에서 분명 나는 새로운 자신을 얻게 되었다. 고독이 정녕 이토록 달라질 수 있단 말인가. 지난날 그렇게도 슬프던 이별이 이제는 눈부신 자유를 뜻한다는 걸 알았다. 그것은 내 인생에서 처음으로 체험한 흰 고독이었다. 이제 고독은 더 이상 두려움이 아닌 나의 힘이다.[12]

의도된 고독의 길을 걸었기에 위대한 족적을 남긴 사람들은 많다. 데카르트, 뉴턴, 로크, 파스칼, 스피노자, 칸트, 라이프니츠, 쇼펜하우어, 니체, 키에르케고르, 비트겐슈타인의 공통점은 단 한 가지, 모두 평생 결혼하지 않고 독신으로 살았다는 점이다. 이들의 천재성을 독신이었다는 원인에서 찾는다면, 너무나 조야한 추론이다. 이들은 결혼하지 않았기 때문에 위대한 철학자가 된 것이 아니다. 이들의 위대함은 결혼에 대한 거부가 아니라 혼자 있는 것을 두려워하지 않았던 용기, 그리고 그들이 가졌던 의도된 고독인 '흰 고독'의 순간 때문이다.

"나는 생각한다, 고로 존재한다"cogito, ergo sum라는 너무나 유명한 말을 남긴 데카르트René Descartes, 그는 절대적인 고독을 찾는 사람이었다. 예수회 학교를 다녔던 학생 데카르트는, 학교에서 권장했던 중세철학보다는 학교에서 금지했던 과학과 철학에 은밀한 관심을 갖고 있었다. 스무 살이 되었을 때 데카르트는 학교에서 배운 지식을 다 버리고 세상이라는 큰 책 속에서 새로운 지식을 쌓기로 결심한다.[13] 세상 이곳저곳을 구경하기 위해 군에 자원한 데카르트는 1619년 11월 10일 도나우 강가의 울름 근처의 마을에서 쉬게 되었다. 아주 추웠던 그날 난롯가에서 잠에 빠졌던 데카르트는 꿈을 꾸었는데, 그 꿈과 함께 철학의 새로운 시대가 열렸다.

1628년 데카르트는 방랑생활을 청산하고 네덜란드에 정착한다. 본격적으로 철학 연구에 돌입한 데카르트가 처음 한 일은 스스로 세상으로부터 고립되는 것이었다. "사람들과 만나는 것을 최대한 줄이고 하루에 열 시간씩 충분히 자면서 고요한 분위기 속에서 사색하고 글 쓰는 데 열중하였다. 자신을 찾아오는 사람을 피하기 위해 이 20년 동안 열세 번이나 집을 옮겼으며 아주 친한 친구들 이외에는 주소를 가르쳐주지 않았다. 주로 편지를 통해 다른 과학자나 철학자와 토론하였는데 일주일에 하루는 꼬박 편지를 썼다. 이때에도 신중을 기하기 위해 가명 수신인 주소를 사용하였다."[14]

안경 렌즈 닦는 철학자로 알려진 스피노자Baruch de Spinoza는 평생 독신으로 살았다. 부유한 상인의 아들로 암스테르담에서 태어난 스피노자는 아버지의 뜻에 따라 유대교 목사가 될 꿈을 꾸며 성장했다. 하지만 24살 되던 해, 종교적 해석을 둘러싼 대립 때문에 스피노자는 유대인교회로부터 파문을 선고받았다. 파문선고는 이렇다.

(…) 이 신성한 두루마리 앞에서, 우리는 바르흐 드 스피노자를 파문하고, 추방하고, 저주하고, 비난한다. 신의 은총이 있기를! 여호수아Joshua가 예리코Jericho를 저주했던 그 저주로 그를 저주한다. 율법책에 쓰여 있는 모든 징벌로 그를 저주한다. 그는 낮에 저주받을 것이며, 밤에 저주받을 것이다. 그가 누울 때 저주받을 것이며, 일어날 때 저주받을 것이다. 그가 나갈 때 저주받을 것이며, 들어올 때 저주받을 것이다. 주가 그를 용서하지 않을 것이다. 그리고 주의 분노와 그의 질투가 그를 태울 것이다. 그리고 이 책에 쓰인 모든 저주가 그를 덮칠 것이다. 그리고 주가 하늘 아래로부터 그의 이름을 없앨 것이다. 그리고 이 율법책에 쓰여 있는 계약의 모든 저주에 따라, 주가 이스라엘의 모든 지파들과 악에 속한 그를 떼어놓을 것이다. 그러나 주 너희의 신과 함께 있는 너희들은 오늘날까지 모두 살아 있다.[15]

파문당한 스피노자, 세상과 완전히 단절되어버린 스피노자는 학생 시절 배워둔 렌즈 닦는 기술로 호구지책을 하며 내면의 소리에 귀 기울였다. 그리하여 33살에 스피노자는 『에티카』를 썼다. 그의 고독은 세상이 닫고 있는 학문의 일체의 선입견으로부터 그를 자유롭게 했다. 세상으로부터의 고립은 그를 완전히 새로운 철학을 할 수 있는 새로운 세계로 그를 안내했다. 위대한 작곡가 베토벤Ludwig van Beethoven은 1796년 26살 무렵부터 청력을 잃기 시작했다. 1814년 무렵 그는 아무것도 들을 수 없었다. 1816년에는 보청기를 사용하기 시작했고, 1818년에는 글로만 대화를 나눌 수 있을 정도로 청력이 쇠퇴하였다. 들리지 않는다는 상황, 소리가 들리지 않는 세상에서 베토벤은 그를 방해하는 외부 환경의 소리 없이 물질세계의 경직성에 영향받지 않고 몽상가처럼 세상을 자신의 상상에 따라 조립할 수 있었다.

토머스 모어Thomas More의 경우 1529년 런던탑에 유폐되었다가 감옥에서 1년을 보낸 후 1533년 재판을 받고 처형되었다. 수감 기간 동안 토머스 모어는 『시련과 위안』A Dialog of Comfort against Tribulation을 저술했다. 존 버니언John Bunyan은 12년 동안의 투옥 기간 동안 『넘치는 은혜』를 썼고, 『천로역정』의 대부분을 남겼다. 도스토옙스키는 1849년 시베리아로 유형되어 감옥에서 4년을 보내면서, 감옥 생활을 『죽음의 집의 기록』에 남겼다. 마르키 드 사드Marquis de Sade는 『저스틴』과 『소돔에서의 120일』을 뱅센 요새와 바스티유 감옥에서 썼다. 안토니오 그람시Antonio Gramsci 역시 『옥중수고』를 감옥에 갇힌 절대적 고독의 상태에서 썼다. 김정호와 정약용 그리고 정약전 등도 귀양의 시절이 없었다면, 우리가 알고 있는 위대한 인물로 기억될 수 없었을지도 모른다.

단독 비행의 삶

한 사람의 행동이 다른 사람의 의지에 종속되는 것보다 더 무서운 것은 없다. 개인이 다른 사람의 의지나 집단이 강요하는 편견에서, 그리고 전통이라는 이름으로 압박하는 완강한 습관의 굴레에서 벗어나 독립된 자아가 되려고 할 때, 그 사람에게 쏟아질 수 있는 비난과 협박의 강도는 집합체의 힘에 비례하여 커진다. 집합체의 결속 강도가 강할수록, 집합체가 오랜 기간 유지되어 왔을수록, 집합체가 포섭하고 있는 양적 범주가 클수록 그 집합체로부터 자신의 독립성을 지키는 일은 결코 쉽지 않으며, 이른바 집단으로부터 떨어져 나와 홀로 '단독 비행'하는 일은 더 많은 용기를 요구한다.[16]

갈매기가 있었다. 조나단이라는 이름을 지닌. 조나단은 새로운 비행을 꿈꾼다. 조나단은 갈매기 무리가 요구하는 익숙하고 편안한 비행 방법에 만족하지 못했다. 조나단은 다른 방법을 원한다. 갈매기의 무리는 집단이 공유하고 있는 전통적 방법 이외에는 어떤 방법도 알려주지 않기에, 다르게 나는 방법을 찾는 조나단은 혼자일 수밖에 없다.

아침이었다. 그리고 새로이 솟는 태양의 황금햇살이 고요한 바다의 잔물결 위에 반짝였다. 해안으로부터 1마일 떨어진 곳에서 고기잡이배 한 척이 바다에 밑밥을 뿌리고 있었다. 아침먹이를 찾는 갈매기 떼를 위한 소식이 공중에 전해지자, 한 떼의 수많은 갈매기들이 날아와 먹이조각들을 얻으려고 몸을 비키며 싸우는 것이었다. 그것은 또 바쁜 하루의 시작이었다.

그러나 멀리 외롭게 떨어져, 배와 해안에서 홀로 벗어난 조나단 리빙스턴 시걸은 연습을 하고 있었다. 100피트 상공에서 그는 물갈퀴 달린 발을 아래로 내리고 부리는 위로 쳐들며 두 날개는 아플 정도로 힘들게 꼬아서 구부린 상태를 유지하려고 애썼다. 그가 날개를 구부린 것은 천천히 날려는 의도에서였다. 그래서 그는 바람이 얼굴에 살랑거리고, 바다가 그의 밑에 가만히 서 있게 될 때까지 속도를 낮추었다. 맹렬하게 정신을 집중시키느라 눈을 가늘게 뜨고 숨을 죽여가며 단 한 치라도 더 구부리려고 안간힘을 다했다. 그러자 깃털들이 곤두서면서 그는 속도감을 잃고 떨어져버리고 말았다.
(…) 대부분의 갈매기들은 나는 것의 가장 단순한 지식—해안으로부터 먹이를 찾으러 날아갔다가 되돌아오는 방법—이상의 것은 애써 배우려 들지 않았다. 대부분의 갈매기들에게 있어서 중요한 것은 나는 것이 아니라 먹는 것이었다. 그러나 이 갈매기에게 중요한 것은 먹는 것이 아니라 나는 것이었다. 조나단 리빙스턴 시걸은, 다른 그 무엇보다도 나는 것을 좋아했다.
(…) "왜 그러니 존, 왜?" 그의 어머니가 물었다. "다른 갈매기들처럼 행동하는 게 뭐 그렇게 어렵니, 존? 어째서 낮게 나는 것은 펠리컨이나 신천옹들에게 맡겨 두질 못한다는 거냐? 왜 먹지도 않고? 얘야, 넌 뼈하고 털만 남았구나!" "뼈와 털만 남은 건 상관없어요. 어머니. 전 다만 제가 공중에서 무엇을 할 수 있고, 또 무엇을 할 수 없는지 그게 알고 싶은 거예요. 그것뿐이에요. 전 그저 알고 싶은 뿐인 걸요.[17]

조나단은 무리가 원하지 않는 새로운 비행법을 탐닉한 형벌로 무리에서 쫓겨난다. 자기에 대한 관심이 매우 높은 사람, 자신의 독립성을 어떤 가치보다 의미 있게 생각하는 사람들이 자기관계를 회복하려 할 때 흔히 처하게 되는 곤경이다. 식구들로부터 투명인간 취급을 받는 남자가, 결혼 이후 아내와 어머니와 며느리라는 역할밀도에 숨 막혀 있던 여자가, 인맥이라는 그물망 속에서 영혼을 저당 잡힌 채 살아야만 했던 사람이, 마침내 자기관계를 회복하기 위해 '단독 비행'을 시도하려고 할 때는 엄준한 결심을 해야 한다. 그래서 많은 이들에게 '단독 비행'은 이루지 못한 한때 꿈처럼 그저 마음속에만 담아둔 비밀과도 같다.

'단독 비행'은 이를 결코 허락하지 않는 집단의 힘이 강할 때 실현되기 어렵다. 집단의 힘에 오랜 기간 동안 노출되어 습관이 되어버린 사람에게는 단독 비행을 허락하지 않는 집단의 힘이 약화되었을 때도 쉽사리 단독 비행을 감행하지 못한다. 단독 비행을 추방과 고립의 이미지로 생각하는 습관 때문이기도 하다. 만약 단독 비행이 세상으로부터의 완전히 물러남이라면 어느 누구도 단독 비행을 행하지 못할 것이다. 홀로 선다는 것이 세상과 절연하고 은둔자가 되어야 하는 것이라면, 종교적 이유로 출가를 결심한 사람이 아닌 이상 누구도 홀로서기를 이룰 수 없을 것이다. 사람들은 공동체에서는 얻는 것보다 잃는 것이 더 많다는 판단 때문에 그로부터 빠져나와 혼자 살기로 결심할 수 있다. 단독 비행은 공동체에서 빠져나오는 그 순간 매혹적이지만, 지속적인 단독 비행은 혼자인 사람을 극단으로 몰아갈 수 있다. 그러나 1인용 테이블에서의 자율권을 얻는답시고 자신의 집을 은둔자의 거처로 바꿀 수는 없다. 혼자 사는 것은 때로 자신을 보호하는 방법이지만, 형편이 어렵고 불우한 사람들이 혼자 살 경우에는 은둔이라는 방어적 개인주의에 빠질 위험성도 동시에 커진다.

개인과 사회의 직접적 동일성이 지배하는 곳에 '나'는 있을 수 없다. 반면, 개인과 사회 사이의 긴장이 곧 개인이 단독 비행을 통해서 세상과 절연되거나 모든 형태의 관계로부터 단절됨을 의미하지는 않는다. 오히려 자기관계에 대한 관심은 동시에 타자관계에 대한 주목을 요구한다. 타자관계의 일방적 독주에 염증을 느끼고 단독 비행을 한 사람은 단독 비행이 시작된 그 순간 잠시 짜릿함을 맛볼 수 있지만, 타자관계로부터 벗어나기 위해 시작한 단독 비행의 즐거움은 오래가지 못한다. 어머니라는 역할에서 잠시 벗어나는 여자는 곰국을 한 솥 끓여 놓고 여행을 떠나는 그 순간 짜릿한 독립을 구가하지만, 곧 무리로 회귀할 궁리를 한다. 휴가가 시작되면서 회사가 부여한 직위에서 해방되었던 사람도 무리에서 잠시 물러나는 단독 비행 자체가 목적인 한, 짜릿한 순간이 지나자마자 무리를 그리워한다.

혼자 사는 1인 가구이든, 4인용 테이블에 의자를 갖고 있는 사람이든 가족관계의 형태와 상관없이 자기관계와 타자관계의 회복은 누구에게나 중요한 문제이다. 타자관계를 지배하고 있는 집단의 힘에 의해 일방적으로 무리에서 밀려나는 배제의 희생양이 되지도 않고, 세상을 향한 시선을 닫고 있는 은둔자가 되지도 않기 위해서 참조할 수 있는 삶의 모델을 우리는 홀로 서는 사람, 즉 '단독인'이라고 부르자. 단독 비행을 감행하는 사람은 자신이 떠나온 타자관계가 지배하는 땅이 아니라, 타자관계와 자기관계가 균형을 이루는 단독인들의 대지를 향해 날아간다.

chapter 6
홀로서기

사람이 혼자 있을 때 그의 내면에서 일어나는 과정은
그가 다른 사람들과 상호 작용할 때 일어나는 일만큼이나 중요한 듯하다. (…)
사람은 한평생을 살면서 전혀 다른 두 가지 방식의 충동을 느낀다.
다른 이들을 사귀고 사랑을 나누는 등
어떤 방식으로든 다른 이들과 가까이 지내고 싶다는 충동이 그 한 가지고,
또 한 가지는 독립적이고 개별적이며 독자적인 삶을 살고 싶다는 충동이다.
- 앤서니 스토(2011), 『고독의 위로』, 책읽는수요일, 19.

혼자 있는 능력은 귀중한 자원이다.
혼자 있을 때 사람들은 내면 가장 깊은 곳의 느낌과 접촉하고,
상실을 받아들이고 생각을 정리하고 태도를 바꾼다.
- 앤서니 스토(2011), 『고독의 위로』, 책읽는수요일, 95.

결국 외로움으로부터 멀리 도망쳐나가는 바로 그 길 위에서
당신은 고독을 누릴 수 있는 기회를 놓쳐버린다.
놓친 그 고독은 바로 사람들로 하여금 생각을 집중하게 해서
신중하게 하고 반성하게 하고 창조할 수 있게 하며
더 나아가 최종적으로는 인간끼리의 의사소통에
의미와 기반을 마련할 수 있는 숭고한 조건이기도 하다.
- 지그문트 바우만(2012), 『고독을 잃어버린 시간』, 동녘, 31.

모나드의 조우

맞장구는 필요하다. 맞장구쳐주는 사람이 없다는 것만큼 불행한 일도 없다. 맞장구쳐주기를 기대하면서 슬쩍 '우리끼리니까 하는 말인데'라고 말을 꺼냈는데, 응수가 없으면 상대방이 야속하게 느껴진다. 응수가 없는 허탈한 상황에 놓이게 되고, 자신을 그 상황에 빠뜨린 그 사람에 대해 느꼈던 실망감의 강도가 커지게 되면, 그 사람은 친분의 강도를 적극적인 맞장구에서 측정한다. 그래서인지 모여서 남편 흉을 보고 있는 주부들의 모임은 시끄럽다. 남자들이라고 크게 다르지 않다. 단지 여자들의 경우 맞장구의 리액션 잔치가 벌어지는 자리에 커피나 케이크조각이 있고, 남자들 앞에는 소주와 족발이 있다는 차이뿐.

　이 상황을 좀 비틀어보자. 왜 나는 맞장구를 기대하고 응수가 없으면 풀이 죽는지에 대한 근본적인 질문을 던져보자. 불가피하게 개인은 모나드이다. 감정을 느끼는 촉수는 개인 단위로 이루어져 있다. 이것이 진실이다. 섹스가 인간 사이의 커뮤니케이션일 수 있는 이유도 이 때문이다. 감각을 느끼는 촉수를 개별적으로 갖고 있는 두 개의 모나드가, 동시에 같은 감각을 느낄 수 있는 아주 드문 순간을 섹스가 제공해준다. 오르가즘이 신체적 커뮤니케이션의 절정이라면, 공감은 언어 커뮤니케이션의 절정이다. 인간의 존재방식이 근원적으로 개별적인 것을 깨닫고 있는 사람에게 공감의 순간은 더 크게 느껴진다. 그러나 공감의 기쁨은 상대방의 호들갑스럽고 때로는 과장되어서 진심을 믿기 어려운 과장된 리액션이 보장해주지 않는다. 과장된 리액션이 오고가는 포르노에서 우리는 말초신경의 자극은 얻을 수 있을지언정, 내면에서 솟아나는 기쁨을 느끼기는 어렵다. 포르노에는 과장된 리액션이 있을 뿐 공감이 없다. 공감으로 향한 길은 과장된 리액션이 아니라, 모나드로서의 자기 존재를 깨달은 모나드들이 서로 조우할 때 싹튼다.

반드시 혼자 할 수밖에 없는 어떤 것

백지장도 같이 들면 좋듯이 함께 하면 좋은 일들이 분명 있다. 하지만 인간사에는 절대적으로 혼자의 힘만으로 해야 하는 것도 있다. 함께 해야 하는 일을 함께 하지 않고 혼자 할 때, 우리는 그것을 '독단'이라 말한다. 서로 나누고 연결될 때 빛을 발하는 영역이 있다. 또한 누군가 서로 나누어야 할 일을 나누지 않고 모두 자기의 것으로 취하려고 욕심을 부린다면, 비난받아 마땅한 이러한 행동을 우리는 '독존'이라 말한다. 독단은 함께 존재하는 사람을 존재하지 않은 사람으로 만드는 사람이 취하는 태도이다. 독단은 자율과 비슷해 보여도, 오히려 독단은 자율에서 가장 멀리 벗어난 행동이다.

사실 아무나 독단적일 수 없다. 섣불리 독단적으로 행동했다가는 다른 사람들에 의해 관계 고립에 빠질 수도 있다. 독단적으로 행동해도, 타인들이 그 사람을 고립시킬 수 없음을 알고 있는 사람만이 독단적인 행동을 주저 없이 한다. 본래 독단은 권력자가 누릴 수 있는 전리품에 가깝다. 독단을 행하는 권력자는 '히키코모리'라는 은둔형 외톨이처럼 자기만의 세계에 빠져 있는 사람이 결코 아니다. 히키코모리는 오로지 자신만으로 충분하다. 히키코모리는 다른 사람을 필요로 하지 않는다. 하지만 독단의 권력자는 다른 사람이 필요하다. 단, 다른 사람은 입이 있어도 말할 수 없는 사람이어야 한다는 조건이 필요하다. 오로지 입은 독단의 권력자만 지닐 수 있다.[1] 독단의 권력자에게 '혼자라는 것'은 결핍의 상황이 아니라 권력의 상황을 의미한다. '혼자라는 것'이 권력의 상황을 의미하는 이상, 가능한 범위 내에서 최대한 혼자라는 것은 권력이 최대화될 수 있는 임계점까지 확장되었다는 뜻이기도 하다.

단독인은 단 한 명의 사람만 혼자일 수 있는, 단 한 명의 능력 있는 사람만이 고유명사일 수 있고 다른 사람은 필부匹夫로 전락하고 마는 독단이 지배하는 곳을 동경하지 않는다. 단독인은 모두가 같은 옷을 입고, 같은 삶의 생애주기에서 동일한 선택을 하는 집단주의와 거리를 둘 수 있는 능력을 지향하지만, 그렇다고 해서 독단의 세계나 히키코모리의 세계를 혼자일 수 있는 능력과 동일시하지 않는다. 단독인이 진정으로 자율적이 되기 위해서는 자신에 대해 전혀 묻지 않는 관계밀도의 세계에서 탈출하여 자신에 대해 묻기 시작하되, 그 물음과 대답을 통해 독단의 세계로 빠지지 말아야 한다. 독단적 인물과 달리 단독인이 되는 데 성공한 사람이 갖춘 능력을 우리는 독단적 인물이 꿈꾸는 타인에게 강제를 행할 수 있는 능력인 권력과는 달리 자신을 배려할 수 있는 권능權能이라 할 것이다.

독단적 인물은 사회적이지 않다. 독단적 인물은 권력을 지닌 자신만을 돋보이게 하는 것을 최대한 목표로 삼고 있기에, 독단적 인물이 출현하면 그런 인물이 될 수 있는 권력을 갖지 못한 사람들은 존재하되 존재하지 않는 투명인간이 된다. 독단인은 타인의 존재감을 먹고 자란다. 그렇기에 독단인의 권력이 커지면 커질수록, 주변에는 존재감 없는 평범한 사람들로 가득 찬다. 독단인의 주변에 아무리 많은 사람이 있어도 독단인은 사람들의 무리에서 사회성을 제거한다. 독단인의 권력은 자신의 일을 타인에게 명령할 수 있는 힘이다. 권력을 지닌 독단인은 궁극적으로 개인의 몫일 수밖에 없는 삶의 과업을 타인에게 전가한다. 그런 의미에서 독단인은 오히려 가장 공허하고 의존적인 인물이기도 하다.

하지만 단독인은 다르다. 자신의 삶에 대한 성찰은 분명 고독한 작업이다. 그 성찰이 고독한 이유는 성찰의 결과 우리가 허무와 마주하기 때문이 아니라, 그 어느 누구도 자신의 삶에 대한 성찰을 대신해줄 수 없기 때문이다. 자신의 삶에 대한 성찰은 오롯이 자신의 몫이다. 삶에 대한 성찰에서 타인의 도움을 받을 수도 있다. 아니, 타인의 도움이 절대적으로 필요하고, 때로는 삶의 성찰에서 결정적인 역할을 수행하기도 한다. 하지만 궁극적으로 삶에 대한 성찰을 타인이 대신하거나 대리하도록 명령할 수는 없다. 권력을 행사하는 독단인은 자신의 권력을 행사함으로써 자신을 배려하지만, 단독인은 권력이 아니라 자신에 대해 성찰을 시작하는 권능의 힘에 의해 자신을 버려한다.[2] 단독인의 권능은 타인을 제압하는 권력을 휘두르는 손이 아니라 자신을 비추는 내면을 통해 자란다.

다시, 나는 누구인가?

단독인의 이미지를 그려내기 위해 다행히 우리가 참조할 수 있는 몇 명의 인물이 있다. 루소와 톨스토이, 그리고 나쓰메 소세키는 독단인이 아닌 단독인의 권능에 대한 모델을 제시하는 인물들이다.

루소, 그의 삶은 결코 평탄하지 않았다. 루소의 표현처럼 그의 출생은 그의 첫 불행의 시작이었다.[3] 어머니는 출산 후유증으로 루소를 낳고 열흘 뒤에 사망했고 시계공 아버지 또한 그를 제대로 돌보지 않았기에 그는 10살에 삼촌에게 맡겨져 자랐다. 루소는 1750년 디종 아카데미어서 『학문예술론』으로 수상함으로써 세상에 이름을 알리기 시작했다. 1762년은 루소의 삶에서 전환점이 되는 해이다. 1762년 루소를 만들어준 중요한 두 책 『에밀』과 『사회계약론』이 출간된 것이다. 『에밀』과 『사회계약론』으로 루소는 유럽을 뒤흔

드는 지식인이 되었다. 하지만 아직 부르주아적 질서가 승리를 거두지 못한 18세기에 루소의 주장은 불온한 것으로 취급받았다. 루소가 살았던 그 당시의 사회는 루소를 수용하지 않았다. 루소의 책은 발행 금지되었고 구속영장이 발부되었다. 루소는 스위스로 도피했다. 그를 괴물로 만든 세상에 대해 루소는 자신을 옹호하기 위해 글을 썼다. 『고백록』과 『고독한 산책자의 몽상』은 이렇게 태어났다.

루소는 사회로부터 축출되었다. 『에밀』은 기독교인들을 불편하게 만들었고, 『사회계약론』은 권력을 쥐고 있던 귀족들의 심기를 건드렸다. 중세 질서의 양 날개로부터 모두 위협을 받을 처지에 놓인 루소는 그 이후 국외 망명 생활을 시작했다. 사방에서 적들이 루소를 괴물인 양 옥죄어 오고 있는 상황 속에서 루소는 자신에 대해 생각하기 시작했다. 그리고 두 권의 책을 남겼다. 하나는 "지금 내 곁에는 형제도, 이웃도, 그리고 사귀는 사람도 없이 오직 나만 지상 위에 홀로 있게 되었다. 그 누구보다도 사교적이고 상냥한 사람이었던 내가 모두에 의해 만장일치로 추방당한 것이다"[4]라는 문장으로 시작되는 『고독한 산책자의 몽상』이며, 또 다른 책이 『고백록』이다.

다른 생각을 갖고 있다는 이유로 그를 품었던 사회로부터 불온시당한 사상가 루소는, 그 사회로부터 분리되어 홀로 된 존재가 되었을 때 자신을 향한 길을 선택했다. 권력을 지닌 중세의 독단인들인 성직자와 귀족은 그를 내쳐서 히키코모리와 같은 존재로 가둬두고 싶었겠지만, 루소는 스스로 "전례가 없는 일"이라 표현했던 자신과 대면하는 일을 선택했다.

> 나는 지금까지 예가 없었고 앞으로도 아무도 흉내 낼 수 없는 일을 시도해보려 한다. 나 같은 사람들 앞에 한 사람의 인간을 완전히 자연 그대로의 모습으로 보여주고 싶다. 그 인간은 바로 나다.[5]

그는 구질서를 옹호하는 세계와 타협하지 않았다. 홀로 남겨졌지만 그를 위협하는 구질서에 백기를 들지도 않았고, 구질서가 못마땅하다고 은둔형 외톨이가 되지도 않았다. 루소는 생애의 마지막 2년을 자신에게 헌정했다. 이 낯선 기획을 시작하는 루소의 첫걸음은 다소 비장하다. 『고백록』과 『고독한 산책자의 몽상』을 관통하는 '자신에 대한 배려'라는 낯선 움직임을 루소는 엄숙하게 이렇게 적고 있다.

> 이 세상에서 나와 관련된 모든 것은 이미 다 끝났다. 사람들은 여기서 내게 더 이상 좋은 일도, 나쁜 일도 할 수 없다. 이 세상에는 내가 더 이상 두려워할 것도, 기대할 것도 남아 있지 않다. 그래서 불쌍하고 불행하고 죽어야 할 인간이면서도 마치 신처럼 흐트러지지 않는 나는 심연의 구렁텅이 속에서도 평온할 수 있는 것이다. 나를 벗어나 있는 모든 것은 이제부터 나와 아무 상관이 없다. 이 세상에서 내겐 더 이상 이웃도, 친구도, 형제도 없다. (…) 남은 인생 동안 혼자서 살아가야 하는 나는 오로지 나 자신 속에서만 위안과 희망과 평화를 찾을 수 있기에, 오직 나 자신에게만 몰두해야 하고, 몰

두하고 싶은 것이다. 바로 이러한 상황 속에서 지난 날 나의 『고백록』이라 불렸던 엄격하면서도 진실한 조사를 다시 시작하게 되었다. 나는 내 생애의 말년을 무엇보다 나 자신을 연구하고, 나에 관한 결산서를 작성하는 데 바칠 것이다. 내 영혼과의 달콤한 대화에 온전히 나 자신을 내어 맡기겠다. 그것만이 타인들이 빼앗아갈 수 없는 유일한 것이기 때문이다. 나의 내적인 기질에 대해 수없이 성찰해본 뒤에 그것에 더 나은 질서를 부여하고 그것에 남아 있을 수 있는 악을 바로잡을 수 있다면, 내 성찰은 완전히 쓸모없지는 않을 것이다.6

사회로부터 고립된 루소는 외적 투쟁이 아니라 자신을 향한 내향성의 길을 선택했다. 내향성의 세계에서 루소는 때로 위대한 결과를 낳을 수 있는 질문 "나는 누구인가?"와 마주했다. 루소의 『고백록』에 버금가는 위대한 내향성의 세계를 보여주는 또 다른 인물이 있다. 소설가 톨스토이이다. 톨스토이 또한 자신의 『고백록』에서 자신이 통과해야만 했던 자기에 대한 질문에 대해 털어놓고 있다. 톨스토이도 루소가 시작하려는 자신에 대한 배려의 진통을 겪었다. 어느 날 "나의 삶은 누군가가 연출한 어리석고 저열한 유희"7일지도 모른다는 생각에 사로잡힌 톨스토이는 시름시름 앓기 시작했다. 가족이라는 테두리 속에서의 가장이라는 관계밀도에 몰입해 있던 톨스토이에게 자기에 대한 배려는 낯선 것이었다.

여행에서 돌아와서는 곧 결혼 생활로 들어갔다. 행복한 가정생활의 여러 새로운 환경이 나를 인생의 보편적 의의에 대한 탐구에서 떼어 놓았다. 생활은 완전히 가정과 아내, 자식들에게, 그리고 행복한 가정생활의 조건인 재산 증식에 기울여졌다. 이때 이미 나의 자아 완성에 대한 욕망은 완전히 일반적, 보편적 완성에 대한 욕망, 즉 진보에 대한 욕망으로 변했고, 결국 나와 내 가족을 가능한 한 행복하게 하려는 단순한 욕망이 되어버렸다.

이미 성공한 작가, 세상이 알아주는 작가 톨스토이는 어느 날 "하찮은 작품에 대한 막대한 금전적 보수와 박수갈채의 유혹"에 빠져 있는 자신을 발견했다. 그날 이후 자신을 향한 시선이 던지는 질문은 톨스토이를 중병처럼 습격했다.

어떻게 살아야 하는가? 무엇을 해야 하는가? 아무것도 알 수 없는 회의의 순간, 생활이 정지되어버린 듯한 순간이 나를 덮쳐 왔던 것이다. (…) 처음에 이러한 의문은 생각할 필요도 없는 쓸데없는 의문으로 여겼고 만일 내가 이 의문을 해결하려고만 한다면 그다지 어렵지 않게 해결할 수 있을 것으로 생각했다. 즉 지금은 시간이 없지만 내가 그 의문을 풀려고만 한다면 완전한 해답을 얻을 수 있을 것이라고 생각했다. (…) 생명을 빼앗는 중병에 걸린 사람들에게 일어나는 것과 같은 일이 나에게도 일어난 것이다. 처음에는 가벼운 감기 같은 증상밖에 나타나지 않아 환자는 그다지 주의를 기울이지 않지만 증상은 점점 자주 반복되고 마침내 끊임없이 고통이 계속되며 점점 커진다. 그리하여 환자는 그때까지 감기쯤으로 생각하고 있던 것이 이 세상에서 가장 중대한 일인 죽음이라는 것을 깨닫게 되는 것이다. 나는 이것이 일시적인 정신적 감기가 아니라는 것을 깨닫게 되었다. 이것은 중대한 문제다. 항상 똑같이 반복되는 의문에 대해 대답을 하지 않으면 안 된다는 생각이 들었다.[8]

루소나 톨스토이의 질문은 아주 오랜 시절 '사춘기'라는 감정의 동요가 우리를 처음 찾아왔을 때 던졌던 나에 대한 질문과는 다르다. 사춘기를 통과하는 인간은 아직 사회 속에서 구체적인 지위를 얻지 못한 상태이다. 사춘기를 맞이한 소년 소녀들은 아직은 추상적 인간이다. 추상적 인간인 소년과 소녀들이 사춘기에 던지는 '나'에 대한 질문은 불가피하게 추상적일 수밖에 없다. 하지만 사회 속에서 높든 낮든 상관없이 구체적인 지위를 차지하고 있는 성년의 경우, '나'에 관한 물음은 내가 속한 '관계'에 대한 물음이며 내가 행하고 있는 '역할'의 적합성에 대한 질문이고 이 모든 것을 연출하고 있는 '사회'에 대한 정당성을 묻는 질문의 성격을 지닌다.

흔히 낯을 가리는 사람을 내성적 성격을 지녔다고 말한다. 관계 지향적인 사회에서 내성적 성격은 많은 경우 긍정적이지 못한 평가를 받는다. 현대 사회에서는 물론 사교적인 사람이 직업상 유리하다. 사교적인 사람은 자신이 만나고 있는 상대방이 자신에게 무엇을 기대하는지 잘 알고 있고, 그 사람의 기대에 맞추어 자신을 연출하는 능력을 지녔다. 일반화된 타자의 모습을 아무런 질문 없이 스펀지처럼 받아들여 수용하는 사람은 주변 사람들부터 사교적이라는 평가를 듣는다. 톨스토이는 사교적인 길을 걷다가, 그 길을 걷는 여정에서 자신에 대한 커다란 질문과 부딪혔다. "나는 누구인가"라는 질문을 붙잡고, 외향적 세계에서 내향적 세계로 진입하면서 톨스토이는 관계밀도 과잉을 치유할 수 있는 길을 그 속에서 찾으려 한다.

    분명 기질상의 차이는 있다. 어떤 사람은 혼자 있는 것을 좋아하는 내성적 기질을 갖고 있다. 반면 어떤 사람은 함께 하는 것을 좋아한다. 하지만 개인 성격상 내성적 기질이 강한지 약한지와는 상관없이,9 관계밀도의 과잉으로 고통을 받고 있는 사람이 그것을 치유할 수 있는 방법은 상대적으로 높은 자기밀도가 가능한 내향적 세계 속에서 찾을 수 있다. 내향적 세계는 반드시 기질상 내성적인 사람들이 모여 있는 장소는 아니다.

런던의 나쓰메 소세키

1900년 당시 34살이었던 소설가 나쓰메 소세키夏目漱石는 요코하마에서 배를 타고 런던 유학길에 올랐다. 영문학을 전공했던 소세키였기에 런던으로의 유학은 현명한 선택이었을 것이다. 하지만 런던이라는 명확한 장소 선택과 달리, 그를 런던까지 오게 한 힘의 근원인 영문학은 소세키에게 오리무중이었다. 그는 영문학을 공부하겠다고 영문학의 본고장인 런던에 왔는데 그곳에서 그는 영문학이 대체 무엇인지 모르겠다는 심각한 난관에 부딪힌다. 1915년 한 강연에서 소세키는 이렇게 언급했다. "나는 대학에서 영문학이라는 학문을 전공했습니다. 그 영문학이라는 것이 도대체 어떤 학문입니까 하고 묻고 싶을지도 모르겠습니다만, 그것을 3년이나 전공한 나도 뭐가 뭔지 도무지 꿈속일 뿐입니다."[10] 소세키의 마음속에 답답한 안개와 같았던 영문학에 대한 질문은 영문학의 본고장 런던에 와서도 사라지지 않았다.

나는 이러한 불안을 품은 채 대학을 졸업하고, 동일한 불안을 이끌고 마쓰야마에서 쿠마모토까지 옮겨 다녔고, 또한 동일한 불안을 가슴 밑바닥에 쌓아둔 채 마침내 외국까지 건너갔던 것입니다. 그러나 일단 외국에 유학한 이상 다소의 책임을 새롭게 자각하지 않을 수 없었습니다. 그래서 나는 뼈를 깎는 노력을 기울여 무엇인가를 하려고 노력했습니다. 그러나 어떤 책을 읽어도 여전히 나는 자루 속에서 나올 수 없었습니다. 이 자루를 깨부술 송곳은 온 런던을 다 찾아다녀도 발견할 수 없을 것 같았습니다.[11]

정작 영문학에 대한 질문을 풀기 위해 런던까지 왔으나 런던에서도 자신의 길에 대해 답을 내릴 수 없었던 소세키가 방랑 끝에 얻은, 딜레마로부터 벗어나는 길은 평범했다. 영어가 모국어가 아닌 사람이 외국문학인 영문학에 대해 갖고 있는 질문의 답이 영국 사람들이 쓴 책 속에 있을 리 없다는 것, 그렇기에 영문학에 대한 해답은 타인에 의존해서가 아니라 자력으로 만들어내는 것밖에 없다는 것이다. 런던에서 소세키는 자아가 없는 사람이었다. 타인본위他人本位로 살아가는 삶 속에 자기라는 내밀한 공간을 위한 자리는 허락되지 않는다. 런던에서 소세키는 타인본위의 삶에 의해 구멍이 난 자기를 발견한다.

지금까지는 완전히 타인본위여서 근본이 없는 부평초와 같이 그 근처를 되는 대로 표류하고 있었기 때문에 소용이 없었다는 사실을 발견하게 되었습니다. 나의 개인적 문제에서 타인본위라는 것은 내 술을 다른 사람이 먹고 말하는 그 품평을 듣고서 옳고 그름에 대해 그대로 받아들이고 마는 것처럼 이른바 남의 흉내를 내는 것에 지나지 않습니다. 한마디로 이렇게 말해 버리면 조금 우스꽝스럽게 들리기 때문에 누구도 그런 흉내를 내는 것은 아니라고 의심할지도 모르겠습니다만, 사실은 결코 그렇지 않은 것입니다. 요즘 유행하는 베르그송과 오이켄에 대해서 저쪽 상대방이 이러쿵저러쿵 한마디씩 하기 때문에 일본에서도 남이 탄 말의 뒤꽁무니에 엉덩이를 걸치고서 시끄럽게 떠들어대고 있는 것입니다. 그리고 그때는 서양인이 이렇다고 말하면 이것저것 모두 맹종하며 거들먹거리고 있던 시대였습니다. 그렇기 때문에 함부로 외래어를 남발하여 다른 사람들에게 자신을 선전하면서 득의양양해하던 사람들이 죽 늘어서 있을 정도로 지천으로 깔려 있었습니다. 다른 사람에 대한 악담이 아닙니다. 이렇게 말하는 나도 실제로 그런 사람 가운데 한 사람이었습니다.[12]

'자기'가 없어지는 딜레마에서 벗어나기 위해 소세키가 선택한 길은 소세키가 타인본위와 달리 자기본위自己本位라 명명한 내향성으로의 전환이었다.

나는 그때부터 문예에 대한 나의 입각점을 확실히 하기 위해서, 확실히 하기보다는 새롭게 건설하기 위해서 문예와는 전혀 관계가 없는 서적을 읽기 시작했습니다. 한마디로 말하면 자기본위라는 네 글자를 간신히 생각해내어 이 자기본위를 입증하기 위해 과학적인 연구라든가 철학적인 사색에 탐닉하기 시작했던 것입니다. (…) 나는 이 자기본위라는 말을 나 자신의 손으로 꽉 붙잡았기 때문에 대단히 강해졌습니다. 그들은 그들일 뿐이라는 기개가 생겼습니다. 그때까지 망연자실하고 있던 나에게 여기에서, 이 길을 따라서 이렇게 행동하지 않으면 안 된다는 지침으로서 주어졌던 것이 바로 이 자기본위라는 네 글자였습니다. 고백하자면 나는 이 네 글자로부터 새롭게 시작했습니다.[13]

자기본위를 내건 사람은 타인이 연출하는 삶을 그대로 수용하는 모방이라는 성향 대신에 독립이라는 특징에 무게 중심을 둔다. 독립과 기행/기인은 다르다. 기행奇行과 기인奇人은 모방하는 삶을 사는 사람들에 대한 즉자적 안티테제에 불과하다. 〈화성인 바이러스〉에 등장하는 이른바 '화성인'들은 모방하는 삶에 대한 거부가 지나친 나머지 모방과 반대가 되는 길을 자기 내면의 강력한 욕구도 없이 추종하는 사람이다. 독립은 기인이 되는 것이 아니라 "긍정적인 내적 요구"에 충실한 삶을 지칭한다. 독립을 향한 길은 "좀 더 특별하고 맹렬한 자아"[14]에게 허락되는 선물이다. 불가피하게 혼자일 수밖에 없는 내향성으로 전환된 세계에서 "좀 더 특별하고 맹렬한 차이"를 확인하는 과정을 거친 사람만이 혼자라는 것을 통해 홀로 서는 것을 꿈꿀 수 있다.

자기관계 회복을 위한 자기본위

내향적 세계에서 오로지 나를 배려하며 나와 대면하면서 나에 대해 생각하기 시작하는 것과, 나의 이익만을 고집하고 나의 사정만을 고려하며 나만을 생각하는 이기주의적 태도는 다르다. 나만을 생각한다는 것은 자신만을 유일하게 예외적인 존재로 만들려는 전형적인 독단인의 발상이다. 하지만 내향적 세계에서 자신을 배려하면서 만난 자아는 이기주의의 자아가 아니라, 자신을 둘러싼 편견의 껍테기를 벗고 자기관계의 회복을 기다리는 몸짓이다.

편견은 그냥 잘못된 생각처럼 여겨지지단, 편견은 사실 주체가 스스로 생각할 수 없고 수동적으로 생각할 때 발생한다. 편견의 입법자는 내가 아니다. 만약 우리가 어떤 편견을 갖고 있다면, 누군가의 의견(개인이든 혹은 집단으로 만들어졌든)을 내가 수동적으로 수용했기 때문이다. 우리가 편견을 갖는 것은 타인에 대해서만이 아니다. 만일 나를 생각하지 못한다면, 그것은 나 자신에 대해 편견을 갖고 있다는 뜻이다. 자기에 대한 편견은 자기를 배려하는 내향적 세계에서 진정으로 파괴될 수 있다.

내가 지금까지 받았던 추천서 중에서 가장 소중하게 여기는 추천서가 있다. 귀국 후에 한 대학교의 교수초빙 공모에 필요한 서류를 갖추기 위해 학부 시절의 지도교수님에게서 받은 추천서이다. 사실 그 공모에서는 1차 서류 심사도 통과하지 못하고 쓴 잔을 마셨다. 다행이라면 다행일까, 그나마 그 대학은 서류심사를 통과하지 못한 사람들의 서류를 되돌려주었다. 별로 유쾌한 기억이 담긴 서류가 아니었기에 되돌려 받은 서류를 봉투 채로 집안 어딘가에 방치해두었다. 어느 날 집안을 정리하다가 그 서류 봉투 속에 담긴 추천서를 발견했다. 아주 많은 세월이 흐른 후 다시 읽게 된 추천서는 꽤나 충격적이었다. 아주 오랜 기간 동안 관심을 갖고 타인을 살펴본 사람만이 쓸 수 있는 그 추천서에서 묘사된 1980년대의 내 모습 때문이다. 추천서의 일부를 옮겨보면 이렇다.

> 저는 노명우 박사를 학부시절부터 연구와 개인 생활을 모두 가깝게 지켜온 사람으로서 추천서를 쓰게 되어 매우 기쁩니다. 노명우 박사는 학부 시절 가장 활발한 활동을 한 학생 중의 하나였습니다. (…) 대학원에 진학한 다음 어떠한 분야를 전공할 것인가가 저한테는 개인적 관심이었는데, 그 당시 학생운동의 흐름을 반영한 계급론적 시각에 의한 이론적 사회분석을 택하여, 자신에 맞는 전공을 찾으려면 세월이 필요하겠구나 생각했었습니다. 독일에서 유학하던 시절에 노명우 박사는 바로 자신의 호기심과 운동적 당위론을 점검해보던 때가 아니었는가 생각됩니다.[15]

너무나 정확한 나에 대한 묘사로 가득 차 있는 추천서였다. 대학원 석사 시절까지만 하더라도 나는 나 자신을 잘 알지 못했다. 그 후로도 오랜 세월 동안 나 자신에 대해 편견을 갖고 있었다. 그 추천서를 다시 읽게 되기 전까지 내가 기억하는 1980년대의 스무 살 시절 나의 삶은 이타적이었다. 1980년대에 20대의 나이로 이타적이었다는 것은, 반드시 그의 성숙됨을 의미하지 않는다. 그 시절 내가 갖고 있던 이타주의는 나 역시 벗기 훋든 나 자신에 대한 일종의 편견이었다. 정확하게 말하자면 이타적인 삶을 살았다기보다는, "운동적 당위론"이라는 이타적이어야만 한다는 시대적 강박을 지니고 살았다. 석사학위 논문의 주제로 나는 마르크스의 노동운동론에 관한 논쟁을 선택했는데, 이 주제는 사실 나의 선택이었다고 말하기는 어렵다. 이 주제로 논문을 쓰라고 강요받은 적은 없기에 형식상 나의 자발적인 선택처럼 보였지만, 선택의 배후에는 내가 나에 대해 갖고 있던 지독한 편견이 자리 잡고 있었다. 나는 이 주제를 나를 비운 채 타인본위로 선택했다는 것이 사실에 더 가깝다. 내 석사 논문의 주제는 내가 막연하게 느끼고 있는 시대의 선택이었다. 석사학위 논문 이후 독일로 유학을 갔을 때, 나에 대한 편견은 여전했다. 처음에 내가 생각했던 박사학위 논문의 주제는 노동조합에 관련된 것이었다. 하지만 아무리 공부를 해도 마음속에서 만족감이 자라지 않았다. 불면의 밤이 며칠간 지속되던 끝에 나 역시 "나는 누구인가"라는 질문과 마주했다. 그날 밤 이후 나는 나의 편견에 의해 그동안 사두었던 책들을 바나나 박스에 넣어 보관하며 책장을 비우기 시작했고, 내향적 세계에서 자기본위로의 전환을 연습하면서 전혀 새로운 책들이 책장을 채우기 시작했다.

그리고 박사학위 논문 연구계획서를 다시 쓰기 시작했다. 내가 처음에 썼던 계획서에는 주로 노동, 계급, 조직이라는 단어가 등장했는데, 나의 두 번째 연구계획서에서는 그런 단어가 등장하지 않았다. 두 번째 연구계획서를 들고 첫 번째 연구계획서를 썼던 브레멘 대학을 떠나 베를린 대학으로 옮겼고, 학부 시절 지도교수만큼이나 나를 나보다 더 잘 파악했던 지도교수 디트마 캄퍼 교수를 만나서 처음으로 공부가 재미있을 수도 있음을 알았다. 그리고 나의 박사 논문에는 나Ich라는 주어는 등장하지 않았지만, 모든 문장의 배후에는 "자신의 호기심"을 담고 있는 나의 질문이 숨어 있었다.

레비나스와 홀로서기라는 삶의 목표

'홀로서기'라는 표현은 때로 매우 통속적으로 들린다. 사랑의 기쁨과 이별의 슬픔을 다루고 있는 너무나 많은 유행가에서 실연의 아픔 끝의 해결책으로 홀로서기를 내세우고 있기에, 홀로서기라는 단어를 들으면 부지불식간에 사랑에 실패한 사람의 쓰라린 이야기가 먼저 떠오른다. 홀로서기라는 표현에 담긴 속류적 때를 벗겨내고, 그 속에 담긴 위대한 전환의 가능성을 되살리기 위해 잠시 철학자 레비나스의 생각을 빌려오자.

에마뉘엘 레비나스Emmanuel Levinas, 그는 리투아니아에서 태어난 유대인이다. 1906년에 태어나서 1995년에 사망했는데, 그가 살았던 시기에 나치즘의 역사가 있다. 유대인과 나치즘이 만났을 때,

어떤 일이 일어났는지에 대해 우리는 이미 잘 알고 있다. 레비나스 스스로 "나의 삶에 대한 기록은 나치 공포에 대한 예감과 그것에 대한 기억이 지배"[16]한다고 진술했을 정도로 그는 유대인 수용소를 직접 경험했고, 그 속에서 전체에 의해 몰락하는 개인의 운명을 똑똑히 목격했다. 철학적으로 표현하자면 개체의 몰락이지만, 구체적인 한 인간을 중심으로 표현하자면 살인을 목격한 레비나스의 철학적 주제는 '자기성의 확보'였다.

혼자일 수밖에 없는 것들, 반드시 혼자서 해야만 하는 것들이 있다. 레비나스는 이 점에 주목한다. "한 개인이 먹고 마시고 잠자는 것은 어떤 누구에게도 환원될 수 없는 개별적인 행위다. 먹을 것을 가져다줄 수 있고 잠을 잘 수 있도록 배려해줄 수 있지만, 아무도 남을 대신해서 먹어줄 수 없고 잠을 자줄 수 없다. 이것은 모두 한 개인의 신체를 통해 가능하다."[17] 이러한 존재 방식을 레비나스는 '향유'jouissance라 불렀는데, 향유는 하나의 개체가 개체로서 '나의 나 됨' 즉 자기성을 확보하는 과정이다.

단독인은 고립되어 있는 인물 혹은 의도적으로 고독을 꾀하고 스스로를 세계로부터 닫아놓는 인물이 아니다. 단독인은 오히려 "고독을 존재의 한 범주"로 받아들이고 "집단성이야말로 행복이고 고독은 그것과 대립되는 것이라는 습관"에서 벗어난 사람이다. 단독인은 레비나스의 용어를 빌려오자면, 홀로서기hypostase에 성공한 사람이다.[18]

고독은 타인과의 선행된 관계의 결핍으로 보이지 않는다. 고독은 홀로서기의 작업과 관련이 있다. (…) 주체는 하나이기 때문에 홀로 있다. 시작의 자유, 존재에 대한 존재자의 지배가 가능하려면, 요컨대 존재가가 존재하려면 고독이 있어야 한다. 고독은 절망이고 버림받음일 뿐 아니라 남성적인 힘이고 오만이며 주권이다.[19]

자기밀도가 분명한 사람들의 또 다른 욕구는 혼자 있는 것에 대한 욕구이다. 그것은 '은둔'과 거리가 멀다. 세상과 등을 지는 것도 아니다. 여전히 나는 세상에 발을 딛고 서 있는데, 밀집된 혼란으로 인해 되돌아볼 수 없었던 나의 삶에 대한 생각을 혼자서 해내는 과정이 홀로서기이다. 분명 군집생활은 필요하다. 군집생활을 했기에 인간은 진화할 수 있었다. 군집생활을 하지 않았다면 인간은 호모 사피엔스로 진화하지 못하고 다른 종에 의해 절멸되었을지도 모른다. 사람은 같이 하기에 많은 것을 얻는다. 사회 분업으로 인한 편리성 증대를 생각해보라. 그러나 같이 한다는 것이 분명한 장점을 지니지만, 인간의 모든 장점을 같이 한다는 것으로 환원시킬 수는 없다. 같이 한다는 것은 때론 스트레스의 원인이기도 하다.

기꺼이 혼자가 되어 홀로서기를 꾀한다는 것은 스스로를 세계로부터 고립시키려는 자폐의 의지가 아니라, 우리가 자신에 대해서 갖고 있는 편견을 끊임없이 주입하는 과잉화된 '일반화된 타자'와 거리를 두는 능력의 획득을 의미한다. 혼자가 된다는 것은 우리가 입고 있는 일반화된 타자가 입혀준 옷을 벗고 잠시 자기만의 방으로 들어가는 것이다.

결핍과 권태 사이에서

혼자라는 것은 같이 있다는 것에 비추어보면 분명 결핍이다. 같이 있다는 것은 혼자 있다는 것에 비추어보면 충족이다. 하지만 행복이라는 틀로 비추어보면, 행복은 혼자 있을 때와 같이 있을 때 어느 한쪽과 일방적인 관계를 맺지 않는다. 행복이란 혼자이기에 발생할 수 있는 결핍에서 벗어날 때, 그리고 같이 있을 때 발생하는 과잉 충족으로 인한 질식에서도 동시에 벗어날 때 가능하다.

혼자 있다는 것은 때로는 고통이다. 정서를 공유할 수 있는 사람이 필요한 바로 그 순간에 혼자라는 상황은 그다지 달갑지 않다. TV를 본다. 재미있다. 혹은 슬프다. 하지만 인간의 감정이란 적절한 감정이 드는 순간 다른 이와 그것을 공유할 때 더욱 증폭된다. 혼자라는 상황은 감정이 증폭될 수 있는 조건의 결핍이다. 감정은 그것이 공유될 때 지속시간이 적절하게 연장될 수도 단축될 수도 있다. 즐거움의 정서에 휩싸여 있을 때, 즐거움의 순간을 인위적으로 연장할 수 있는 파트너가 없는 사람은 모처럼 즐거움의 정서를 획득한다 하더라도 그 정서는 봄날의 벚꽃처럼 만끽하려는 바로 그 순간 사라진다. 반면 달갑지 않은 외로움의 정서가 예고도 없이 혼자인 사람을 습격했을 때, 그 정서의 지속시간을 단축시킬 수 있는 사람이 적절한 범위 내에 없다면 그 사람은 외로움의 정서가 스스로 사라질 때까지 아주 긴 인내의 시간을 견뎌야 한다. 정서의 지속시간을 다른 사람의 도움으로 연장시킬 수도 단축시킬 수도 없는 상황은 분명 고통이다.

같이 있다는 것은 혼자임으로 인한 고통에서 우리를 벗어나게 해줄 수 있지만 구원을 보장하지는 못한다. 외로움에 허덕이던 사람이 누군가와의 관계에 의해 외로움에서 벗어나는 그 순간 혼자가 아니라는 상황은 천상의 약속이 이루어진 것처럼 느껴지지만, 온갖 기념일 선물 궁리로 시간을 보내다보면 권태의 순간이 금세 찾아온다. 그래서 "아주 오래된 연인"이라는 노래에서는 '의무감으로 전화'를 하고 '습관적으로 약속'을 한다는 가사가 나온다. 권태의 포로가 되어 있던 아주 오래된 연인들이 마침내 헤어졌을 때의 상실감은 연인에 대한 상실감이 아니라 의무감과 습관이라는 감정과의 상실감에 다름 아니다. 행복은 권태와 고통 중간의 어느 쯤에 있다. 이런 통찰에서 쇼펜하우어는 늘 탁월하다.

일반적으로 인간의 행복을 위협하는 적은 고통과 권태라는 두 가지다. 그리고 이 둘 가운데 어느 하나에서 적당히 멀어지게 되면 그만큼 다른 하나가 가까이 다가온다. 또한 그 반대의 경우도 있어 우리의 일생은 거의 이 양자의 중간에서 때로는 강하게 진동하고, 때로는 약하게 진동하고 있는 격이라는 것은 주목할 만하다.[20]

혼자 사는 것은 고립이 아니다

혼자 있는 것이 항상 결핍은 아니듯, 같이 있는 것이 항상 충족은 아니다. 홀로서기의 과정은 같이 있기에 때로 발생할 수 있는 '문제'와 거리를 두는 과정이다. 인간은 사회적 동물이다. 인간이 집단을 형성하는 것은 오히려 사회적 본능에 가깝다. 하지만 인간이 집단을 형성하는 것과 집단을 형성하는 특별한 방법인 집단주의는 서로 구별해야 한다. 인간이 군집을 형성했을 때 각자가 지니고 있는 특성이 존중된다면, 인간이 군집을 형성해도 각자의 고유성은 군집 내에서 유지될 수 있다. 서로 다른 이해와 요구를 갖고 있다 하더라도, 군집 내에서 조정의 과정을 거치면서 조절을 하면 되지 군집을 구성하고 있는 개인들이 자신의 요구를 포기할 필요는 없다. 하지만 인간이 군집을 형성하되, 개별적인 특별한 사정에 대한 고려 없이 집합체에 속한 사람들이 모두 동일해지기를 원하거나 강요한다면 그것은 군집현상과는 다른 의미를 지닌 집단주의라 할 수 있다. 퍼트넘Robert D. Puttnam은 사회자본을 결속형bonding 사회자본과 연계형bridging 사회자본[21]으로 구별했는데, 집단주의는 결속형 사회자본에 속한다. 결속형 사회자본은 집합체를 구성하고 있는 사람들의 동질성에 근간을 두고 있다. 이질적인 요소들은 결속형 사회자본에서는 허락되지 않는다.

    내게는 지금도 가끔 기억나는 어린 시절의 유치하기 이를 데 없는 추억이 있다. 겨울이 물러나고 봄기운이 슬며시 올라오고 있던 초등학교 시절의 2월 무렵이다. 아직 들판에 얼음은 남아 있었다. 겨울 내내 냇가의 얼음을 밟고 지나 다녔기에 그날도 늘 그랬던 것처럼 얼음을 밟고 냇가를 건너려고 했다. 그러나 이미 녹아내리기 시작했던 얼음은 내 몸무게를 이기지 못하고 깨지고 말았다. 물에 두 발을 빠뜨린 나의 행동이 재미있다고 판단한 또 다른 친구는 물에 빠질 것을 알면서도 냇가에 들어가 자발적으로 물에 빠졌다. 우리 일행은 3명이었다. 물에 빠진 우리 둘은 나머지 친구에게 물에 빠질 것을 요구했다. 정말 유치한 논리를 내세웠다. 우리는 같이 다녔고, 우리 둘이 빠졌으니 너도 물에 빠져야 한다. 너도 물에 빠지지 않으면 그건 일종의 배신이라는 주장을 했다. 그 친구는 완강히 저항했고, 그 친구의 행동을 이기적이라고 판단한 물에 빠진 두 명은 그 친구의 발을 억지로 끌어다가 냇물에 빠지게 했다. 어린 시절 그게 정의로움이라 생각했다. 이러한 유치한 일은 성인세계에서도 발생한다. 특히 집합주의에 감염되어 있는 집단이라면 나의 어린 시절처럼 정말 유치한 논리를 내세우며 모두가 같아지기를 요구한다. 이러한 유치한 일은 어이없게도 서로 자주 만나고(상호작용의 강도), 서로 친하고(사회적 밀도), 서로 알게 된 지 오래된 동창(상호작용 의례의 반복성과 연결망 중첩도)이라면 어이없이 빈번히 일어난다.[22]

모일수록 동질감이 커지는 집단이 있다. 아주 작은 사소한 이질성마저 배신과 배반으로 치부되는 집단 속에 소속된 사람은 자신을 유지할 수 없다. 제복을 입은 군인이 만약 군복을 자신의 개성을 살려서 입는다면, 그것은 용납할 수 없는 군기 빠진 행위이다. 집합체 내에서 동질성을 공유하는 사람은 칭찬의 대상이 되지만, 내부에서 동질성 공유를 거부하는 사람(물에 빠지지 않으려고 한 친구)에 대해서는 복수심이 일어난다.[23] 조직의 명령에 충실해야 하는 집단의 구성원의 개인적 자질은 균질적이어야 한다. 그래야만 조직을 구성하고 있는 멤버의 결손이 생겼을 경우 다른 멤버의 투입에 의해 그 조직을 차질 없이 운영할 수 있기 때문이다. 집단주의를 요구하는 집합체 내에서 인간은 고유한 개성을 지닌 유일한 존재가 아니라, 언제든지 필요한 경우 대체되고 교환될 수 있는 부품과도 같은 신세이다.[24]

집합주의가 인간의 군집을 휘감으면, 멀쩡했던 사람도 자신을 잃어버린다. 예비군 훈련이 끝나면 각 개인의 직업과 상관없이 모두가 유사하게 "제 애비도 못 알아본다는 낯술" 마신 개의 모습으로 하향평준화 되고, 주위 사람의 따가운 시선이 느껴지는데도 한번 시작한 유치한 농담 주고받기의 수다를 그칠 줄 모르는 화려한 등산복 무리 속에서 자기에 대한 질문은 사실 설 자리가 없다.[25]

집합주의가 지배하는 군집 내에서 개인은 스스로의 행동을 결정할 수 있는 입법자legislator의 능력을 지니지 못한다. 유일한 입법자는 집합체라는 조직이다. 자신이 입법자가 아니고 집합체의 실행단위로 전락했기에, 집합체를 구성하고 있는 개인들은 자신에 대해 질문할 수 없다. 나에 대한 물음은 무엇을 할 것인가, 무엇을 욕망할 것인가, 무엇을 추구할 것인가, 어떤 가치를 따를 것인가를 스스로 결정하고 설정하고 참조하고 고민하며 수정할 수 있는 능력이다. "좀 더 특별하고 맹렬한 자아"에 대한 탐구는 명령을 수행하기만 하는 사람으로 전락했던 개인이 각자의 삶의 입법자로 복귀하는 것을 의미한다. 자신이 각자의 삶의 입법자가 되는 홀로서기는 바로 그렇기에 특별한 경험이다.

사람들은 혼자라는 것에서 '왕따'와 같은 희생자의 이미지를 쉽게 떠올린다. 얼핏 보면 '왕따'보다 더 관계로부터 철저하게 고립되어 있는 존재는 세상에 없어 보인다. 하지만 왕따는 고립된 사람이 아니다. 오히려 왕따는 지나친 관계망에 의해 특정하게 규정된 존재이다. 타인들에 의해 아예 무관심한 영역에 방치되어 있는 사람은 왕따가 아니다. 그는 단지 혼자 있는 사람이다. 왕따는 혼자 있는 사람이 아니다. 왕따는 같이 있되, 같이 있는 사람들로부터 배척당하는 사람이다. 관계가 왕따를 만드는 것이지, 고립이 왕따를 만들지 않는다.

혼자라는 것을 순도 백퍼센트의 부정적 이미지로 채색하는 데 기여한 또 다른 이미지가 '히키코모리'이다. 흔히 사람들은 '혼자'라는 것을 히키코모리가 되는 것과 동일하다고 생각한다. 혼자라는 것과 히키코모리가 되는 것을 동일하다고 여기는 한, 혼자라는 것을 두려워하는 것도 십분 이해될 만하다. 히키코모리가 사는 모습을 한번 떠올려보자. 혼자 사는 사람은 히키코모리가 될 수 없다. 오히려 히키코모리는 그가 은둔할 수 있는 조건을 마련해주는 누군가와의 관계를 전제로 하는 사람이다. 왕따가 타인들이 관계를 악용하여 만든 희생자라면, 히키코모리는 타인과의 관계성을 자신의 은둔을 위해서 써먹고 착취하는 사람이다. 우리가 생각하는 '혼자 사는 것'은 관계의 희생양이 되는 것과는 관계가 없으며, 관계의 착취자가 되는 것과도 거리가 멀다. '혼자라는 것'은 자율적이 된다는 뜻이다. 집단 강박에서 거리를 두면서 홀로서기를 꾀하는 루소로 다시 돌아가보자.

산책하는 고독한 몽상가 루소, 자기를 되찾다

루소는 『고독한 산책자의 몽상』에서 집단과 거리를 두고 홀로서기를 꾀하는 자신의 모습을 상세하게 묘사하고 있다. 루소는 지금 스위스의 비엔 호수 한가운데 있는 생피에르라는 섬에 있다. 그 섬은 루소의 말을 빌리자면 "아주 쾌적할 뿐 아니라 자기 자신에게 집중하는 삶을 살기 원하는 사람에게는 특별히 좋은 위치"[26]에 있다. 그 섬에서 루소는 자기관계의 밀도를 최대치로 끌어올렸고, 자신의 기질에 맞는 삶을 꾸려 나갔다. 그 섬에서 보냈던 두 달간을 루소는 자신의 삶에서 가장 행복했던 시기였다고 기록한다.

> 나는 그곳에서 나 자신에게만 집중하였다. (…) 이러한 기대감은 인생의 어느 순간보다 더 평온하게 그곳에서 여생을 마감하고 싶은 희망, 느긋하게 나 자신을 정리할 수 있는 여유를 갖게 되리라는 희망으로 나는 아무것도 정리하지 않은 채 그곳에서의 삶을 시작했다.[27]

누구나 호구지책을 피할 길 없다. 누구나 먹고살기 위해서 반드시 해야 하는 일들이 있다. 우리는 그것을 직업이라 부른다. 어떠한 활동이든 먹고살기 위해서 행하는 활동이라면 외양상 그 활동이 어떻게 보이든 상관없이 '노동'이라고 부를 수 있다. 음악을 선곡하고 사람들에게 들려주는 활동으로 호구지책을 해결하는 사람이 있다면, 그 사람에게 음악선곡과 노래 틀기는 노동처럼 보이지 않지만 실제의 내용상으로는 노동이다. 노동의 세계에서 우리가 직업이라는 옷을 입고 있는 이상, 자기밀도는 매우 낮아질 수밖에 없다. 누구나 일을 할 때는 간과 쓸개를 집에 두고 출근한다. 출근하는 사람이 집에 두고 온 간과 쓸개 옆에는 각 사람마다 고유한 '개성'도 있다.

반면 직업과 관련 없이 행할 수 있는 활동을 우리는 '취미'라 한다. 취미는 호구지책과 직접적으로 관련되지 않은 채 개인의 기호에 따라 선택한 행동이다. 겉으로는 노동처럼 보이지만, 그 행동이 먹고사는 문제와 직접적으로 연결되지 않는다면 취미일 수 있다. 고기 잡는 행위는 어부에게는 노동이지만, 샐러리맨이 주말에 고기를 잡으러 가면 노동이 아닌 취미 활동을 하고 있는 셈이다. 취미는 전적으로 개인의 기호에 의존한다. 어떤 취미를 가질 것인가 혹은 근본적으로 취미가 있는가 없는가의 여부는 경제적 필요성에 따라 결정되지 않는다. 취미는 개인의 자유의지와 기호에 따라 결정된다. 바로 그러한 이유로 취미는 자기밀도를 크게 높일 수 있는 영역이다. 자기밀도가 높은 사람은 대체로 취미를 가진 경우가 많다. 자기밀도는 높은데 취미조차 갖고 있지 않다면, 그 사람은 견딜 수 없을 것이다. 하지만 자기밀도가 매우 낮은 사람들은 의외로 취미가 없으면서도 삶을 그럭저럭 살아간다. 취미가 있는지 혹은 취미가 없으면 견딜 수 없는지는 자기밀도를 측정할 수 있는 일종의 바로미터이기도 한 셈이다. 취미는 타인과의 경쟁이 아니라 자신과의 싸움이다. 취미는 타인과의 경쟁에서 승리를 목표하지 않고, 자기간의 만족을 위해 몰입하는 행위이다. 우리는 항상 타인과 경쟁해야 하고 타인을 압도해야 하기에, 타인이 내게 없는 것을 갖고 있을 때는 마음속에 활활 타오르는 질투심이 생긴다. 그 질투심은 착한 마음으로 다스릴 수 있는 것이 아니다. 취미의 세계에서는 각자 자신만의 독표를 향하기에, 진정한 취미의 세계에서는 질투가 사라진다.28

루소는 그 섬에서 취미에 몰입했다. 그는 미친 듯이 식물학에 관심을 갖기 시작했다.

마침 식물학에 흥미를 갖기 시작했던 나는 그 우중충한 종이와 헌책들 대신 내 방을 꽃과 건초로 가득 채웠다. 이베르누아 박사가 내게 불러일으킨 그 취향은 곧 열정으로 변했다. 더 이상 글을 쓰고 싶지 않았던 나는 게으름뱅이나 바랄 법한 기분전환, 즐거움만 제공할 뿐 수고는 요구하지 않는 기분 전환만을 필요로 했다. 나는 식물지를 만들고, 나머지 체류기간을 보내기에 충분할 만큼 한 종류도 빠뜨리지 않고 그 섬의 온갖 식물에 대해 상세히 기술하기로 마음먹었다. 어떤 독일인은 레몬 껍질에 대해서만 한 권의 책을 썼다고 하는데, 나는 목초지의 잔디와 숲의 이끼, 그리고 바위를 수놓은 지의식물에 대해 책을 한 권 쓸 수 있었을지도 모른다. 아무튼 나는 풀의 솜털도, 자세히 묘사된 적 없는 조그만 식물도 놓치고 싶지 않았다. 이 멋진 계획에 따라 나는 매일 아침 식사를 마친 뒤 손에는 돋보기를 들고, 팔에는 『자연체계』를 끼고 그 섬의 한 구역으로 가곤 했다. 나는 이 계획에 맞추어 그곳을 조그마한 여러 구역으로 나누어 계절마다 하나씩 돌아보기로 마음먹었다. 식물의 구조와 조직, 그리고 온화식물의 생식기관—내게는 너무나 낯선 체계였다—에서 두 가지 성이 행하는 작용을 관찰하면서 나는 그 어느 곳에서도 느낄 수 없었던 황홀감과 도취를 맛볼 수 있었다.[29]

관계밀도가 과잉인 사람은 자신을 알지 못한다. 관계밀도에 의해서만 지배받고 있는 사람은 자신을 바라볼 때조차 관계밀도가 빚어낸 편견에 의해서만 볼 수가 있다. 자신의 기호조차 스스로 파악할 수 있는 능력을 상실한 사람은 어떠한 옷을 입어야 할지, 어떤 음식을 먹어야 할지, 노동시간에서 자유로워졌을 때 무엇을 해야 할지, 스스로 궁리해낼 능력이 없다. 이 능력을 갖고 있지 못한 사람은 혼자 있는 시간을 가장 두려워한다. 특별한 일이 없는데도 일이 끝나고도 집으로 돌아가지 않으려는 사람, 주말에도 회사에 출근할 구실을 만들어 회사로 가는 사람, 업무시간이 끝나면 늘 동료들을 엮어서 한잔 하려는 구실을 만드는 사람의 내면에는 혼자 있는 것에 대한 두려움이 도사리고 있을지 모른다.

혼자일 수 있는 능력을 상실한 사람들은 자신의 삶에 대한 스스로의 입법자가 되지 못한다. 자신의 삶을 자신을 대신하여 디자인해주는 그 누군가가 없으면 그 사람은 한순간도 견딜 수 없다. 입법자는 무엇을 원하는지, 무엇을 할 것인지를 스스로 결정할 수 있는 사람이다. 개인의 자율은 전적으로 자신에 대해 자신이 입법자 역할을 수행할 수 있는가에 달려 있다. 자신의 목표를 스스로 설정하는 입법자의 기능을 지닌 개인만이 입법자로서의 자기 계획을 실현하는 실행의 과정에서 행정의 중심이 되고, 행정의 과정에서 발생하는 결과에 대한 자기 통제의 권능을 획득할 때 자율적인 인간이 될 수 있다. 반면 자율성을 상실한 인간은 입법자로서의 능력을 지니지 못한 채, 타인이 설정한 목표에 따라 기계적으로 움직이는 수동적인 행정가로, 통치의 대상으로만 전락한 사람이다.

  루소는 혼자임을 두려워하지 않는다. 오히려 루소는 혼자이기에 가능한 자기에의 몰두를 통해서 어디에서도 느끼지 못했던 평화를 만끽했다. 혼자일 수 있는 능력 속에서 루소는 외적 탄압에도 불구하고 자신의 삶은 외적 권력에 의해 좌지우지되지 않음을, 자기 삶의 입법자는 자신임을 증명하고 있다. 자신의 몸뚱아리를 자신의 의지만으로 채울 수 있는 사람만이 얻을 수 있는 만족감을 루소는 생피에르 섬에서 얻었다.

  만약 과거를 회상하거나 미래를 향해 도약할 필요도 없이 영혼이 충분한 휴식을 취하고 자기의 전 존재를 집중시킬 수 있을 만큼 견고한 균형감을 가질 수 있는 상태가 있다면, 그 지속성을 눈치챌 수도 없이, 그 연속됨의 흔적도 찾아볼 수 없이 현재가 항상 지속되는 상태가 있다면, 박탈이나 향유, 쾌락이나 고통, 욕망이나 두려움이 아닌 우리 존재 자체에 대한 감정만이, 그리고 오직 그 감정으로만 가득 채워질 수 있는 상태가 존재한다면, 이 상태가 지속되는 한 이 상태 속에 있는 사람은 스스로 행복하다고 자처할 수 있을 것이다. 그가 느끼는 행복은 흔히 인생의 즐거움 속에서 발견되는 불완전하고 빈약하며 상대적인 행복이 아니라, 모든 것을 충족시켜주고 완전하며 충만한 행복, 영혼에 아무런 결핍이 없어서 그 무엇으로 채울 필요조차 없는 그런 행복일 것이다. 그것이 바로 생피에르 섬에서 물결 따라 흐르도록 내버려두었던 돛배에 누워서, 파도치는 호숫가에 앉아서 아름다운 시냇가나 자갈 위로 졸졸 흐르는 실개천가에 앉아서 고독한 몽상에 잠긴 내가 자주 빠져들곤 했던 상태이다.[30]

 루소가 생피에르 섬에서 보냈던 시간을 고독의 시간이라 표현해도 좋다. 하지만 루소의 고독은 우리가 흔히 알고 있는 고독과는 다르다. 생피에르 섬을 산책하는 '고독한' 루소는, 고독하기에 서럽지 않다. 고독을 억지로 사랑할 필요는 없다. 고독은 분명 관계의 결핍이지만, 고독은 때로는 의미 있는 결핍이 됨을 고독한 산책자 루소는 보여준다. 결핍은 박탈일 수 있지만, 모든 결핍이 박탈은 아니다. 때로 결핍은 더 큰 목표에 도달하고자 하는 심성의 에너지가 넘칠 때 느껴지는 감정이다. 박탈감으로 다가오는 결핍은 한탄으로 이어지지만, 더 큰 목표를 염두에 두고 있기에 발생하는 에너지인 결핍은 생성의 원리로 작용한다.
 관계지향적인 사람은 만족에 도달하지 못할 수도 있다. 만족은 스스로 설정한 목표에 달성할 때 느껴지는 감정이다. 만약 그 목표의 주인이 자신이 아니라면, 정작 그 목표에 도달했을 때도 우리는 벅찬 감정을 가질 수 없다. 누구나 욕망은 갖고 있다. 하지만 우리가 갖고 있는 모든 욕망의 주인이 나인 것은 아니다. "허영심이 많은 사람은 자신의 욕망을 자신의 내부에서 끌어내지 못한다. 그는 그것을 다른 사람에게서 빌려온다."[31] 만약 허영심에서 비롯된 목표라면, 그 목표가 달성되었을 때 우리는 허영심을 만족시킨 것이지 자신을 만족시킨 것이 아니다. 만족은 어디까지나 자신이 자신을 위해 스스로 배려할 때 느낄 수 있는 감정이다. "모든 사람은 자신에 대하여 가장 훌륭한 존재여야만 한다. 이렇게 될수록, 즉 인간이 향락을 자기 안에서 발견하는 일이 많을수록 그는 점점 행복하게 될 것이다."³² 때로는 의도적인 고립을 통한 자신의 발견이 행복으로 가는 지름길이 될 수도 있다. 몽테뉴Michel Eyquem de Montaigne의 경우가 그러했다.

몽테뉴의 치타델레, 우리 모두의 치타델레

1571년 2월의 마지막 날, 38살의 몽테뉴는 지금까지 겪어보지 못한 강력한 충동에 따라 결심을 하였다. 단순한 결심이었지만 의지는 단호했고, 몽테뉴는 실행에 옮겼다. 몽테뉴의 목표는 단순했다. 그의 목표를 우리의 언어로 바꾸어 표현하자면, 그는 '관계밀도의 제로화'를 목표로 삼았다. 몽테뉴는 "지금까지는 다른 사람들을 위해 살았지만 이제는 자기 자신을 위해 살고자 했다. 지금까지는 공직, 궁정, 아버지가 요구하는 일들을 해왔다. 이제부터 자기에게 기쁨이 되는 일을 하기로"³³ 결심했다. 이렇게 결심한 몽테뉴는 그 즉시 세상으로부터 과감하고 단호하게, 그리고 민첩하게 물러섰다. 관계로부터의 단절을 꿈꾸는 사람은 민첩하게 행동해야 한다. 자기에의 몰두에 대한 충동이 강하게 느껴지는 그 순간을 놓치면, 대부분의 사람들은 자기 자신만을 위해 사는 삶을 이루지 못한 채 마음속의 꿈으로나 간직하며 살게 될 가능성이 크다. 그러나 몽테뉴는 자신의 꿈을 민첩하게 실행에 옮겼다.

물론 우리도 때로는 아무 일도 하고 싶지 않은 무기력감을 느낀다. '귀차니즘'이라는 표현은 이러한 상태를 그야말로 감각적으로 설명해준다. 아무 일도 하고 싶지 않음 그 자체가 목적인 경우, 흔히 '그냥'이라고 표현하는 이유와 아무 일도 하고 싶지 않음이 만나면 정말 아무 일도 일어나지 않는다. 하지만 몽테뉴는 '귀차니즘' 때문에 세상과 절연한 것이 아니다. 몽테뉴는 외양상으로는 소극적으로 보이거나 은둔자의 삶을 동경하는 듯한 모습으로 세상으로부터 물러나기를 선택했지만, 그는 마음속에 적극적 의지를 담은 중요한 질문을 품고 있었다. "나는 무엇을 알고 있는가"라는 질문보다 단호하게 몽테뉴의 의지를 설명할 수 있는 표현은 없을 것이다.

모든 공직에서 물러난 몽테뉴, 아버지라는 역할까지 일시 정지시킨 몽테뉴, 남편이기를 잠정적으로 중단한 몽테뉴는 절대적인 자신만의 공간, 자신의 질문에만 몰두할 수 있는 거처를 마련했다. 그리고 그 공간을 괴테에게 영향을 받아 치타델레 Zitadelle[34]라 불렀다.

몽테뉴는 성을 넘겨받으면서, 아버지가 축성을 위해 마련한 듯이 보이는 둥글고 높고 단단한 탑 건물 하나를 찾아냈다. 어두운 지층에는 작은 예배당이 있고 그 안에는 절반쯤 지워진 프레스코화에 대천사 미카엘이 용을 물리치는 장면이 그려져 있었다. 좁은 나선형 계단을 올라가면 1층의 둥근 방에 이르게 되는데, 몽테뉴는 격리되어 있는 이 방이 좋아서 자기 침실로 삼았다. 그 위층에는, 이제껏 집 전체에서 가장 쓸모가 없는 공간으로서 잡동사니를 모아둔 방이 있었다. 몽테뉴는 이곳을 집에서 가장 중요한 공간으로 바꾸었다. 이곳을 서재로 만들어 명상의 공간으로 삼은 것이다. 이 방에서는 자기 집과 너른 농지가 내려다 보였다. 호기심이 생기는 순간이면 무슨 일이 일어나는지 바라볼 수 있었고 모든 것을 감시할 수도 있었다. 하지만 아무도 그를 감시할 수는 없었고, 이런 외진 공간에 있는 그를 아무도 방해할 수 없었다. 또 공간이 충분히 넉넉해서 이리저리 거닐 수도 있었다. 몽테뉴는 몸을 움직이고 있을 때만 생각이 잘 떠오른다고 말했다. 그는 라 보에시에게서 물려받은 책과 자신의 책을 이곳에 정리해 넣고, 서재 천장의 들보에 54개의 라틴어 격언을 그려 넣었다. 눈길이 무심히 위를 향하기라도 하면, 그는 마음을 가라앉히는 지혜로운 말을 보게 되었다. 54개의 격언 중 마지막 것만이 프랑스어로 되어 있는데, 이렇게 적혀 있었다. 내가 무엇을 아는가.[35]

치타델레 속의 몽테뉴, 그는 세상으로부터 등을 돌린 은둔자에 불과했을까? 오히려 몽테뉴는 세상과 물리적으로 멀어진 치타델레 속에서 정신적으로는 세상과 더 가까워졌다. 몽테뉴는 치타델레 속에서 생각을 다듬고 다듬어 『수상록』이라는 이름으로 더 잘 알려진 『에세』*Les Essais*를 탄생시켰다.

몽테뉴의 치타텔레, 마음속에서 그 모습을 그려 보기만 해도 가슴이 뛴다. 오로지 한 가지 물음에 대한 사색만을 위해 전적으로 할애될 수 있는 공간, 자신만을 위해서 만들어진 어떤 공간을 갖는다는 것은 모든 이의 꿈이다. 4인용 테이블에 앉아 있는 사람은 1인용 테이블이 놓인 그곳이 몽테뉴의 치타델레를 닮지 않았을까 기대하지만, 1인용 테이블에 앉아 있는 대부분의 사람들은 비록 혼자 산다 할지라도 그 사람만의 치타델레의 공간을 갖기에는 터무니없이 작은 집에 산다. 몽테뉴의 치타델레는 혼자 산다고 해서 자동적으로 주어지는 환경이 아니다.

아주 극소수일 뿐인 막강한 경제력을 지닌 화려한 싱글 계열의 사람이 아닌 이상, 보통의 1인 가구는 기껏해야 '원룸'이거나 '원룸'의 변형태에 불과한 거주 공간에 산다. 4인용 테이블에서 바라보면 1인용 가구가 사는 '원룸'이 오롯이 그 사람만을 위한 공간처럼 들릴 수도 있지만 '원룸'은 굳이 말하자면 공간이 기능별로 분화되지 않은 원시 생명체와 같은 곳이다.

처음으로 1인 가구로 독립을 시작했던 유학 시절 내내, 내가 살았던 곳은 한국식 분류방식으로 말하자면 '원룸'이었다. 박사학위를 받고 귀국해서 월급을 받는 처지가 되기 전까지도 나는 원룸에 줄곧 살았다. 최소한의 공간 분리가 이루어진 거주지에 살게 된 것은 최근의 일이다. '원룸'에 산다는 것은 나만의 공간에 산다는 뜻이 아니다. '원룸'에 산다는 것은, 몽테뉴의 『수상록』이 꽂혀 있는 책꽂이와 겨우 도마를 올려놓을 정도의 빈 공간을 가진 싱크대가 마주보고 있다는 뜻이며, 침대에 누우면 원하지 않아도 변기가 보인다는 뜻이다. 생선을 구우면 온 집안이 식당이 되고, 샤워를 하면 온 집안이 목욕탕이 되며, 빨래를 해서 건조하기 시작하면 원룸의 모든 공간이 다용도실로 변한다는 뜻이다.

물론 대부분의 4인용 테이블이 놓인 집은 1인용 테이블이 놓인 집보다 크다. 몽테뉴의 『수상록』 페이지에서 고등어구이 냄새가 느껴지는 게 지겨운 1인 가구의 원룸에 살고 있는 사람이라면 4인용 테이블이 놓인 넓은 집을 동경하겠지만, 4인용 테이블이 놓인 그곳에 반드시 치타델레가 있는 것은 아니다. 부부에게 부부의 침실은 있지만 각자의 방은 없다. 아이들에게 각자의 방이 있는 듯해도, 그 방에 부모가 수시로 들락거릴 수 있다면 아이들의 방 역시 치타델레가 아니다. 각자의 치타델레가 없기에 거실로 모인 4인용 테이블의 가족들은 한 방향으로 놓인 소파에 앉아 TV를 보면서 각자의 꿈을 꾼다.

남자의 마음속에는 스포츠카에 대한 꿈이 있다. 패밀리카는 안정이라는 느낌은 제공해 주지만 모험과 일탈에 대한 충동을 만족시켜주지는 못한다. 패밀리카의 운전대를 잡고 있을 때, 우리는 가장이라는 책임감과 가족이라는 파트너십의 안정성을 느끼지만, 패밀리카의 공기에는 2퍼센트 부족한 게 있다. 고독한 라이더가 되고 싶은 평범한 가장의 욕망, 그것을 다른 말로 표현하자면 혼자 있고 싶은 욕망이다.

4인 가구의 아버지이자 남편인 남자는 '서재'라는 이름으로 불리는 TV 드라마의 주인공 남자들이 혼자 쓰는 방에 대한 로망을 키운다. 서재라는 공간에 대한 로망은 가족 안에 자신만을 위한 공간이 없기 때문이다. 사춘기 시절에는 부모의 취향대로 꾸며준 자기만의 방에서 자신의 취향을 그대로 드러내지 못했던 인테리어 공간에 살았었다. 성에 눈을 뜨기 시작할 때 소년은 자기의 방을 엄마의 취향에서 벗어나서 자신만의 공간으로 꾸미기를 원했지만, 소년의 취향은 상상적인 모범생의 공간 혹은 엄친아의 공간으로 아들 방을 꾸미고 싶어 하는 중산층 엄마의 뜻에서 어긋나기에, 소년은 자신의 취향을 침대 밑 비밀박스에 숨겨 놓거나 컴퓨터의 비밀 폴더에 숨겨야 했다. 소년이 성숙하여 청년이 되었을 때 자신만의 공간을 갖기 위해 한국 사회에서 치러야 하는 비용은 막대하다. 아예 사생활이 불가능한 구조, 사생활이 보장될 수 없는 군대의 내무반에서 몇 년을 보내야 하고, 군대의 내무반이나 다를 바 없는 대학교 기숙사 혹은 원룸촌의 공간에서 청년기를 보내고 난 후, 소년은 드디어 결혼할 자격을 얻는다. 그러나 그는 독립을 꿈꾸며 결혼했지만, 아내가 여성 취향으로 꾸민 침실 속에서 안정감은 얻을지언정 자신만의 공간은 여전히 가질 수 없다. 자신만의 공간이 없는 한 남자에게는 아빠라는 역할 호칭, 여자에게는 엄마라는 관계 호칭 외의 고유명사로 불릴 기회가 거의 없다.

이것이 리얼리티이다. 몽테뉴의 치타델레는 모든 이에게 언감생심이다. 몽테뉴와 같은 치타델레는 설사 로또복권에 당첨이 된다 하더라도 바라볼 수 없는 게 평범한 사람들의 운명이다. 그렇다면 자기에 대한 배려는 감히 넘볼 수 없는 꿈에 불과한 것일까? 우리가 놓치고 있는 한 가지가 있다. 몽테뉴가 치타델레를 간절히 원했던 이유가 놓여 있는 맥락 말이다.

몽테뉴가 살았던 16세기의 유럽은 종교개혁을 둘러싼 집단주의의 광풍이 휘몰아치던 곳이다. 구교를 지키려는 사람도, 종교개혁의 편을 들어 프로테스탄트가 되려는 사람도 각자 저마다의 이유는 있었다. 하지만 각자 저마다의 이유가 모여 구교와 신교라는 집단으로 분리가 되었을 때, 집단주의는 "당신은 누구의 편인가?"라고 물었고 명확한 대답을 요구했다. 이 시기에 "난 어느 편에도 속하지 않는다"36라는 에라스무스와 같은 태도는 용납되지 않았다.

치타델레로 물러나 자기만의 보루를 지키려는 몽테뉴의 태도는 분명 행동주의자의 모습과는 다르다. 하지만 몽테뉴가 행동주의자의 모습을 보여주지 않는다고 해서 그의 치타델레에서 우리가 은둔과 회피의 전략관을 읽어낼 수는 없다. 치타델레에서 몽테뉴가 절실하게 붙든 질문 "내가 무엇을 아는가?"는 성급하게 어느 한편이기를 원하는, 그리고 어느 한편으로 분류되지 않으면 용납하지 않는 집단주의에 대한 문제제기에 다름 아니다.

몽테뉴의 자기만의 보루 지키기는 이 질문에 대답하려는 몽테뉴의 몸부림인 셈이다. 그러니 우리가 몽테뉴의 치타델레와 같은 공간을 확보한다 하더라도, 이 질문을 그 공간으로 끌고 들어갈 수 있는 주체의 힘이 약하면 그 공간은 그저 사치에 불과한 것이다. 비록 몽테뉴의 치타델레가 성의 형태를 지녔지만, 우리가 몽테뉴의 질문을 물려받는다면 우리들의 치타델레는 넓고 편안하고 안전하며 전적으로 나만 사용할 수 있는 배타적인 공간이 아니어도 된다. 때로 우리들의 치타델레는 만원 지하철일 수도, 도서관일 수도, 산책에 나선 공원 한 모퉁이일 수도 있다. 단 우리가 몽테뉴의 질문을 유지하는 한.

혼자 사는 것과 단독인이 되는 문제는 전혀 다른 맥락이다. 혼자 산다고 모두가 단독인이 되지 않는다. 같은 이유로 가족을 구성하고 있다고 해서 단독인이 될 가능성으로부터 원천적으로 배제되는 것도 아니다. 단독인이 되는 가능성은 가족 및 결혼관계에 의해 결정되는 영역이 아니라 혼자일 수 있는 능력에 달려 있다. 1인 가구는 인구통계학적 사실의 문제이지만, 혼자 살 수 있는 능력은 자신만의 치타델레를 유지할 수 있는 능력에 달려 있다. 자신만의 치타델레를 유지할 수 있는 능력이 없는 채로 혼자 살게 된 사람은 때로는 가련하기만 하다. 단순히 부모의 잔소리가 지겨워서 독립에 대한 꿈을 키우다 마침내 혼자 살게 된 젊은이의 돼지우리를 방불케 하는 원룸은 혼자 사는 것과 혼자일 수 있는 능력이 전혀 별개의 문제임을 전적으로 보여준다.

고독은 버림받음, 돌보는 이 없음, 관심에서 벗어남을 의미하지 않는다. 고독은 결핍이 아니라 능력이다. 고독을 칭송했던 사람들이 있다. 아주 예민한 촉수를 지닌 사람들은 닳고 닳아 무뎌진 단어 속에서 단어 고유의 힘을 재발견한다. 파리의 시인 보들레르는 지나치게 자주 사용되어 그 단어가 지칭하는 의미의 깊이와 폭을 기억해낼 수 있는 능력을 상실한 고독이라는 단어에 영기의 생명을 불어 넣는다. 보들레르에게 고독이란 혼자 있을 수 있는 능력에 다름 아니었다.

"혼자 있을 줄 모르는 이 큰 불행!" 라 브뤼예르는 어디에선가 이렇게 말했다. 틀림없이 자신을 혼자 감당할 수 없는 것이 두려워 대중 속에 자신을 잊으려고 달려가는 모든 사람들에게 수치심을 주기 위해서 한 말이다. "우리의 불행은 거의 모두가 자신의 방에 남아 있을 수 없는 데서 온다"라고 또 한 사람의 현인 파스칼은 말했다.37

집단으로부터 분리의 과정을 한 번도 겪어보지 못한 사람은 집단의 의미를 알지 못한다. 동시에 그 사람은 자신을 알지 못한다. 이론적으로 세상에서 '나'를 가장 잘 아는 사람은 '나'이어야 한다. 하지만 역설적으로 '나'를 가장 모르는 사람이 '나'이다. 거울을 보지 않아서가 아니다. '나'에 대해 생각해보지 않은 사람은 '나'를 알 수 없다. '나'에 대한 생각은 사춘기 이후 대부분의 사람들의 머릿속에서 증발한다. 과도한 일반화된 타자의 틀에 갇힌 채로 자신과 자신이 속한 집단 사이에 불가피하게 있어야 하는 경계를 알지 못하는 사람은 혼자일 수 없다. 인간은 오로지 자기만을 알았던 유아적 단계를 지나 타인들의 관점에서 자신을 바라볼 수 있는 능력을 습득하는 사회화 과정을 거쳐야 한다. 일반화된 타자의 관점을 지니지 못한 철없는 행동은 성숙한 인간의 행동이 아니다. 하지만 만약 우리가 일반화된 타자의 관점에만 머문다면, 그것 역시 일종의 성장 장애이다. 일반화된 타자의 내재화 이후 한 단계 더 필요한 능력이 있는데, 그것은 일반화된 타자를 전제로 하여 다시 자신에게 돌아오는 유아론唯我論이다. 일관화된 타자를 구성하기 이전의 원시적이고 유아적幼兒的인 유아론이 일반화된 타자에 의해 극복되고 유아적 발상이 상대화되는 것처럼, 과도하게 작동하는 일반화된 타자에 대한 대응책은 성숙한 유아론이다. 우리들의 치타델레는 성숙한 유아론을 배우기 위해 반드시 거쳐야 하는 공간이다.

chapter 7

다 함께
홀로 서기 위하여

지난 백 년 동안의 위대한 시인들은 누구인가? 콜리지, 워즈워스, 바이런, 셸리, 랜더, 키츠, 테니슨, 브라우닝, 아널드, 모리스, 로제티, 스윈번—여기서 멈춰도 될 것이다. 이들 중에서 키츠와 브라우닝, 로제티를 제외하곤 모두 대학 출신이며, 이들 세 명 중 한창 젊은 나이에 목숨을 빼앗긴 키츠만이 유복하지 않은 유일한 시인이었다. 이런 말을 하는 것이 야만적이며 서글픈 일로 여겨질 것이다. 그러나 엄연한 사실로서, 시적 재능이 내키는 대로 바람처럼 불어 가서 빈자에게나 부자에게 똑같이 존재한다는 주장은 거의 진실성이 없다. 엄연한 사실로서, 이 열두 명 중에서 아홉 명이 대학 출신이었고, 이는 그들이 어떤 방식으로건 영국이 제공할 수 있는 최고 교육을 받을 수 있는 수단을 획득했다는 것을 의미한다. 또한 엄연한 사실로서, 나머지 세 명 중에서 브라우닝은 알다시피 유복했다. 만약 그가 유복하지 않았더라면 그는 『사울』이나 『반지와 책』을 쓰지 못했을 것이다. 마찬가지로 러스킨도 아버지의 사업이 번창하지 못했더라면 『현대 화가들』을 쓸 수 없었을 것이다.
- 아서 퀼러 쿠치경의 『글쓰기의 기술』, 버지니아 울프(2006), 『자기만의 방』, 161-162에서 재인용.

우리에게 치타델레가 없는 이유

우리는 지금 각자의 치타델레 속에 있다. 비록 잠정적이라도 치타델레에서 우리는 세상과 거리를 유지하며 나를 배려한다. 치타델레로 들어가게 하는 열망, 그리고 고즈넉한 치타델레 속에서 세상과의 거리두기를 유지할 수 있는 에너지는 세상에 대한 염증과 환멸에서 생겨나지 않는다. 단순히 세상에 대한 염증으로 치타델레 속으로 물러나 있다면, 보기 싫은 것을 외면함으로써 얻어지는 안도감은 생각보다 그리 오래 가지 않는다. 세상만사가 귀찮아 여행을 통해 치타델레 속으로 도피하고자 했던 사람도, 얼마간의 만족의 시간이 지나면 집으로 그리고 일상으로 돌아가고 싶은 욕구가 다시 생겨나는 법이다. 세상에 대한 염증으로 치타델레로 들어간 경우와 강력한 내적 동기에 따라 치타델레로 들어간 경우가 다르듯이, 결혼하지 못해 혼자 사는 경우와 혼자일 수 있는 능력을 지닌 단독인의 삶은 다르다.

분명 혼자일 수 있는 건 단독인의 능력에 속한다. 아무나 이 능력을 습득하지 못한다. 아무나 지닐 수 없는 이 능력은 어디에서 기인하는 것일까? 만약 혼자일 수 있는 능력이 전적으로 배타적인 개인의 능력으로 환원된다면, 혼자일 수 있는 능력은 더 이상 화려한 싱글의 철학, 힘의 철학, 혼자일 수 있는 모든 조건을 갖춘 소수의 엘리트 철학과 다를 바 없다.

4인용 테이블에 앉는 것을 전제로 설계된 사회 속에서 혼자라는 것은 개체가 기능적 미분화 상태에 놓여 있다는 것과 같은 뜻이다. 혼자 사는 사람은 돈을 조달하는 역할과 가정을 꾸리는 역할, 계약적 관계를 처리하는 능력과 정서적인 돌봄의 능력을 모두 지녀야 한다. 기능적으로 미분화된 상태이기 때문에 혼자 사는 사람에게는 초능력이 필요하다. 남들에 의해 측은지심의 대상으로 전락하지 않으면서 기능적으로 미분화된 혼자의 삶을 유지하기 위해서는 적절한 경제력, 균형 잡힌 정서적 상태, 심지어 때로는 어느 정도의 미적 감각까지 필요하다. 물론 이 모든 요소들을 고루 갖춘 사람도 있다. '화려한 싱글'이라는 이미지도 순도 100퍼센트의 허구만은 아니다. 실제로 '화려한 싱글'인 사람도 있다. 문제는 실제로 존재하는 화려한 싱글인 사람은 양적으로는 극소수라는 점이다. 또한 현재 극소수에 속한 화려한 싱글인 사람도 현재 그 사람을 화려한 싱글로 만들어준 모든 요인들이 언제든 변할 수 있다.

관념상의 치타델레에서 우리는 한편으로 혼자일 수 있는 능력에 대해 성찰해야 하지만, 다른 한편으로는 혼자일 수 있는 능력을 배양하지 못하도록 만드는 요인들에 대한 냉정한 분석을 해야 한다. 그러지 않으면 현실에서 둥둥 뜬 몽상가가 되기 십상이다. 만약 현실적인 분석 없이 혼자일 수 있는 내적인 능력의 필요성만 떠든다면, 그것은 자칫 판에 박힌 자기계발서의 반복이 될 것이다.

너무나 짧아진 젊음, 너무나 길어진 노년

1인 가구의 시대, 생애주기Life cycle의 각 단계에서 개인들에게 고유하게 요구되는 조건은 혼자일 수 있는 능력 계발의 장애요인으로 작용한다. 젊다는 조건만이라도 갖춘다면, 기능적으로 미분화된 혼자 사는 삶은 그다지 힘겹지 않을 수 있다. 젊은 신체와 질병은 그다지 어울리지 않는다. 감기몸살쯤은 혼자 사는 젊은 사람에게는 혹독한 시련으로 다가오지 않는다. 혼자 사는 젊은 사람에게는 성적 자유라는 보너스까지 때로 보장된다. 그래서 젊은 사람들에게 혼자 사는 건 로망에 가깝다. 젊지는 않지만 경제력을 지니고 있다면, 그런대로 결정적인 삶의 장애요인과 부딪히지 않을 수 있다. 물론 가사노동과 같은 혼자일 수 있는 능력을 갖추지 못했다면 조금은 불편함을 느낄 수도 있다. 그러나 경제적 여유가 있는 사람은 혼자 사는 삶의 기능적 미분화를 각종 대행 서비스를 구매함으로써 얼마든지 편리하게 극복할 수 있다. 경제적 여유만 있다면 가사노동을 할 수 있는 능력을 갖추지 못했다 해도 남 보기에 누추하지 않은 삶을 사는 데 지장이 없다.

기능적으로 미분화된 혼자의 삶이 혼자일 수 있는 능력을 갖추는 과제는 그 사람이 젊거나 아주 돈이 많기만 하다면 잠정적으로는 해결될 수 있다. 이런 조건을 갖추었고 혼자 사는 사람이 약간의 의지만 있다면 혼자일 수 있는 능력을 지닌 단독인으로의 변신은 크게 어렵지 않다. 하지만 이런 조건을 갖춘 사람들은 극소수에 불과하다. 젊은 시절은 영원할 수 없다. 사람의 인생에서 젊은 시절이 차지하는 비중도 점차 줄어들고 있다.[1] 평균수명이 60세라면, 신체적 미성숙에서 벗어나 성인으로 자랐으면서도 아직 노화의 징후들이 전혀 나타나지 않는 20대의 10년간은 전체 인생의 1/6에 해당한다. 하지만 평균 수명이 80이라면 20대의 10년간은 전체 인생의 1/8로 줄어들고, 60세 이후의 노년의 삶은 전체 인생의 1/4까지 늘어난다. 개인의 의지만으로 혼자일 수 있는 능력을 갖추기를 기대하기에는 인간은 향후 너무나 오랜 기간 동안 노화의 그림자를 동반하는 삶을 살아야 한다.

타인의 도움 없이 의식주를 해결하는 자립의 능력은 혼자일 수 있는 능력이 자라는 토대이다. 하지만 노화는 혼자일 수 있는 능력의 토양인 최소한의 자립을 위태롭게 만드는 외적 방해요인이다. 아무리 치열한 자기에 관한 물음도, 자기밀도를 높이려는 철저한 시도도, 노화라는 세월의 흐름은 이겨낼 수 없다. 게다가 비혼에 의한 젊은 1인 가구보다는 사별과 이혼 등의 이유로 노년의 1인 가구가 늘어나는 추세를 감안할 때, 젊음이 전체 인생에서 차지하는 비중이 줄어들고 노년의 시기가 차지하는 비중이 늘어나는 추세는 혼자일 수 있는 능력에 대한 중대한 장애요인으로 자리 잡는다.

혼자만의 시간이 필요하다

평균 수명은 늘어나는데 노동 세계에서의 은퇴 연령이 높아지지 않는 이상, 생애주기에서 임금소득으로 생계를 해결할 수 있는 시기는 전체 인생에서 점차 축소된다. 게다가 고용되어 있는 짧은 기간 중에도 고용의 안정성을 기대할 수 있는 가능성은 점차 줄어들고 있다. 평생직장이라는 개념은 설 자리를 잃어버린 지 오래되었다. 직업career이라는 단어는 영어 어원상 마차가 다니는 길이라 한다.[2] 마차가 인생이라는 길을 걸어가면서, 그 길 위에 남겨 놓은 흔적이라는 뜻이었던 '커리어'는 산업자본주의 시대에는 한 사람이 평생 동안 묵묵히 파고 또 파는 단 하나의 우물과도 같았다. 평생을 바치는 직업 활동, 즉 하늘이 내려준 천직에 종사하며 삶을 살았던 시대의 삶과 고용 유연화의 추세가 지배적인 지금의 자본주의 아래의 삶은 결코 동일할 수 없다. 유연한 자본주의flexible capitalism에서 우리의 삶은 자본가의 표현에 따르면 '유연한' 삶이지만, 실제로는 불안하게 표류하는 삶일 뿐이다.

자신을 돌아볼 수 있는 시간, 치열하게 자기에 대해 묻고 대답할 수 있는 시간을 자본주의는 허락하지 않는다. 혼자일 수 있는 능력은 마트에서 쇼핑할 수 있는 것이 아니다. 혼자일 수 있는 능력은 자신만의 치타델레 속에서 자기밀도를 높이기 위한 치밀하고 집요하며 또한 장기간의 끈질긴 노력을 통과해야만 획득할 수 있는 권능이다. 나를 둘러싼 환경의 변화 속도가 느릴수록 치타델레에서 잠시 애벌레가 되어 성충으로 다시 태어나는 꿈을 꾸기가 유리하다. 애벌레가 될 수 있는 의지와 애벌레임을 허락하는 환경의 이중주 속에서 우리의 삶을 서사적으로 생각할 수 있는 기회를 맞이할 때 언젠가 우리는 자기를 되찾은 성충이 될 수 있다. 세넷Richard Sennett의 말을 빌리자면 "삶을 서사적으로 생각한다는 것은 앞으로 어떤 일이 벌어질 것인가에 대해서라기보다는 어떻게 해서 그런 일이 벌어져야 했는가를 스스로 설명할 수 있다는 의미다. 예를 들면 자신이 밟아온 경력에 비추어 앞으로 승진 경로는 어떻게 될 것인지를 그려보거나, 한 회사에 장기 근무하는 것과 앞으로 늘어날 재산 규모를 서로 연관 짓는 일이 가능"[3]하다는 뜻이다. 그러나 유연한 자본주의는 어느 누구에게도 서사적인 삶을 허락하지 않는다. 우리가 살고 있는 시대에는 한 사람이 평생 동안 하나의 우물만을 파는 장기적이고 차분한 인생의 계획을 고집하다가는 순식간에 낙오자로 전락할 수도 있다. 희로애락이 교차하는 구불구불한 길을 따라 마지막까지 위대한 여정을 이어갔던 한 편의 대하 서사시 같은 삶의 궤적은 이 시대에 허락되지 않는다. 이 시대에 개인들의 삶은 15초를 겨우 넘기는 상업 광고처럼 단편화된다. 즉각적으로 변신해야 하고, 재빨리 적응해야만 살아남을 수 있는 조건 속에서 긴 이야기로 이어진 서사적 삶은 더 이상 불가능하다. 우리들의 삶은 자극적이며 전개가 빠른 광고 필름들의 몽타주를 닮아간다.

  치타델레는 이런 세속의 시간이 잠시 정지해야 하는 곳이다. 하지만 속전속결을 요구하는 우리 시대에 과잉으로 적응한 사람은 스피드라는 개념이 증발되어 있는 치타델레를 견디지 못한다. 그 사람은 자기밀도 또한 스피드하게 높아지기를 원한다. 치타델레는 반죽을 24시간 숙성시켰다가 구워야 제 맛이 나는 이탈리아 치아바타 빵 만들기의 자세를 요구하지만, 세속의 스피드에 완전히 포섭되어 버린 사람은 치타델레의 공간이 30초 만에 음식을 서빙하는 패스트푸드 식당이기를 기대한다. 하지만 패스트푸드 식당에 들르듯 급하게 치타델레에 들어갔다 나온다고 해서 자기밀도는 높아지지 않는다. 치타델레에서 자신에 대한 물음에 답을 내리기 위해서는 마치 출가라도 하듯이 단호한 결심과 지속적인 노력에 대한 의지를 가지고 그곳에 들어가야만 한다. 오늘날은 심지어 출가의 경험마저도 상품화된 시대다. 관광 상품화된 템플스테이는 관광객을 잠시 현실에서 벗어날 수 있도록 해주지만, 그 짧은 기간 동안 자신에 대해 답을 내릴 수 있는 사람은 없다.

혼자를 꿈꾸기에는 너무나 가난한 사람

헤겔이 하늘을 찌를 듯한 권위를 확보하고 있던 베를린 대학에서 쇼펜하우어의 설 자리는 없었다. 강의를 할 수 있는 기회를 힘겹게 얻어 겨우 강의를 개설하였으나, 수강생이 1,000여 명을 넘는 헤겔의 강의와는 판이하게 고작 8명의 학생을 앞에 두고 강의를 해야 하는 굴욕을 쇼펜하우어는 경험했다. 그는 자신과 좋지 않은 인연으로 얽혀 있는 베를린을 떠나 프랑크푸르트에 정착했다. 프랑크푸르트에서 쇼펜하우어는 죽기 전까지 30여 년을 은자의 모습으로 살았다. 그는 프랑크푸르트에서의 삶을 이렇게 묘사했다. "프랑크푸르트 시민에게 프랑크푸르트는 세계 그 자체다. (…) 좁고 융통성 없으며, 안에서 보면 보잘것없고 우물 안 개구리 같은 아브델라 인들의 나라와도 같다. 나는 그들과 가까워지고 싶지 않다. 나는 세계를 버린 사람으로 살아가고 싶다. 그리고 나의 학문을 위해서만 살아갈 작정이다."[4]

그의 결심대로 쇼펜하우어는 평생 동안 그가 하고 싶은 일만을 하면서 살았다. 칸트의 잘 알려진 규칙적인 삶을 모범으로 삼아 쇼펜하우어는 "아침 일곱 시에 일어나 커피 한 잔을 마신 후 여덟 시부터 플라톤, 아리스토텔레스, 세네카, 셰익스피어, 괴테, 바이런, 페트라르카 등의 작품을 읽었고, 점심식사를 하기 전에 플루트를 연주하고, 바깥에서 점심식사를 한 후 집으로 돌아와, 두 시부터 다시 독서를 시작해, 네 시면 애완견을 데리고 산책했으며, 저녁에는 연극이나 음악회 구경을 갔다가 레스토랑에서 저녁식사를 한 후 밤 열 시에 잠자리에 들었다"[5]고 한다.

남의 뜻대로 살지 않고 평생 자신의 뜻대로 삶을 살았던 쇼펜하우어였기에, 그는 대표적인 저작 『의지와 표상으로서의 세계』의 서문에서조차 자신은 동시대의 사람들을 위해 책을 쓰지 않았다고 도발적으로 언급하고 있을 정도이다. "나는 이제 완성된 저서를 동시대인이나 동포에게가 아니라 인류에게 내놓으며, 좋은 것의 운명이 흔히 그렇듯이 이것이 나중에 가서야 인정을 받는다 할지라도 그들에게 아무런 가치가 없지는 않을 거라는 확신을 갖는다. 나의 두뇌가 흡사 나의 뜻을 거스르다시피하면서 자신의 일에 끊임없이 몰두한 것은 한때의 망상에 사로잡혀 훌쩍 지나쳐가는 동시대인을 위한 것이 아니라 오로지 인류를 위한 것이기 때문이다."[6]

프랑크푸르트의 쇼펜하우어는 랜들 콜린스Randall Collins가 말한, 지식인들에서 가끔 발견되는 내향적 삶의 한 예증이다. 어떤 지식인들은 쇼펜하우어처럼 집중적으로 자신만을 위한 삶을 영위한다. "의도적으로 상호작용에서 물러나 장시간 대로는 몇 년씩 원고에 몰두하는 동기는 바로 지식인 영역의 관행을 자신의 사고틀로 깊이 내면화한 결과이다. 관심 공간의 중심에 진입할 수 있는 창조적 활동에 집중하기 위해 잠시 물러나는 것이다. 그리고 자신이 내면화해서 알고 있는 지식인 영역의 표준을 준거로 삼아 자신의 움직임을 살피고 문장 하나하나를 다듬고 보완하는 과정에서 정서적 에너지를 얻는다."[7] 철학자 쇼펜하우어, 그는 평생 독신으로 살며 철학을 했다. 19세기 그의 삶은 아주 특별했다. 특별한 삶을 유지할 수 있었던 것은 그의 평범하지 않은 삶의 조건과 관련 있다. 단치히(현재 폴란드의 그단스크)의 상인이었던 아버지로부터 물려받은 유산은 쇼펜하우어가 독신으로 살면서 철학하기에는 충분한 물질적 배경이 되었다. 아버지의 유산은 쇼펜하우어가 독신으로서 세상으로부터 의도적인 고립을 감당하며 철학을 할 수 있는 충분한 배경이 되었다. 쇼펜하우어의 삶은 특별하다. 쇼펜하우어와 같은 의도적인 고립은 경제적 독립성이 전제되지 않는다면 불가능한 선택이다. 그렇기에 우리가 혼자 사는 삶의 방식의 모델을 쇼펜하우어와 같은 아주 특별한 과거의 인물로부터 얻는다면 다소 부질없는 짓이기도 하다.

우리는 쇼펜하우어가 아니다. 쇼펜하우어와 같은 괴벽이 없다는 뜻이 아니다. 쇼펜하우어가 되기 위해서는 쇼펜하우어의 능력뿐 아니라 쇼펜하우어가 그 능력을 키울 수 있었던 그의 조건 역시 매우 중요하다. 만약 쇼펜하우어가 누렸던 조건을 갖추지 못했다면 우리는 쇼펜하우어에 버금가는 능력을 지녔다 하더라도 쇼펜하우어가 될 수 없다. 자기계발서들은 독립과 의존 그 사이에 '의지'가 있다고 가르치지만, 눈치 빠른 사람이라면 독립과 의존 사이에서 돈의 힘을 느낀다. 자유는 의지만으로 채워진 공간 속에서 자유롭게 유영할 수 있는 대상이 아니다. 자유의지는 실행되는 순간 자원을 요구한다. 자원 없는 자유의지는 가능태일 뿐이다. 모든 노력에는 자원이 필요하다.

의존은 어디에서 발생하는가? 의존은 심리적 상태인가? 혹은 의존은 불가피하게 자원의 부족에서 오는 것인가? 의존에서 탈피하려는 의지가 강하다면, 독립을 유지하기에 유리하다. 하지만 의지는 촉매에 불과하다. 독립할 수 있는 밑거름이 되는 자원이 원인이라면, 의지는 원인이 현실화하는 과정을 단축시켜주는 촉매에 불과하다. 촉매 그 자체만으로는 아무런 작용을 할 수 없다.

'어쩌다' 가난한 집에서 태어났다고 가정해보자. 독립을 부르짖기가 가능할까? 독립이나 나만의 삶, 혹은 나를 위한 삶은 경제활동인구로 편입되기 이전 부모가 경제적 뒷받침을 해주고 있는 학생 시절에나 가능한 스토리이다. 경제활동인구로 데뷔하고 생존경쟁에 휘말리는 순간 '어쩌다' 가난한 집에 태어난 사람은 간과 쓸개를 집에 두고 직장에 다녀야 한다. 고용에 생존이 목매여 있는 한 독립이 가능할까? 언감생심이다. 고용된 대가로 받는 돈이 많든 적든 상관없이 임금노동자라는 처지를 공유하고 있으면 생존과 독립은 충돌하고, 로또에 당첨되지 않는 이상 대부분의 사람들은 기꺼이 노예의 길을 선택한다.

가난한 사람은 혼자일 수 있는 능력을 계발할 수 있는 처지가 아니다. 만약 가난한 사람이 혼자라면, 그 사람이 있는 곳은 치타델레가 아닐 가능성이 더 높다. 혼자일 수 있기 위해서 집단으로부터 잠시나마 스스로 물러날 수 있는 결심을 할 수 있는 계층의 하한선은 중산층이다. 적어도 중산층까지는 때로는 자신의 적극적 의지에 따라 일시적이나마 자신의 치타델레에 들어갈 수 있지만, 경제적 자원이 넉넉하지 못한 사람은 그러한 시도조차 해볼 수 없다. 경제적으로 여유가 있는 사람에게 치타델레와 같은 상황은 권능을 계발하는 기회이지만, 경제적 하층에게 치타델레와 같은 상황은 삶의 위기를 의미한다.

'나'라는 질문을 상실한 사람

하지만 경제적 상층부라고 해서 혼자일 수 있는 능력의 계발을 방해하는 모든 조건을 극복한 것은 아니다. 과거라면 내향적인 삶을 살기 적당했던 전문 직업인조차 지금은 내향적인 삶을 살기에 불가능한, 자신만의 치타델레를 건설하기에 불가능한 시대에 살고 있다. 유유자적하며 자신에 대해 질문을 던질 수 있는 시간이 허락되는 직업에 종사하는 사람들은 이제 희귀종이 되었다. 평범한 사람은 꿈꿀 수도 없는 고액의 연봉을 받는 사람들이 있다. 고용상의 지위는 임금노동자이지만 연봉만으로 보면 평범한 샐러리맨과 같은 사람으로 취급하기가 미안한 사람들 말이다. 이들은 가난한 사람들이 생각할 수도 없는 막대한 돈을 번다. 그렇다면 이들은 모두 혼자일 수 있는 능력을 갖추고 있는 것일까?

그렇지 않다. 이들에게 고액의 연봉을 주는 회사는 이들이 혼자일 수 있는 능력을 갖춘 사람이기를 원하지 않는다. 기업 컨설턴트가 인터뷰를 통해 그런 회사들이 어떤 사람을 원하는지, 그리고 어떤 사람으로 바꾸어 놓는지 이렇게 털어 놓았다. "그들은 자부심은 약하되 고도로 유능한 직원overachiever with low self-esteem을 선호합니다. 우연히 직원 채용 전략을 봤는데 선호하는 유형을 그렇게 부르더군요." 그 사람과의 인터뷰를 통해 우리가 엿볼 수 있는 세계에서 자부심이 강하고 창조적인 인물은 오히려 기피의 대상이 된다. 그 세계를 플로리안 오피츠Florian Opitz는 이렇게 묘사한다.

자부심이 약하면서도 성과를 잘 올리는 사람을 회사의 방침에 맞게 키우는 것이 컨설팅 회사가 가장 좋아하는 방식이다. 처음에는 아름다운 도시나 호화 유람선에서 여는 세미나에 초대하여 엘리트 의식을 강하게 주입시키고 거액의 초봉을 제공하여 충성심을 길러주지만, 그 이후에는 여유나 휴식은 꿈도 꿀 수 없게 만든다. 끝없는 성과의 압박으로 내몰기 때문이다. 이런 상황에서 컨설턴트가 개인적인 생활을 유지한다는 것은 거의 불가능하다. 누구나 예외 없이

4개월에서 6개월을 주기로 개인의 성과를 평가받기 때문이다. "승진 아니면 퇴출!"up or out을 구호로 내거는 회사도 있고 "성장 아니면 이직!"grow or go!을 외치는 회사도 있다고 한다. 표현은 조금씩 다르지만 의미는 모두 같다. 다음 단계로 나아가지 못하거나 목표를 달성하지 못한 사람은 회사를 떠나라는 것이다. 따라서 단체정신과 엘리트 의식을 갖추고 도전적인 과제를 계속 수행하는 사람만이 살아남는다.[8]

"자부심은 약하되 고도로 유능한 직원"을 채용하고 싶어 하는 이들에게, 마음속에 치타델레를 품고 혼자일 수 있는 능력을 꿈꾸는 사람들은 몽상가이거나 "자부심이 강하고 창조적이며 괴팍한" 쇼펜하우어와 같은 사람일 뿐이다. 설사 지원한 사람이 "자부심이 강하고 창조적이며 괴팍"했다고 하더라도, 이 사람을 고용한 그들은 그 사람을 곧 "자부심은 약하되 고도로 유능한 직원"으로 바꾸어 놓을 것이다. 그러다 보니 이들은 가난한 사람과 달리 엄청난 은행잔고와 관념상의 치타델레가 아니라 휴양지에 자가 소유의 모던한 치타델레를 지을 수 있는 부를 갖고 있지만, 정작 치타델레를 향한 그리움은 잊은 지 오래되었다.

버지니아 울프와 홀로서기의 세 가지 차원

버지니아 울프가 『자기만의 방』에서 도달한 결론은 의외로 단순한 요구로 집약된다. 울프는 여성 예술가가 등장하지 못했던 여러 가지 이유들을 분석하면서 남자들과 달리 여자에게 절대적으로 결핍된 요소는 자기만의 일에만 몰두할 수 있는 자기만의 방과 의존적인 삶을 살지 않도록 해줄 수 있는 고정적인 소득이라는 평범한 진실에 도달했다.⁹ 울프의 요구는 소박하다. 울프는 엄청난 규모에 하인들로 가득 찬 저택을 원하지 않는다. 모든 시설이 갖추어진, 그리고 전망마저도 아름답고 주변에 사색하기에 좋은 공원이 있는, 그렇게 창작활동에 꼭 맞는 위치에 있는 작업실을 원하지 않는다. 울프는 몽테뉴의 치타델레처럼 거대한 공간을 요구하지도 않는다. 울프는 최소치를 원한다. 크든 작든, 화려하든 초라하든, 울프의 최소한의 요구는 '자기만의 방'이다. 그러나 몽테뉴와 비교할 때 소박하기 이를 데 없는 '자기만의 방'에 대한 요구 역시 때로는 언감생심처럼 다가온다. 『폭풍의 언덕』의 작가 에밀리 브론테Emily Jane Brontë도, 『오만과 편견』을 쓴 제인 오스틴Jane Austen도, '자기만의 방'과 자신만의 고정적인 소득조차 없는 조건 속에서 창작을 했다.

우리는 역사 속에서 무수히 많은 단독인의 사례를 찾을 수 있다. 몽테뉴와 쇼펜하우어가 단독인적 삶의 모델을 제공하는 삶을 살았다고 가정해보자. 그의 동시대인들은 어떤 삶을 살았는지 질문해보자. 몽테뉴와 쇼펜하우어는 특별한 사람이었다. 그들은 다함께 단독인의 삶을 사는 단독인의 사회에 살지 못했다. 자원이 특별히 많은 사람에게만 그런 삶이 허락되는 사회에서는 통합의 힘이 강한 어떤 사람은 집단을 이끄는 영웅이 되고, 몽테뉴와 쇼펜하우어처럼 내향적인 사람은 특별한 단독인이 된다. 특별한 단독인을 만

	통합하는 힘	개체가 되려는 힘
특권적 자원 소유자	영웅 외향적인 사람	특별하게 혼자이려는 사람 내향적인 사람
평등	공동체주의자	다 같이 혼자이려는 사람 보편적 단독인
수동적 수용자	혼자일 수 없는 사람 집단주의자	고립으로 퇴행하는 사람 퇴행적 인간

들어준 힘은 그들이 갖고 있던 경제적 자원과 고독 속에서 자신의 권능만을 계발할 수 있는 능력(인간학적 의미의 홀로서기)의 합작품이다. 두 가지 조건을 갖추었기에 그들은 단독인이 되었지만, 그들은 도드라지는 특별한 사람이었기에 때로는 세상 사람들과 등을 지는 고립을 자초하는 삶을 살았다. 특별한 사람만 단독인이 되지 않고 누구나 다 같이 단독인이 되기 위해서는 자기만의 방과 최소한의 소득이라는 최소조건이 보편적으로 보장되어야 한다. 역할 조절을 통해 자신만의 독립성을 옹호한다고 해서(사회적 의미의 홀로서기) 단독인이 될 수 없다. 궁극적으로 혼자일 수 있는 능력을 위한 최소한의 요구가 충족되지 못한다면, 단독인은 출현할 수 없다. 울프가 요구했던 최소치는 단독인이 출현할 수 있는 조건에 대한 최소치이기도 하다. 단독인은 최소한의 경제적 조건이 갖추어질 때 출현할 수 있다.

본래 경제라는 단어는 가정을 뜻하는 단어 '오이코스'oikos에서 유래했지만, 이 단어는 또한 삶의 거주지를 뜻하기도 했다. 경제란 삶의 거주지에서 인간이 펼치는 존재 노력O.konomia이다. 거주의 관리는 곧 삶의 관리이다. 단독인의 삶의 관리는 경제적 개인주의자의 삶의 관리 방식과는 다르다. 경제적 자율성을 지니지 못한 사람은 사회적 자율성도 지킬 수 없다. 경제적 자율성이 없다면, 혼자일 수 있는 능력은 단독인의 권능이 아니라 예비 고독사 그룹에 들 가능성을 뜻할 뿐이다. 경제적으로 혼자일 수 있는 능력은 그 사람이 시장경제에서의 승리자라는 뜻이다. 시장경제에서 승리하였기에 경제적인 독립인이 될 수 있는 사람은 손쉽게 시장경제의 관계에 의존하여 스스로를 혼자일 수 있는 능력까지 소유한 사람으로 포장할 수 있다. 시장경제에서의 승리자만이 누리는 경제적 자율성을 지닌 사람은 흔히 매스컴의 주목을 받기 쉽고, 이들을 통해 혼자 사는 것을 능력주의의 스펙트럼에서 바라보는 관습도 생겨난다. 흔히 들을 수 있는 말, "능력 있으면 혼자 살아도 된다"는 능력주의의 스펙트럼에서 바라본 혼자 사는 것에 대한 상식이다.

결혼을 서두르지 않는 자식들을 둔 부모들이 자식에게 결혼을 종용하다가도 더 이상 종용해도 소용없다는 판단이 들었을 때 흔히 자식들의 미혼을 "능력 있으면 혼자 살아도 된다"는 상식으로 정리하는 것을 볼 수 있다. 성별 위계가 여전히 존재하고, 보이지 않은 유리천장이 있는 상황 속에서 결혼은 여성이 커리어를 쌓아가기에는 여전히 걸림돌이 된다. 그래서 성공한 여성들이 미혼인 경우는 남성 미혼에 비해 훨씬 쉽게 찾아볼 수 있다. 이들이 혼자 살 수 있는 결정적인 힘은 이들이 갖고 있는 경제적 자율성에 있다. 만약 경제적 자율성을 지니지 않았다면 이들의 삶은 분명 달라졌을 것이다. "능력 있으면 혼자 살아도 된다"는 성공한 여성과 같은 특별한 집단을 설명하는 틀로만 머물러 있을 경우 큰 문제는 없지만, 만약 이러한 상식적 주장이 혼자 사는 것에 대한 '자격 기준'의 담론으로 변화하면 상황은 달라진다.

혼자 사는 어떤 사람을 정당화해주었던 상식적 표현인 "능력 있으면 혼자 살아도 된다"라는 말이 혼자 사는 것에 대한 능력주의 및 자격주의 담론으로 바뀌면, 능력이 없는 자는 혼자 살아서는 안 된다는 결론이 도출된다. 혼자 살 수 있는 능력이 능력주의 이데올로기에 의해 평가되는 한, 혼자 사는 것에 대해 논할 때 우리의 사유 관습은 또다시 '화려한 싱글'의 스펙트럼에 갇히게 된다. 혼자 사는 사람들 각각은 가족에 편입되어 있는 사람들만큼이나 계급적 편차가 크다. 한편으로 삼성의 이건희 일가와 같은 가족이 있는가 하면 경제적 문제로 해체될 수밖에 없는 가족에 속한 사람도 있는 것처럼, 혼자 사는 사람 또한 계급적 시각에서 보자면 극단적인 능력주의자와 극단으로 박탈된 존재로 양극화된다. 그리고 이 양극화 현상은 앞으로 더욱 강화될 가능성이 크다.

우리 사회에서 혼자 살고 있는 사람들은 한편으로는 자신의 적극적 선택에 의해 혼자 살기로 결심한 그룹과, 가족이라는 안전장치 속으로 편입될 수 없어서 박탈적으로 혼자 사는 사람으로 양분되어 있다. 프레카리아트Precariat[10]라면 가족이라는 범주 안으로 들어갈 가능성이 매우 낮다. 만약 이 사람들이 박탈적으로 혼자 사는 사람에 머무른다면, 혼자일 수 있는 능력 운운은 배부른 소리에 불과하다. 박탈적으로 혼자 사는 사람은 생존 자체가 위협받고 있는 경우가 많다. 생존 자체가 위협받고 있는 사람에 대한 책임은 누가 져야 할까? 당연히 그 몫은 사회에 귀속된다.

여전히 남는 혼자 살기의 두려움

혼자 사는 사람의 가장 큰 두려움 중 하나는 1인 다역을 하고 있는 자신이 만약 경제적 자립 능력을 상실하거나 건강의 문제가 생겼을 때 마주치게 될 곤경이다. 만약 어느 날 걸어서 병원에 가지도 못할 정도로 아프게 된다면, 만약 갑자기 모든 경제적 소득원이 차단된다면? 20대의 1인 가구는 혼자 살게 되면서 얻게 된 부모로부터의 해방감에 더할 나위 없는 즐거움을 갖지만, 나이든 1인 가구는 20대의 1인 가구처럼 마냥 행복할 수만은 없다. 신체에 온갖 노화증상이 나타나기 시작하면, 혼자 사는 사람이 갖고 있는 근원적 두려움은 더욱 커지기만 한다.

감당할 수 없을 정도의 크기로 두려움이 커질 때, 자신이 영원히 젊을 수 없다는 평범한 사실에 대한 깨달음이 공포로 다가올 때, 가족관계로의 재진입은 달콤한 유혹으로 다가온다. 미혼이라면 뒤늦었지만 가족관계로의 진입을 새삼 고민하고, 이혼 또는 사별로 인해 혼자 사는 경우라면 가족의 재구성을 심각하게 검토한다. 그렇기에 나이가 들수록 혼자 사는 사람이 처한 딜레마는 더욱 커진다. 계속 두려움을 가슴 속에 앉고 혼자 살 것인가? 아니면 가족관계로 진입할 것인가? 이 두려움이 어느 날 견딜 수 없을 정도로 커진다면 정말 탈출구는 짝을 찾는 것 이외에는 아무것도 없는 것처럼 느껴질 수도 있다. 가슴 속에서 어느 순간 켜진 두려움이라는 경고등에도 불구하고 계속 혼자 사는 사람은, 경고등을 무시한 대가로 앞으로 부딪히게 될 모든 어려움을 스스로 감당해야 하는가? 두려움이 커질 때 가족으로의 진입은 두려움을 다스리는 훌륭한 처방 같지만, 그것이 모든 문제를 해결해주지는 못한다.

어느 날 혼자 사는 친구의 전화를 받았다. 배가 아픈데 혼자 병원에 가기가 겁나니 같이 가자는 다급한 목소리를 듣고 함께 병원 응급실로 향했다. 하필이면 금요일 밤. 금요일 밤의 응급실에는 정말 다양한 사람들이 다양한 증상에 시달리고 있었다. 응급실에서 6시간을 대기한 끝에 급성 맹장염이라는 판정을 받았고, 수술대에 오른 친구를 수술실까지 배웅하고 대기실에서 수술 끝나기를 기다리면서 깊은 생각에 잠겼다. 나이 드는 것과 혼자 산다는 것이 병이라는 현상 앞에서 파열음을 낼 때 어떤 공포가 생기는지에 대해서 말이다.

입원한 친구를 위해 간호를 하며 보낸 일주일 동안 나는 정말 많은 가족을 관찰할 기회를 부수적으로 얻었다. 병원의 환자는 정말 많은 사회적 관계에 놓여 있었다. 나의 친구처럼 가족이 아닌 사람의 간호를 받는 사람도 적지 않았다. 가족이 없다고 해도 사람이 어떤 상황에서도 내팽개쳐지는 법은 없다. 가족이 없는 사람은 가족을 대체하는 다른 사회적 관계에 의해 보살핌을 받았다. 반면, 가족이 있다고 해서 모든 환자가 가족들의 헌신적인 돌봄을 받는 것도 아니었다. 대로는 생계 때문에 환자를 돌볼 수 없는 처지의 가족은 간병인을 고용했고, 가족들은 고된 노동을 마치고서야 겨우 다른 면회객처럼 잠시 환자 곁에 머무를 수 있었다. 아예 1주일 동안 병실을 찾지 않는 가족도 있었고, 한눈에 보기에도 가족 간의 사랑이 넘치고 진심으로 환자를 걱정하는 가족도 있었다.

가족은 훌륭한 관계를 서로 맺고 있을 때에야 비로소 힘을 발휘하는 제도이다. 만약 한 개인이 속한 가족이 형편없는 가족이라면 그 가족은 가장 든든한 배경이 아니라 세상에서 가장 어둡고 깊이조차 알 수 없는 근심의 기원일 수도 있다. 모든 가족이 훌륭한 것은 아니다. 형편없는 가족도 있다. 그러니까 가족으로의 편입이 두려움을 다스리는 유일한 방법은 아니다. 형편없는 가족, 아니 없는 것보다 못한 가족 속에서 억압받으며 억지로 가족의 구성원으로 사는 사람도 있다. 개인들이 획득한 정치적 자유가 문화적 자유가 되기 위해서는, 그리하여 혼자일 수 있는 능력이 정치적 억압에서 자유롭다는 의미의 소극적 자율이 아니라 자기가 자기를 결정할 수 있는 적극적 자율의 토대가 되기 위해서는, 단지 경제적 능력이 없다는 이유만으로 자기만의 치타델레로 못 들어가는 일은 없어야 한다. 그렇기 때문에 "개인들이 인생 계획을 세우기 위해 필요한 자원을 사회가 제공해줄 것을 요구"[11]하는 아이디어는 충분한 의미를 지닌다.

집어등에 몰려드는 물고기 떼처럼, 작은 이익만이라도 얻어보려고 집단의 주위에 몰려드는 자율적이지 않은 개인의 모습을 생각해보라. 정작 집어등에 몰려드는 그저 그런 물고기가 그들의 꿈이었을까? 집어등에 몰려든 물고기 신세인 사람 가운데 본인의 선택으로 집어등에 몰려든 사람보다는 집어등 근처에라도 가야 먹고사는 문제가 해결되기 때문에 간 경우가 더 많을 것이다. 어찌 보면 누구나 같은 취미를 지니고 같은 옷을 입고 같이 등산하고 골프치고 여행을 가는 집단주의의 맹신자처럼 보이겠지만, 그들의 집단주의는 정치적 이데올로기라기보다는 호구지책을 위한 생존의 기술이기가 쉽다.

"인간은 사회적 동물"이라는 명제에 대해 다시 생각해보자. 개인들에게 숨 쉴 공간조차 허락하지 않는 집단주의만을 공인하는 듯한 이 명제를 우리는 21세기에 맞춰 변경시킬 의무를 지니고 있다. 인간은 사회적 동물이기에, 그리고 그런 사회적 존재로 역할을 해왔기에, 크든 작든 자기의 방식으로 현재 우리가 사회적 유산이라고 부르는 공동의 부에 대해 권리를 지니고 있다. 몇몇 사람에게만 허락되었던 혼자일 수 있는 능력은 가능한 범위 내에서 최대한 확장될 수 있는 것,[2] 그리고 누구나 집단주의와 거리를 두면서도 생존을 포기하지 않아도 되는 권리에 대한 요구를 존중해주는 것, 그 방법을 찾는 것을 굳이 구호로 표현하자면 소수의 사람들만의 독선적 사회가 아니라, 모두가 단독인이 될 수 있는 사회이다.

독거노인, 고독사가 왜 사회문제가 되는가? 이들이 가족이 없기 때문일까? 만약 독거노인과 고독사의 문제가 가족 외부에 있기 때문에 발생하는 것이라면, 가족 내부에 있는 모든 사람은 독거노인과 고독사에 처한 사람들이 부딪히는 문제로부터 완전히 자유로운가? 그렇지 않다. 독거노인과 고독사가 사회문제로 받아들여진다면, 그것은 그들이 혼자 살기 때문이 아니라 그들이 자립적인 삶을 사는데 충분한 조건을 갖추고 있지 못하기 때문이다. 만약 자립적인 삶을 살 수 있는 조건이 갖추어진다면, 가족과 함께 하는 삶과 혼자 사는 삶은 절대적인 충족과 절대적인 박탈이라는 양극의 이미지에 의해 채색될 필요 없이 개인이 선택할 수 있는 영역으로 받아들여질 것이다.

모든 사람은 집단에 소속되려는 욕구만큼이나 개체가 되려는 욕구 또한 갖고 있다. 단독인의 사회란 달리 말하면, 모두가 혼자 살라고 선동하는 사회가 아니라 서로를 통합하는 힘과 개체가 되려는 힘이 균형을 이루는 사회, 개체가 되려는 힘을 갖고 싶어 하는 개인이 가족 환경이나, 집단의 소속 여부와 상관없이 자기 뜻을 실현할 수 있는 사회를 의미한다.

모든 사람들에게 자기만의 방을 허하라

가족이라는 단위는 정서적 공동체일 뿐 아니라 경제적 공동체이다. 한 개인은 가족이라는 단위를 통해 이전 세대가 구축한 사회적 부를 물려받는다. 이때 그 개인이 어떤 가족에 속하느냐에 따라 그 개인이 일생 동안 기획할 수 있는 삶의 가능성과 범위가 결정된다. 어떤 가족의 성원으로 태어나는지, 혹은 가족 이외의 사람인지에 따라 개인의 출발점이 다르다.

단독인이 될 수 있는 가능성 역시 궁극적으로는 그 사람의 개인 능력이 결정하지만, 그 개인 능력의 배후에는 대개 가족이라는 배경이 있다. 아동기에서 성년이 되었을 때 단독인이 될 수 있는 출발점은 다르다. 아예 단독인이 될 꿈조차 꾸지 못하는 개인이 더 많다. 무상교육처럼 부모와 상관없이 사회로부터 무조건적인 보호를 받아야 할 필요성과 정당성은 이러한 현실에서 기인한다. 만약 우리가 단독인이 될 수 있는 '자기만의 방'과 소득을 가족에게만 맡겨 둔다면 단독인은 좋은 가족의 일원으로 태어난 사람만 누릴 수 있는 행운에 다름 아니다. 어떤 가족에서 태어날지 사람들은 스스로 결정할 수 없다. 그것을 선택할 수 없고, 미리 알 수도 없고, 한번 결정되면 바꿀 수도 없기에 그것을 우리는 운명이라 한다. 만약 단독인이 될 수 있는 가능성마저 가족이라는 운명에 의해 결정될 수 있도록 내버려 둔다면, 단독인은 또 다른 '엄친아'가 될지도 모른다.

세상에 가족이 없는 사람은 없다고 우리는 습관적으로 생각하지만, 가족이라는 지도 외부의 사람은 적지 않게 있다. 어떤 사람은 이러저러한 이유로 출발점부터 가족 외부에 존재할 수도 있고, 가족의 테두리 안에 있다가 이혼이나 사별 등의 이유로, 혹은 가족 간의 갈등에 의해 가족의 외부에 있는 사람도 있다. 각종 통계지표는 우리 사회가 곧 가족이라는 울타리 내부에 있는 사람 못지않게 가족이라는 울타리 외부에 있는 사람도 양적으로 무시할 수 없는 시대에 접어든다고 예측하고 있다. 1인 가구의 시대에는 그래서 가족 단위가 아닌 개인 단위의 사회 안전망 시스템이 새로운 의미를 띠고 다가온다.

"모든 시민에게 미약하나마 무조건적 소득을 지급"하여 "시민들이 여기에 다른 소득을 더하여 총소득을 늘리게 하라"[13]는 아이디어에서 출발한 기본소득 Basic Income[14]은 이런 점에서 주목할 만한 아이디어이다. 기본소득이라는 아이디어는 토머스 모어의 소설 『유토피아』에 처음 등장한 이래, 마틴 루터 킹, 에리히 프롬, 경제학자 밀턴 프리드먼, 문명비평가 제레미 리프킨 등이 옹호하면서 점차 논쟁이 확대되기 시작했다.[15] 기본소득에 관한 논쟁은 그것이 과연 실현 가능한 것인가, 기본소득 재원을 어떻게 마련할 것인가,[16] 노동의욕을 저하시키는 것은 아닌가와 같은 근본적인 대립에서부터 어떤 방식으로 기본소득을 지급할 것인가, 얼마만큼의 기본소득이 필요한가 등에 대한 부수적 논쟁[17]까지 다각도로 진행 중이다. 나는 사실 논쟁 중인 여러 입장 중 하나를 선택할 수 있는 이 분야 전문가가 아니다. 그럼에도 내가 기본소득에 주목하는 이유는 기본소득이 단독인의 사회에 대한 구상과 가장 긴밀하게 결합될 수 있는 강력한 아이디어이기 때문이다.

기본소득을 구성하는 아이디어는 세 개의 차원으로 구성된다. 기본소득은 모든 구성원들이[18] 개인 단위로 자산조사나 근로조건의 부과work requirement 없이[19] 국가로부터 지급받는 소득이다. 기본소득이라는 아이디어[20]는 다른 사회복지제도와 유사하게 보이지만, 가족 단위가 아니라 개인 단위에 의한 공적 부조라는 측면이라는 점에서 단연 돋보이며, 1인 가구가 지배적인 형태가 될 앞으로의 사회에 적합해 보인다.[21] 기본소득이 엄격하게 개인 단위로 지급된다는 의미는 "지역사회의 개별 구성원들이 기본소득의 수급권자가 되어야 한다는 의미뿐 아니라 개인이 수령하는 급여가 그가 속해 있는 가구 유형과 무관하게 지급되어야 한다"[22]는 뜻이다.

개인 단위의 지급일 때만 개인은 가족에 속해 있지 않아도 보호받을 수 있으며, 또는 가족에 속해 있을지라도 개인의 자율권을 지킬 수 있다. 가족구성원 사이에서도 자율권의 결정 권한은 균형적으로 배분되어 있지 않다. 기본소득은 개인이 아닌 가족에 대해서도 불균형한 가족구성원 간의 교섭력을 보완하는 하나의 요소로 작용할 수 있다. 한편으로 기본소득은 어떤 가족의 구성원으로 태어났느냐와 상관없이 개인들이 단독인이 될 수 있는 인큐베이터인 '자기만의 방'과 최소한의 소득을 운영할 수 있는 가능성을 보장한다. 또한 경제적 자립성이 없기 때문에 가족을 벗어날 수 없었던 사람, 불량한 가족으로부터 독립할 자금이 없기에 어쩔 수 없이 서로 미워하고 증오하며 가족이라는 울타리를 공유해야만 했던 개인에게도 기본소득은 선택의 폭을 넓힐 수 있는 가능성을 제공한다. 독립자금이 없어서 학대받으면서도 집단을 벗어나지 못하는 개인, 매 맞으면서도 가족을 떠날 수 없는 개인들이 세상에는 적지 않다. 그것이 '기본소득'이든 '사회적 지분'이든 어떠한 구체적 형태를 지니든 상관없지만, 분명한 사실은 모두가 다 함께 단독인이 되기 위해서는 단독인을 위한 독립자금 역시 모든 사람에게 보장되어야 한다는 점이다. 그때서야 비로소 단독인이라는 홀로서기에 성공한 사람은 더 이상 의인이나 특별한 영웅의 모습이 아니라 모든 사람의 평범한 모습으로 우리에게 다가올 것이다.

Epilogue
행복한 개인들의 연대

무인도에 버려진 사람은 그 자신 홀로는
자기의 움막이나 자기 자신을 꾸미거나 꽃들을 찾아내거나 하지 않으며,
더구나 단장하기 위해 꽃들을 재배하는 일은 없을 것이다.
오직 사회에서만 그에게 한낱 인간이 아니라
자기 나름으로 세련된 인간이고자 하는 생각이 떠오른다.
- 임마누엘 칸트(2009), 『판단력 비판』, 아카넷, 323.

많은 개인적 문제는 그저 개인 문제로 해결될 수 없으며,
공적 문제와 역사 형성의 문제라는 관점에서 이해하라.
공공 문제의 인간적 의미는 개인 문제라는
개인적 삶의 문제와의 관련 속에서 해명하라.
사회과학 문제는 개인 문제와 공공 문제, 개인의 일생과 역사,
이들 양자 간의 미묘한 관계를 포함할 때
올바로 파악된다는 사실을 인식하라.
- 라이트 밀즈(2004), 『사회학적 상상력』, 돌베개, 276.

스웨덴에 혼자
사는 사람이 많은 까닭

주커만Phil Zuckerman이 『신 없는 사회』¹라 묘사했던 지구상에서 가장 비종교적인 나라 스웨덴은 여러 가지 점에서 한국과 대조적이다. 현재 스웨덴의 전체 가구 중 47퍼센트가 1인 가구이고, 수도 스톡홀름의 경우 1인 가구의 비중은 훨씬 더 높아 무려 60퍼센트에 달한다.² 스웨덴의 1인 가구 비중은 2035년 예상되는 한국의 1인 가구 비중 34.3퍼센트를 이미 상회하고 있는 셈이다. '신 없는 사회'인 스웨덴은 다른 한편으로 '가족 없는 사회'이기도 하다. 혼자 사는 것을 고립으로 간주하는 우리의 습벽을 그대로 따르면, 스웨덴은 경제적으로 부유한 나라일지는 모르지만 가족이 파괴될 대로 파괴되었고 사람들은 어둡고 음울한 북유럽의 기후처럼 각자의 방에 흩어져 홀로 독주를 홀짝이고 있는, 미래가 어두운 쇠락하는 국가이어야만 한다.

하지만 그런 예상에서 스웨덴은 빗나간다. 세계 111개국을 대상으로 소득, 건강, 자유, 실업, 가정생활, 기후, 정치적 안정, 삶의 만족도, 양성평등 등 다양한 요소를 고려해 세계에서 가장 살기 좋은 곳을 조사한 『이코노미스트』의 발표에 따르면 스웨덴은 세계에서 다섯 번째로 살기 좋은 나라이다.[3] OECD가 GDP나 경제적 통계와 같은 "차가운 숫자"cold number가 아니라 더 좋은 삶을 측정하기 위해 실시하는 'Better Life Index'의 삶에 대한 만족Life Satisfaction 항목[4]에서 스웨덴은 평균 6.6을 훨씬 넘는 7.6으로 전체 조사대상국 36개 나라 가운데 네 번째로 높은 점수를 기록하고 있다. 특이하게도 주관적인 삶의 만족도에서 성별 차이는 거의 무의미하게 나타난다. 게다가 교육수준별 차이도 크지 않아서 고등교육을 받은 사람의 만족도는 7.6인데, 고등교육을 받지 않은 사람의 주관적 만족도는 7.8로 빈부 격차에 의한 차이도 거의 나타나지 않는다. 이는 전체 평균 6.6을 밑도는 6.0의 만족도를 보여주는 한국, 게다가 교육 수준에 따른 만족도의 차이(교육수준은 소득수준과 매우 밀접한 상관관계를 맺고 있기에 교육수준에 따른 만족도의 차이는 소득수준에 따른 만족도의 차이를 알려주는 지표이다)가 극명한 한국(고등교육을 받은 사람의 주관적 만족도는 6.5, 그렇지 않은 사람의 만족도는 4.6)과는 매우 다르다.

우리에게 익숙한 관점에서 보면 스웨덴에 관한 몇 가지 사실 사이의 관계는 형식논리상으로는 앞뒤가 맞지 않는다. 가장 살기 좋은 곳 순위에서 세계 5위인 나라에서 가족이 해체된 징후로 간주되는 1인 가구 비중이 어떻게 그렇게 높을 수 있는가? 또한 1인 가구의 비중이 그렇게 높다면 당연히 무연사에 대한 경고는 일본이 아니라 스웨덴에서 나와야 할 텐데, 스웨덴발 1인 가구 경고음은 결코 들리지 않는다. 1인 가구의 대다수가 자발적 원인이 아니라 가족으로부터 밀려나는 요인으로 구성되는 경향이 강한 사회라면 1인 가구의 증가가 곧바로 심각한 사회문제가 되지만, 1인 가구의 증대가 개인의 자발적 선택이 모여서 이루어진 결과라면 1인 가구의 증가와 고독사는 바로 직결되지 않음을 스웨덴의 사례는 보여준다.

스웨덴은 그 어느 나라에 비해서도 혼자 살 수 있는 조건이 잘 갖추어진 사회이다. 스웨덴 사람들은 혼자 살 수 있는 여건 때문에 혼자 산다.[5] 스웨덴에서 사람들은 독립자금이 부족하여 자기만의 방을 마련할 수 없기에 원하지 않는데도 억지로 같이 살 필요가 없다. 사회보장 제도를 통해 스웨덴 사람들이 손에 쥔 든든한 독립자금은 이들이 원할 경우 언제든 혼자 사는 삶을 선택할 수 있도록 돕는다. 스웨덴의 역동적인 시장경제, 우수한 복지제도 덕택에 스웨덴 사람들은 자신이 실패한다 하더라도 안전망에 의해서 자신의 자율성을 유지할 수 있다는 것이다. 그렇다면 과도한 독립자금은 결국 가족 해체와 반사회적 경향을 초래할 뿐인가? 하지만 팩트에 대한 해석은 신중해야 한다.

혼자 사는 사람들이 많다고 해서 스웨덴 사람들이 고립되어 있는 폐쇄적이고 비사교적 삶을 산다는 증거는 없다. 스웨덴 사람들이 다른 나라 사람보다 더 사교적이지도 않지만, 스웨덴 사람들은 엄청난 1인 가구에도 불구하고 다른 나라 사람들이 보여주는 평균적인 사교 활동 경향을 보여주고 있다. 스웨덴 사람들은 친밀한 사회적 접촉이 결여된 고립된 사람들이 아니다. 단지 그들의 사회적 접촉이 가족에만 국한되어 있지 않을 뿐이다.[6] 4인용 테이블의 식탁을 떠난 스웨덴 사람들이 모두 일 년 365일 우두커니 홀로 텔레비전이나 보면서 1인용 테이블에서 전자레인지에서 해동한 레디메이드 냉동식품으로 대충 차린 음식이나 먹고 있는 것이 아니다.

스웨덴의 사례는 우리가 가장 안전한 투자처라고 생각했던 결혼을 통한 가족의 구성이 만능의 해결사는 아님을 보여준다. 만약 결혼과 가족의 구성이 개인이 기댈 수 있는 절대 변하지 않는 안정 요인이 아니라면, 심지어 가장 안정적인 인간과 인간 사이의 결합 방식이었던 결혼이라는 제도가 가장 불안정한 결합관계 중 하나로 변화했다면, 더 이상 가족의 형성이라는 단 하나의 해결책만을 고집할 필요는 없다. 스웨덴의 1인 가구 증대는 가족의 붕괴가 아니라 가족의 안정화라는 단 하나의 해결책을 고집하지 않아 등장한 결과이다.

우리의 눈으로 보기에 신기하기만 한 스웨덴의 이러한 모습은 하루아침에 만들어지지는 않았다. 현재의 스웨덴은 스웨덴이 직면했던 사회문제들에 대한 대응이 오랜 기간 동안 축적된 결과이다. 대공황 이후 인구의 감소는 스웨덴 사회의 큰 논쟁거리로 부각되기 시작했다. 보수당은 이 문제를 전통적인 가족의 가치관을 유지하는 방식으로 해결하려는 정책을 내놓았고, 진보 정당은 이 문제에 대해 상대적으로 둔감했다. 하지만 스웨덴의 사회학자이자 경제학자인 카를 군나르 뮈르달Karl Gunnar Myrdal과 그의 아내 알바 뮈르달Alva Myrdal이 『인구문제의 위기』라는 책에서 인구문제에 대한 기존의 정책과는 전혀 다른 방향을 제시함으로써 현재 스웨덴 사회복지 제도의 기본적인 방향이 재정립되는 전환점이 생겨났다. 이들은 인구문제를 가족관계의 틀 속에서만 해석하는 보수적인 입장을 개인이 각자의 인생과 생활 방식을 선택할 수 있는 자유의지의 보장을 정면에서 거스르는 것이라 비판하면서, 개인의 자유를 존중하면서도 중장기적인 사회적 생산성을 강화하는 방향에서 해법을 찾으려 했다. 뮈르달 부부는 '예방적 사회정책'을 제시했는데, 이것은 이미 벌어진 일에 대처하는 전통적 사회정책과 달리 복지의 목표를 이미 발생한 문제의 해결이 아니라 사회 전체의 구조 개선이라는 원리에 둔 것이었다. 이들의 최종목표는 전체를 위한 개인의 희생이 아니라, 사회 내의 모든 개인들이 인간으로서의 존엄과 생활 방식 선택의 자유를 누릴 수 있도록 하는 것이었다.[7] 또한 1980년대 이후 가족 정책의 중요 의제로 탈상품화와 더불어서 탈가족화defamilialization가 설정되면서, 사회정책을 통해 가족의 복지 부담을 덜고 개인의 복지에서 가족 의존도를 감소시키는 정책들[8]을 도입하기 시작했다. 이러한 전환 이후 스웨덴에서는 1인 가구의 증가가 무연사의 증대라는 파국으로 끝나는 시나리오와는 거리가 먼, 1인 가구가 충분히 넘쳐나도 삶의 만족도는 매우 높은 나라가 될 수 있었던 것이다.

발생한 문제를 해결하는 데 초점을 둔 사회보장제도를 갖춘 사회, 혹은 그마저도 충분하지 않은 사회에서 1인 가구가 늘어나면 가족 해체와 히키코모리의 확산 그리고 무연사의 증대라는 우울한 시나리오를 피하기가 쉽지 않다. 반면 발생한 문제를 해결하려는 제도가 아니라, 개인의 자율성을 보장하기 위해 그것을 가능하게 할 수 있는 안전장치 보장을 목적으로 하는 사회제도를 갖춘 나라에서는 1인 가구가 늘어나도 사람들의 삶의 질은 결코 떨어지지 않는다. 1인 가구가 늘어나면서 무연사가 사회적 이슈로 등장한 초고령 사회 일본, 이와 유사한 초고령 사회이자 1인 가구 비중이 압도적으로 높지만 무연사가 이슈로 등장하지 않는 스웨덴,[9] 그 둘 중 한국의 미래는 어떤 사회가 될 것인가?

정말 자신을 사랑하는가?

'이기적'이라는 단어는 '이타적'이라는 단어와 짝을 이루면서 흔히 이분법적으로 대조된다. 이타심이 영웅적이고 바람직한 태도로 간주되는 크기만큼 이기적이라는 단어의 부정적 뉘앙스는 커져 간다. 이타적인 인간은 칭송받지만, 이기적이라는 딱지는 타인을 도덕적 비난의 궁지에 몰아넣기에 충분한 부정적 언어이다. 도덕적 판단에 근거하자면, 이기적인 것보다는 이타적인 것이 좋다. 하지만 우리에게는 좀 더 현실적인 질문이 필요하다. 과연 인간은 지속적으로 언제든지 늘 변함없이 이타적일 수 있을까? 그리고 이기적인 태도는 언제나 항상 어떤 맥락에서든 부정적이며 심지어 타인에게 해를 끼치는 행위에 불과한 것일까?

이타심은 분명 긍정적인 태도이지만, 강제된 이타심은 개인을 집단주의의 희생양으로 만드는 도구가 되기도 한다. 가족관계 안에서 역할밀도의 압박에 의해 사실상 강제된 이타심은 자기밀도를 낮추는 가장 큰 요인이기도 하다. 돈 벌어오는 것 이외에는 어떠한 자기의 긍정성도 느끼지 못한 남편이자 아버지, 자식을 위한 희생 이외에는 어떠한 자기에의 배려도 알지 못하고 시도조차 해본 적 없는 어머니이자 아내의 모습. 이들은 비난받을 나쁜 짓을 하지 않는다. 오히려 가족을 배려하는 이들의 이타적 행동은 칭송받아야 한다. 하지만 이들의 이타적 행동에 대한 일방적 칭송은 이들에게 자기에의 배려를 위한 충동도, 자기만의 방에 대한 꿈도 갖지 못하도록 만드는 보이지 않는 강제가 되는 결과를 가져다준다.[10] 누구나 이타심을 칭송하지만, 이 칭송의 대상이 실현될 수 있는지 혹은 그 이타심이 실현될 때 어떤 개인의 희생을 전제로 하고 있는지는 아무도 묻지 않는다. 이타심을 실행하기 위해 한 개인이 감당해야 하는 자기 포기에 대한 진지한 고민 없이, 나쁜 것으로 간주되는 이기심의 반사적 대당으로 이타심을 무조건적으로 칭송하는 분위기는 때로는 은밀히 개인을 궁지로 몰아간다. 한강다리 위에서 강물을 내려다보는 파산한 가장의 모습이나, 아이들과 함께 무참히 아파트 난간을 뛰어내리는 가족 동반자살은 이런 이타적 개인들이 택하는 마지막 선택일지도 모른다.

국가나 집단은 개인을 대신하여 어떤 삶을 살 것인지에 대한 판단을 내릴 수 없다. 집단주의의 가장 큰 위험은, 개인을 대신하여 집단이 판단을 내리고 최종적으로 개인은 집단이 내린 판단에 맞추어 자신의 삶을 설계한다는 점이다. 집단주의에 의해 판단이 내려지는 이상, 개인의 삶은 표준적 삶의 궤도를 벗어나지 못한다. 집단이 내린 판단을 순응적으로 따라한 사람, 집단이 내린 판단을 그대로 내재화한 사람은 성인이 된 후에도 내재화된 집단의 판단을 후세대에게 상식이라는 이름으로 강요한다. 이미 내려져 있는 판단은 언제든 적용해야 할 대상이지, 왜라는 질문의 대상이 될 수 없다. 때로는 신기루일 수도 있는 이타주의만을 일방적으로 칭송하는 사회에서는 나를 위한 최소한의 자기 배려와 나만의 방에 대한 약간의 욕심조차 반사회적인 행동으로 치부된다. 이런 사회에 순응한 개인은 자신을 사랑하는 최소한의 방법마저 기억하지 못하는 망각증에 빠진다. 이 망각증이 지나치면, 개인은 자신을 사랑하는 행위나 개체의 고유성에 대한 최소한의 배려마저 이기적인 탐욕이라 생각하며 자기 통제의 덫에 빠지게 된다.

자기를 사랑하기 위해서는 자기를 알아야 한다. 자기를 알지 못하는 사람은 자신을 배려할 수도 사랑할 수도 없다. 이타주의의 강박에 물든 사람은 자기를 이해하는 최소한 시간조차 가져보지 못했기에 자신의 진정한 욕구조차 알지 못한다. 자기를 알지 못하는 한 이기주의자는 자신의 내면으로부터 유래한 욕구를 충족시키는 것이 아니라 외부에서 주어진 이익을 만족시키는 삶을 산다. 얼치기 이기주의자는 자신을 위해서가 아니라 자신의 탐욕을 위해서 삶을 사는 사람이다.

이기적이기 위해서는 자신을 알고 있어야 한다. 이기적인 사람과 자기만의 이익을 추구하는 사람은 서로 다른 종류의 인간이다. 자기만의 이익을 추구하는 사람은 자기 자신을 알고 있지 못하다. 그 사람은 자신이 추구하는 욕망만을 알 뿐, 그 욕망을 추구하는 자신의 내면의 진정성을 정작 알지 못한다. 이익만을 추구하는 사람이 쉽게 이익에 포획되어 종국에는 욕망에 주체를 먹혀버린 희생양이 되는 이유도 그 때문이다. 그 사람은 삶을 능동적으로 살지 못한다. 그 사람의 능동성은 욕망의 능동성을 담는 그릇에 불과하다.

얼치기 이기주의자는 자신의 탐욕만을 알고 있기에, 그가 자기를 만족시키기 위해 채택하는 방법은 경제적 이기주의이다. 경제적 이기주의는 시장 경쟁에서 자신이 유일한 승리자가 되겠다는 욕심을 목표로 삼는다. 운이 좋거나 혹은 좋은 집안에서 태어나서 그 경쟁에서 유일하게 승리할 수 있는 사람이 될 수 있다면, 경제적 이기주의의 길은 현명한 선택일 수도 있다. 하지만 경제적 이기주의는 일종의 제로섬 게임이다. 모두가 승리자가 될 수 없다. 소수의 사람만이 승리자가 될 수 있음에도 사람들은 이 길을 향해 자신의 인생을 모두 건 도박이나 다름없는 삶을 산다. 하지만 진정한 이기주의자는 자기에 대한 배려와 자기만의 방에 대한 구체적인 욕구를 뼛속까지 알기에 자기를 탐욕으로 환원시키지 않는다. 그리고 골똘히 생각한다. 자기의 욕구를 만족시킬 수 있는 방법에 대해.

독단인이 되기 위해 필요한 경제적 재화의 규모는 작지 않다. 독단인이 될 수 있을 정도로 경제적 자원을 획득하기 위해서는 시장 경제에서 거의 유일한 승리자가 되어야 할 것이다. 1인 가구라 할지라도, 독단인이 될 수 있을 정도의 막대한 돈을 갖고 있다면 혼자 사는 삶은 비참하지 않을 것이다. 그러나 매우 확률이 낮은 독단인의 삶을 위해 모두가 자기 인생을 담보로 도박에 뛰어들 수는 없다. 혼자 사는 삶이라 할지라도 고독사의 위험에 빠지지 않을 수 있는 더 가능성 높은 선택은 없을까?

선택을 강요받은 죄수

아주 이기적인 인간들이 모여 있다고 하자. 이들 이기적인 인간들은 서로 아무런 연고도 맺고 있지 않지만, 자기 폐쇄성에 빠져 있지도 않다고 해보자. 이기적인 사람들이 사회라는 공동의 틀 속에 있을 때, 각자가 자기에 대한 배려를 최대화하기에 가장 적합한 방법은 무엇일까? 가장 쉽게 떠오르는 방법, 가장 흔하게 자기계발서가 권유하는 방법은 성공한 승리자가 되는 것이다. 이 방법은 매력적으로 보인다. 특히 최소한의 자기 배려조차 포기하고 헌신을 다했던 집단이 자신을 보호하고 있지 않다는 느낌이 엄습할 때, 사람들은 본능적으로 승리자가 되어 자신의 안전을 도모하는 길을 선택한다.

일반명사에 의해 고유명사가 말살당하는 메커니즘에서 역겨움을 느낄 때, 그리고 사회가 개인을 돌보지 않을 때, 개인주의는 개인을 구원할 수 있는 매혹적인 선택지로 다가온다. 국가와 민족의 길을 앞에 두고 정치 투쟁을 벌였던 이념의 시기가 사라진 후 많은 사람들이 개인주의의 길로 갈아타는 것도 이 때문이다. 하지만 불행히도 개인주의는 집단주의의 반사적 대당 그 이상의 의미를 지닐 수 없다. 개인주의의 길은 타자를 염두에 두지 않기에 관념적인 유아론에 빨려 들어가기 쉬우며, 그런 개인주의가 신자유주의적 태도와 결합하면 가진 자의 사치품으로 전락하고 만다. 부르주아 혁명의 시기에는 급진적 의미를 지니기도 했던 정치적 의미의 개인주의가 시장에서 승리자가 되어 나를 보호하겠다는 경제적 개인주의로 변화하면, 이들 이기적인 사람들이 모여 있는 사회는 이른바 '죄수의 딜레마'에 의해 지배된다.

'죄수의 딜레마'의 상황은 이렇다. 두 명의 공범이 잡혔다. 범행의 물증은 없다. 이들의 처벌 여부는 전적으로 자백에 달려 있다. 검사는 두 명의 범인을 따로 심문하기 전에 제안한다. 범죄를 자백하면 자백한 사람만을 풀어주겠다고. 자백하지 않은 사람은 다른 사람의 몫까지 10년 형을 살아야 한다. 둘 다 침묵하면 둘 다 무죄이다. 각자는 침묵하는 길과 배반하는 길 중 하나를 선택할 수 있다. 끝까지 둘 다 자백하지 않으면 이들은 모두 무죄가 되기에 가장 적절한 선택이다. 하지만 이 선택이 실현되기 위해서는 두 명의 범인이 서로를 신뢰해야 한다. 전적인 신뢰만이 이들이 모두 자백을 하지 않는 길을 선택할 수 있도록 해준다. 반면 둘 사이에 신뢰가 없을 경우, 즉 상대가 나를 배신해 자백했는데 나는 자백하지 않은 경우 10년 형을 살 수도 있다는 최악의 시나리오에서 벗어나기 위해 두 명의 범인은 모두 상대를 배신하고 자백하는 것을 선택한다. 죄수의 딜레마는 가장 리얼리티에 가까운 시나리오이다.

개인이 삶을 살면서 부딪치는 모든 문제점을 혼자의 힘으로 해결할 수 있는 초능력자이거나, 자본의 힘을 빌려 문제를 해결할 수 있는 1%에 속하는 시장경제의 승리자라면 정작 죄수의 딜레마의 상황에 놓였어도 다른 사람의 선택에 의해 큰 영향을 받지 않을 것이다. 죄수의 딜레마 상황에서 모두가 자신이 승리자가 될 수 있는 한 줌의 가능성을 믿고, 경제적 개인주의의 길만을 추종하는 이상 개인과 타자의 관계는 법적 책임의 관계로 축소된다. 시장의 경쟁에서 실패한 사람에 대해 다른 사람은 윤리적 책임을 느낄 필요가 없다. 시장적 경쟁에서의 성공과 실패는 각자가 짊어져야 할 몫에 불과하다. 경제적 개인주의를 향해 내달리는 무한경쟁의 구도 속에서 윤리적 책임이라는 단어는 어색할 수밖에 없다.

  1인 가구가 죄수의 딜레마 상황에서 경제적 개인주의의 길을 선택한다면, 자신의 삶을 All or Nothing이라는 상황으로 내몰고 있는 셈이다. 다행히 모든 것을 얻었을 때 1인 가구는 화려한 삶을 살 수 있다. 하지만 불행히도 아무것도 얻지 못했을 때 1인 가구 앞에 놓인 미래는 무연사일 가능성이 많다. 냉혹한 현실의 법칙에 따르면 모든 것을 얻는 시장의 승리자가 되는 가능성은 1%이고, 승리자가 되지 못할 가능성은 99%에 가깝다. 1%의 가능성만을 생각하며 자신의 삶을 도박판에서의 배짱 좋은 배팅 대상으로 전락시키지 않기 위해서, 개인과 개인의 관계 맺기 형식에 대한 고민을 1인 가구의 당사자는 피할 수 없다.

사교적인 개인주의자

개인과 개인이 경제적 개인주의에 의해서만 서로 연결되어 있다면, 한 줌의 승리자를 제외한 다수의 사람에게는 매우 치명적인 결과가 빚어진다. 이런 치명적 결과를 피할 수 있는 방법으로 자신만이 승리자가 되는 방법만 있는 것은 아니다. 개인과 개인이 경제적 개인주의 외에 또 다른 형식의 관계를 실현하는 데서 우리는 대안을 찾을 수 있다. 그래서 우리의 마지막 질문은 홀로서기에 성공한 개인이 또 다른 개인과 맺는 관계에 대한 것이다.

자기애를 회복하는 문제를 스피노자는 이기주의의 틀이 아니라 자신의 능력에 대한 상상이 가져다주는 기쁨이라 생각했다.[11] 자기에 대한 관심이 항상 경제적 이기주의라는 결론을 가져다줄 필요는 없다. 또한 혼자 산다는 것이 곧 세상으로부터의 은둔을 뜻하는 것이 아니라면, 결국 남는 문제는 개인과 개인의 관계(칸트는 이를 윤리적 문제라 불렀다)이다. 은둔의 길을 선택하지 않는 이상 홀로서기를 통해 자기 고유의 내면과 마주친 사람은 자신의 고유성을 또 다른 고유성을 지닌 타인으로부터 인정받아야 한다. 자신의 고유성에 대한 인정을 우리는 타인에게 강제할 수 없다. 강제라는 폭력을 동원하지 않는다면, 타인에게 자신의 고유성의 고귀함을 호소하고 설득하는 것은 우리가 선택할 수 있는 유일한 방법이다. 호소와 간청이 설득이라는 결말을 가져오기 위해서는 경제적 이기주의가 요구하는 거인이 타인을 자신의 성공을 위한 수단으로 대하는 형식이 아니라, 서로가 목적이 되는 개인과 개인의 관계가 절대적으로 요청된다.

개인은 무연고일 수 없다. 개인은 철저하게 맥락적 주체이다. 맥락적 주체인 인간이 홀로서기를 통해 단독인이 된다는 것은 자유주의적 이념이 주장하듯 능력 있는 개인의 권능에만 의존하는 것으로 볼 수는 없다. 소극적 자율인 독립이 고립이 되지 않고, 적극적 자율인 자기규정성이 폭력적 만행이 되지 않으려면, 홀로서기는 무연고적 개인이 홀로서기를 이룬 후 이들이 다시 헤쳐모여 단독인의 사회를 구성하는 방식으로 이루어져서는 안 된다. 단독인의 사회는 오히려 관계적 자율성[12]이 사회의 구성원리가 되는 사회를 의미한다. 아렌트Hannah Arendt가 언급했듯이, 칸트가 인생 말년에 남겨둔 질문이었다고 하는 인간의 사교성sociability 문제[13]는 1인 가구로 혼자 사는 사람이든 같이 사는 사람이든 자기관계를 회복하고자 하는 사람이 은둔이나 단독 비행의 우를 범하지 않도록 해주는 안전장치이다.

칸트는 『판단력 비판』의 취미 비판에서 세 가지 인간 지성의 준칙을 내세웠다. 첫 번째는 '스스로 사고하기'[14]이고, 두 번째는 '모든 타자의 위치에서 사고하기'[15]이며, 세 번째는 '항상 자기 자신과 일치하게 사고하기'이다. 홀로서기를 통한 단독인이 되는 과정은 칸트가 제시한 세 가지 준칙이라는 허들을 모두 넘어야 가능하다. 단독인의 마지막 과제는 바로 '공통감'의 문제이다. 자기를 잃어버렸던 사람은 첫 번째의 허들을 통해 자기를 회복하며 자율적인 인간이 될 수 있다. 자율적인 인간은 두 번째 허들을 통해 자율적인 능력이 독단의 한계에 갇히지 않을 수 있도록 할 때, "두 준칙의 결합에 의해서만, 그리고 그 두 준칙들을 번번이 준수하여 능숙하게 된 후에라야만 도달"[16]될 수 있는 세 번째의 허들도 뛰어넘고 단독인이 될 수 있다. 자율적 인간이 독단인으로 전락하는가 혹은 참다운 단독인이 되는가의 가능성은 전적으로 개인과 개인의 관계에 대한 그의 처세술에 달려 있다. 너무나 적절한 아렌트의 표현처럼 "당신은 생각하기 위해 혼자이어야 한다. 그러나 음식을 즐기기 위해서는 동반자가 필요하다."[17] 칸트를 사회학적으로 재해석하면 개인의 자율성에 대한 주목은 관심의 초점을 나의 배꼽으로 환원시키자는 것이 아니다. 자율성에 대한 물음의 끝에서 우리는 나라는 개인이 아닌 또 다른 개인과 마주친다.

사람은 사교적인 동물이다. 사교성은 인간의 본성 중 하나이다. 사교성을 전제하지 않는 한 인간을 이해할 수 없다. 하지만 중요한 사교성의 전제가 있다. 사교성은 개체를 전제로 한다. 사교성은 논리적으로는 개체로 분리된 존재들이, 고립된 채 살아갈 수 없기에 고립을 극복하기 위한 2차적 상호작용을 표현한다. 만약 개체로 분리되지 않았다면, 개체로 분리되지 않은 개별자들은 타인과 함께 있어도 그것은 사교라 할 수 없다. 개인은 보편과 특수의 결합체이지, 배타적인 특수한 존재가 아니다. 타인을 수단이 아니라 목적으로 대해야 한다는 칸트의 요청은 개인의 발견이 개성과 특수함의 옹호로만 귀결되지 않고 특수하고 개성 있는 존재인 인간과 인간 사이에는 공정함이 있어야 한다는 당위의 요청이다. 개인을 특수한 존재로만 환원시킨다면, 우리는 개인에 대해 생각하면 할수록, 그리고 각자의 치타델레로 들어가면 갈수록 이기주의적인 사람으로 변화할 것이다. 그러나 개인과 개인 사이의 공정함에 눈을 뜬다면 개체를 옹호하는 것과 경제적 이기주의는 더 이상 같은 것이 되지 않는다.

"사물들이, 더욱이 개체적인 사물들이 있다는 것, 그리고 개체성은 전체에 대한 우리의 무지에서 비롯되는 가상이기는커녕 오히려 환원될 수 없는 실재성을 지니고 있다는 것"[18]은 분명 사실이나, 이 명제는 특별한 개인에게만 통용되지 않는다. 모든 개인은 개체이다. 모든 인간은 개체이기에 "독특한 본질들은 만물이 만물에 점점 더 가까이서 작용하는 무한한 우주의 부분들로서, 오직 공통성/공동체 속에서만 실존"[19]할 수 있다는 인식에 우리는 불가피하게 도달한다. 단독인은 홀로서기에 성공했으면서도, 자신의 홀로서기가 오히려 공통성에서만 가능함을 알고 있는 사회적 개인주의자이다.

　절대적 개인은 불가능하다. 영웅 신화는 절대적인 개인이 있기라도 한 듯 꾸며대지만 어떤 영웅도 절대적 개인일 수 없다. 천재든 바보이든, 영웅이든 비겁자이든, 그 개인에게 천재 또는 바보라는 표지를 붙여주는 판단의 틀은 같다. 그 판단의 틀은 사회에 있는 모든 개인들에게 동일하게 적용되는 플랫폼이다. 절대적인 개인적 관심이란 애당초 불가능한 목표이다. '절대 개성'이란 목표이지, 현실이 아니다.

　모든 개인은 원리상 사회적 개인일 수밖에 없다. 모든 개인은 유일무이한 독자적이고 개성적인 존재인 동시에, 그에 못지않게 인간이라는 보편적 존재일 수밖에 없다. 개인이라는 모나드는 보편과 특수가 동시에 통용되고 교차되는 배리背理의 범주이다. 사회적 개인주의에 대한 인식은 우리가 절대적 개성이라는 신화에서 벗어나, 개인을 보편과 특수가 교차하는 배리의 범주로 인정할 때 생겨난다.

　경제적 개인주의는 개인을 집단의 반사적 대당으로 생각하기에 개인과 사회는 대립되는 양자택일적 관계라 해석한다. 하지만 사회적 개인주의는 개인과 사회가 양립할 수 있는 방법을 모색한다. 소비자본주의가 지배하는 사회에서 개인은 마치 두 가지 선택만을 할 수 있는 것처럼 보인다. 소비자본주의에 포획된 사회는 우리에게

양자택일을 강요한다. 성공하여 독단인이 될 것인가, 아니면 독거노인이 되어 무연사로 삶을 마감하는 비참한 존재로 전락할 것인가?

개인과 개인이
함께 만드는 네트워크

1인 가구는 전적으로 한 명의 소득에 의존하여 운영된다. 그러므로 그 한 명의 실업은 1인 가구의 몰락을 가져올 수도 있는 심각한 상황이 된다. 맞벌이 부부 가족의 경우, 한 명이 설사 실업 상태에 처하게 되는 일이 생긴다고 하더라도 배우자의 경제력에 의존하여 실업 상태로 인한 경제적 곤란을 견뎌나갈 수 있다. 하지만 1인 가구는 이런 방법을 사용할 수 없기에 경제적 대책은 4인용 테이블에 앉아 있는 사람보다 더 절실할 수밖에 없다. 논리적으로 1인 가구는 4인 가구에 비해 1/4의 소득만으로도 살아갈 수 있는 것처럼 보여도, 1인 가구가 단 하나의 소득 원천에 의존해 있는 한 4인 가구에 비해 그 경제적 불안정성은 훨씬 근본적이다.

 1인 가구의 경제적 불안정성을 어떻게 통제할 수 있을까? 물론 능력주의의 스펙트럼을 따르면 해법은 간단하다. 성공하여 돈을 많이 벌면 그만이다. 하지만 그것은 모든 이에게 열려 있는 가능성이 아니기에, 그런 헛된 꿈에 인생을 저당 잡히는 것은 너무 위험하다. 우리에게는 좀 더 현실적인 해법이 요구된다. 4인 가족이 1인 가구에 비해 경제적 안정성을 갖는 이유는 4인 가족 내부의 비시장적 관계 때문이다. 가족은 경제적 대가를 받지 않으면서도 서로를 돕는다. 하지만 경제적 대가의 교환 없는, 비시장적 호혜관계로 인한 이득을 취할 수 있는 처지에 있지 못한 1인 가구는 이 모든 것을 시장적 관계에 의존해 해결해야 하는 수밖에 없다. 그래서 논리적으로는 1인 가구는 4인 가족의 1/4의 생활비가 필요한 것처럼 보여도, 실제로는 1/4 이상의 생활비가 필요한 것이다. 돈이 너무 많아 그 모든 것을 시장적 관계에 의존해도 끄떡없는 재력을 확보한 1인 가구의 야심을 품지 않는 이상, 현실적인 해법은 1인 가구가 지나치게 의존할 수밖에 없는 의식주 영역에서 시장적 관계의 비중을 낮출 수 있는 방법을 모색하는 것이다.

  시장적 관계에 대한 의존도를 낮출 수 있는 손쉬운 방법으로 1960년대 이후 소비자본주의에 대한 대응으로 등장한 'Do It Yourself' 운동을 참조해볼 수 있다. 상품으로 판매되는 옷의 가격은 만만하지 않다. 멋 따위에는 신경 쓰고 살지 않겠다고 작정하면 상관없지만, 남루한 싱글처럼 보이지 않겠다는 의지가 있는 사람이라면 입는 옷에 신경을 쓰지 않을 수 없다. 하지만 소비자본주의는 우리가 옷에 미학적 관점을 투사하면 할수록 밑 빠진 독에 물 붓기 식의 소비를 요구한다. 이 딜레마에서 빠져나올 수 있는 방법을 DIY가 제공한다. 하지만 DIY는 제한적이다. 옷을 만들 수 있는 미적 감각과 재단 및 재봉까지 제대로 해낼 수 있는 솜씨 좋은 사람이라면 모르지만, 어설픈 DIY로 옷 짓기란 거적을 걸치고 길에 나선 것과 같은 결과를 가져다주기 쉽다. 상품 물신성에서 벗어나기 위해 개인이 단독으로 DIY를 수행하면 개인은 소비자본주의에 저항했다는 만족감은 얻을 수 있을지 모르지만, '멋'은 포기할 수밖에 없다. DIY 옷을 입은 사람은 히키코모리처럼 밖에 나가지도 못하고 집 안에 틀어박히게 될 가능성이 높다. 개인이 단독으로 DIY로 지어낸 옷은 소비자본주의에 의해 마사지된 상품 옷이 성취한 미학적 상태에 결코 도달할 수 없기 때문이다. 하지만 DIY로 옷을 짓는다 해도 히키코모리처럼 폐쇄의 전략을 취할 필요는 없다. 폐쇄의 전략을 취하는 것은 DIY를 능력자의 스펙트럼으로 이해하기 때문이다. 그런 스펙트럼으로 보는 한, DIY로 지은 옷을 입고 미학적 관점을 포기하지 않으면서도 비시장적 관계를 확장시키는 데 성공할 수 있는 사람은 소수일 수밖에 없다. 그러나 DIY는 히키코모리의 철학이 아니라 비시장적 관계를 확장시키는 데 그 목표가 있다. 그렇기에 DIY를 행하는 사람은 역설적으로 DIY를 행하는 또 다른 사람을 필요로 한다. 한 명이 최고의 디자이너가 솜씨를 발휘한 옷을 DIY로 만들어 입을 수 있는 가능성은 매우 낮다. 그렇기에 혼자 DIY로 만든 옷과 가구 그리고 음식은 시장격 관계에서 벗어났다는 자기 만족감의 최면 효과를 불어 넣어주지 않는 이상 입기에는 미학적으로 부족한 옷, 그리고 건강에는 좋을지 몰라도 맛은 결코 없는 건강식의 범주를 벗어나기 쉽지 않다. DIY는 같은 방향을 지향하는 사람들이 네트워크를 형성할 때 이러한 한계에서 벗어날 수 있다. DIY를 꿈꾸는 개인이 DIY를 꿈꾸는 또 다른 개인을 목적으로 취급하는 동호회는 그래서 필요한 것이다.

  DIY의 참된 메시지는 DIY라는 권능이 동일한 권능을 지향하는 타인들과 결합했을 때 발휘된다. 타인들과의 결합 없는 DIY는 공허한 구호, 지속되지 못할 구호, 혹은 먹고살 만한 중산층의 마지막 구별 짓기를 위한 구호에 불과할 수 있다. DIY와 공동체주의가 결합하여 새로운 개인주의의 길을 모색했던 사례로 우리는 1968년 이후 유럽 등에서 주거에 관한 실험으로 시작된 주거공동체Wohngemeinschaft[20]를 주목할 만하다. 주거공동체는 사회적 개인의 자기 운영방식과 관련하여 매우 중요한 시사점을 던져준다.

개인이 부모로부터 독립하여 자신을 자율적인 개인으로 재구성할 때 제일 먼저 해결해야 하는 문제는 주거이다. 주거의 문제가 해결되지 않는 한 개인은 스스로를 자율적 개인으로 재구성할 수 없다. 주거공동체가 등장하기 이전, 성인이 된 개인이 부모로부터 독립하여 자율적인 개인으로 자신을 재구성할 때 주거의 문제를 해결하는 유일한 방법은 방을 임대하는 것이다. 임대한 방 내에서 개인은 부모로부터 자신의 자율성은 획득할 수 있으나, 임대차 관계에서 그는 또 다른 타율적 관계에 의존할 수밖에 없다. 그 공간이 임대된 것인 한 개인은 부모로부터의 자율성은 얻었다 하더라도, 부동산 소유자로부터 자율성을 얻을 수는 없다. 자율적인 주체가 되고 싶었던 개인들은 주인의 감시와 참견으로부터 자유로울 수 없다. 임대한 방에서 자율적인 주체를 꿈꾸는 개인이 사회에 홀로 마주한 고독한 개인이라면,[21] 주거공동체는 홀로서기를 공동체 방식으로 해결하려는 모색으로부터 출발한다.

주거공동체와 사슴 사냥의 딜레마

독일 유학 시절 처음으로 얻었던 셋집은 5층 건물의 1층, 그것도 현관 출입구와 바로 붙어 있는 방이었다. 5층 건물에 세 들어 사는 사람들이 수시로 현관을 들락거렸고, 그때마다 나는 그 사람들의 발자국 소리를 밤낮으로 들어야 했다. 좁은 방 안에 부엌이라고 말할 수도 없는 조리대와 침대 그리고 책상 등이 가득 차 있었기에 그 방 안에서 발을 두 걸음 옮기는 것조차 불편했다. 공간을 최대한 활용하기 위해 침대의 발 부분은 책상 밑으로 들어가 있어서, 가끔 잠결에 발길질이라도 하면 책상에 정강이나 발등을 찧어서 엄청난 고통에 쩔쩔 매야 했다. 경제 형편상 더 좋은 주거 환경으로 옮기는 것은 불가능했다. 로또라도 당첨되지 않는 이상 말이다. 고백건대, 외국인에게도 로또 당첨금이 지급된다는 사실을 알고 난 이후 나는 도서관에서 그 좁디좁은 방으로 돌아가는 길에 없는 돈을 탈탈 털어 가끔씩 로또를 샀다. 로또만이 나를 그곳에서 벗어나게 해줄 수 있는 유일한 방법이었기 때문이다.

두 번째 집은 자식들이 독립하고 혼자 사는 할머니가 소유하고 있는 저택의 3층 다락방이었다. 주인이 1층을 모두 쓰고 2층과 3층은 셋방으로 내준 집이었는데, 현관을 통해서 3층 다락방까지 올라가는 동안 내 소원 중의 하나는 주인과 마주치지 않는 것이었다. 혹여 주인이라도 마주치게 되면 나는 나만의 방을 소유하지 못한 자의 모든 죄과를 뒤집어써야 했다. 주인은 비가 올지도 모르는데 창문을 열어두면 좋지 않다는 것에서부터 방문객이 너무 많은 것 아니냐는 데 이르기까지 쉴 새 없이 잔소리를 늘어놓았다. 그 집에는 혼자 사는 사람들이 많았지만, 집주인이 모든 세입자들의 연결고리의 한가운데 있는 이상 혼자 산다고 해서 서로가 연대의 감정을 나눌 수 없었다.

베를린으로 이주하기 전 브레멘 대학에서 공부하고 있을 때 살았던 세 번째 집이 이른바 주거공동체의 방식으로 운영되는 기숙사였다. 4명의 학생이 아파트 구조의 집에서 공동으로 사는 형식이었는데, 4명은 각자의 방을 갖고 있다. 각자의 방은 개인의 고유 영역이었다. 모든 것이 방 안에 들어와 있는 스튜디오 형식의 기숙사와 달리, 그 집에는 4개의 방이 있고 4명이 공동으로 사용하는 거실과 부엌 그리고 화장실이 있었다. 내 방은 충분히 넓었다. 그리고 거실이라는 고유 공간이 있었기에, 집에서 공부를 하다가 기분 전환이 필요하면 책을 들고 거실 소파에 가서 읽을 수 있었다. 손님이 오면 거실을 사용할 수 있었고, 크리스마스 방학이라도 맞아서 독일 학생들이 모두 집으로 돌아가면 그 넓은 저택을 혼자서 쓰는 호사를 잠깐이나마 누리기도 했다. 부엌은 충분히 넓었다. 4개의 화구가 있는 전기스토브에 심지어 대형 오븐까지 있었다. 이 오븐 덕택에 태어나서 처음으로 빵을 구워본 것도 그 주거공동체였다. 공동으로 사용하는 냉장고에 세탁기까지 있었다. 더 이상 빨래를 하기 위해 배낭에 빨래를 잔뜩 구겨 넣고 자전거를 타고 유료세탁소에 가지 않아도 되었다. 욕실에는 심지어 욕조까지 있었다. 길고 긴 북독일의 겨울을 견딜 수 있었던 힘은 그 욕조였다.

물론 공동생활이기에 주거공동체에서 무슨 일이든 내 맘대로 할 수 있는 것은 아니었다. 주거공동체들은 자율적으로 만든 주거공동체마다의 규칙이 있다. 자율적 규칙이지만 공동의 생활을 조정하기 위한 규율은 매우 엄격해서, 그것을 어기면 주거공동체에서 쫓겨

나는 것을 각오해야 할 정도이다. 예를 들어 내가 살던 주거공동체에서는 흡연자와 비흡연자가 섞여 있었기에 각자의 방에서의 흡연은 허용되었지만 공동 공간에서의 흡연은 금지되었다. 여자와 남자가 함께 사는 공동체였기에 남녀의 화장실 사용 방식의 차이에 따른 이슈도 있었는데, 그것은 남녀 모두가 앉아서 대소변을 해결하는 규칙으로 조정되었다. 손님은 각자 얼마든지 받을 수 있지만, 만약 그 손님이 장기간 머문다면 미리 다른 공동거주자에게 통보를 해야만 했다. 주거공동체를 구성하고 있는 사람들은 서로 쓸데없이 과잉으로 친하지도 않았고, 과잉으로 차갑지도 않았다. 각자 자기의 방에서 고유성은 지키되, 타인을 대하는 칸트적 태도는 서로를 집단주의로 몰아넣지도, 경제적 이기주의로 빠지게 하지도 않았다.

  자율적인 개인들의 연합체가 커다란 아파트를 소유하거나 혹은 임대한다면 개인들은 집주인이 거주하는 공간 중 임대한 방 하나에서 자율성의 실험을 꿈꾸는 개인과는 다른 가능성을 마주치게 된다. 자율성이라는 목적을 위해 개개인들은 자신의 독립성을 포기할 필요가 없다. 주거공동체 내에서 개인들은 상호 독립적이다. 주거공동체는 새로운 개인, 그리고 개인과 개인의 새로운 관계를 전제로 한다. 사회적 개인만이 주거공동체라는 주거 형태에 동의할 수 있다. 경제적 이기주의를 추종하는 개인에게 내 주거의 일부를 타인과 공유한다는 것은 상상할 수 없는 일이며, 도덕주의자에게 가족이 아닌 개인과 개인이 주거공간의 일부를 공유하는 행위는 음란하다고 판단한다. 주거공동체 속의 개인은 분명 자신의 자율성을 포기하지 않는다는 점에서 개인주의적이지만, 자신을 자율적인 주체로 구성하는 방법을 단독자가 아닌 공동체의 모델을 통해 찾는다는 점에서 동시에 공동체적이다. 개인과 개인의 이러한 상호작용의 틀 속에서는 불가피하게 공통감[22]에 대한 인식이 발생할 수밖에 없다.

주거공동체 속의 개인은 부르주아 개인주의에 포섭된 개인주의적 개인도 아니고, 고독한 개인도 아니며, 시장에서의 유리한 위치를 점령함으로써 자신의 자유를 해결하려는 신자유주의적 개인도 아니다. 그 개인은 공동체적 개인주의자이며, 사회적 개인이다. 주거공동체 속의 개인에게는 공동체와 개인주의는 배리의 관계가 아니다. 주거공동체 속의 개인은 고립된 개인이 아니라 사회적 개인이다. 주거공동체 속의 개인은 사회가 자유로운 개인들의 연합이라는 이상적인 상태를 예견하는 주체이기도 하다.

물론 주거공동체에는 제약이 많다. 주거공동체가 갖고 있는 규칙을 제대로 지키지 않는 사람은 주거공동체에서 쫓겨날 수도 있을 정도로 규칙은 종이호랑이가 아니라 실제로 힘을 발휘하는 자치 규약이다. 하지만 규칙의 엄격함이 주거공동체 속의 개인의 자율성을 위협하지는 않는다. 주거공동체에 적용되고 있는 규약은 기숙사 관리 사무소가 제정하고 기숙사 사감이 위반여부를 늘 감시하고 벌점까지 부여하는 시스템이 아니라 주거공동체를 구성하고 있는 사람들이 제정한 것이기 때문이다. 아무리 그 규칙이 엄격하다 하더라도, 주거공동체 규칙의 입법자가 공동체를 구성하고 있는 개인인 이상 규칙은 개인의 독립성을 훼손하는 외적 강제가 아니었기 때문이다.

혼자 사는 사람이라고 쾌적한 환경을 포기하라고 요구할 수 없다. 하지만 혼자 사는 사람이 반지하 원룸에서 벗어나 쾌적한 환경으로 옮겨가고 싶을 때 죄수의 딜레마 방식으로 해결하기 위해서는 엄청난 경제적 자원이 필요하다. 서로 경쟁하는 독단인의 모델인 죄수의 딜레마 상황을 주거공동체처럼 사슴 사냥의 딜레마로 바꾸게 되면 1인 가구가 얻게 되는 가능성은 매우 소중하다. 사슴 사냥의 딜레마는 이러한 상황이다. 사슴을 사냥하기 위해서는 두 명의 사냥꾼이 힘을 합쳐 자신이 맡은 길목을 지켜야 한다. 토끼를 사냥하기 위해서는 한 명의 사냥꾼만으로 충분하다. 하지만 토끼를 사냥해서 얻는 고기보다 사슴을 사냥해서 반으로 나눈 고기가 훨씬 많다. 사냥꾼 A와 B가 함께 사슴을 사냥하기로 약속하고 각자 맡은 길목을 지키고 있는데, 그 옆으로 토끼 한 마리가 지나간다. 이때 토끼를 잡으러 쫓아가야 할까? 아니면 사슴을 잡기 위해 약속을 지켜야 할까?[23]

사슴 사냥의 딜레마를 1인 가구가 흔히 봉착하게 되는 주거의 문제로 바꾸어 놓으면 이렇다. 내 맘대로 할 수 있는 단독의 셋집을 얻는 경우(토끼 사냥/원룸 임대)와 공동으로 셋집을 얻어 공간을 공유하는 경우(사슴 사냥/주거공동체) 한 개인이 향유할 수 있는 공간의 넓이와 쾌적함은 사슴 사냥의 방법을 선택하는 경우가 더 크다. 또한 단독으로 집주인과 협상하는 경우와 공동으로 집주인과 협상하는 경우 협상력의 차이는 분명하다. 주거공동체의 모델이 다른 형태로까지 확장되고 응용된다면,[24] 1인 가구의 안정성을 단독 드리블이 아니라 팀 플레이로 확보할 수 있는 가능성이 높아지는 것이다.

그렇기에 1인 가구에게는 단독 드리블보다는 팀 플레이가 더 현명한 선택이다. 그래서 1인 가구일수록 고립이 아니라 사회적일수록 이득인 셈이다.

개인화의 경향이 강해진 사회는 한편으로 높아진 자기에 대한 관심으로부터 출발한다. 하지만 자기에 대한 관심은 자기 이익에 대한 관심, 자기만을 생각하는 이기적인 관심이 아니라 오히려 역설적으로 관계적인 관심이다. 혼자 사는 사람에게 고독사의 불행 시나리오는 누구보다 더 심각한 자기 문제로 인식된다. 가족을 구성하고 있는 사람들은 고독사의 불행을 결혼하지 않은 사람들에 대한 경고판 정도로 쉽게 생각하지만, 혼자 사는 사람에게 고독사의 시나리오란 자신이 주인공이 될 수도 있는 스토리이다. 고독사의 스토리로 혼자 사는 사람들을 경고한다고 해서, 결혼 하지 않음으로 인한 혼자 살기가 줄어들 가능성은 없다. 혼자 사는 이유는 고독사를 두려워하지 않기 때문이 아니라, 자기에 대한 높은 기대 때문이다. 고독사라는 위험을 알고 있어도 자신에 대한 기대가 높은 사람은 고독사를 피하기 위한 단순한 이유로 결혼하지 않는다.

하지만 고독사의 시나리오의 주인공이 될 수 있는 가능성이 자신에게 있기에 자신에 대해 가장 민감한 촉수는 곧 이 위험을 완화시킬 수 있는 방법을 향해서도 자란다. 혼자 사는 사람일수록 사회적인 것에 민감해진다. 단 차이는 있다. 가족 속에 있는 사람들은 가정 중심성 때문에 사회적 교제의 범위가 직장과 가족으로 양분되고 동질적인 집단 속에서의 교류에 한정된다면, 혼자 사는 사람은 자기를 보호하기 위해서라도 이질적인 집단과의 교류가 필수적이다. 이렇듯 혼자 사는 것은 독신이라는 틀을 벗어나 다가오고 있는 새로운 문화의 징후가 되는 것이다.

사회가 가족이 된다면

"친밀성"은 인간이 포기할 수 없는 관계이다. 하지만 우리는 친밀성이라는 관계가 가족이라는 범주 안에 국한되어야 한다는 사고방식과는 결별할 필요가 있다. 사실 우리가 관습적으로 당연하다고 여기는 가족과 친밀성과의 무차별적인 동일화는 사실과는 매우 다르다는 증거들이 곳곳에서 발견되고 있다. 오히려 가족 관계에서만 친밀성을 강요할 경우, 가족 관계에서 존속살인이라는 가장 끔찍한 일들이 일어난다. 친밀성의 관계는 가족 관계에서만 가능하지 않다. 같은 이유로 모든 가족 관계가 친밀성의 관계는 아니다. 형제 사이에도 친밀성이 형성될 수도 있고 아닐 수도 있다. 부모와 자식 사이에도 친밀성은 있을 수도 있고 없을 수도 있다. 하지만 우리가 반드시 형제 사이에는 친밀성이 있어야 하고, 부모와 자식 사이에는 친밀성이 필수불가결하다는 전제를 뒤집는 순간, 숨겨져 있는 친밀하지 않은 가족 사이에 범죄가 일어난다.

단독인의 사회는 1인 가구의 증가로 인한 고독사에 의해 지배되는 사회가 아니라 마르크스의 희망처럼 "각자의 자유로운 발전이 만인의 자유로운 발전을 위한 조건이 되는 연합체"[25]에 가까워지는 사회이다. 그 사회는 주거공동체가 확장된 모습을 닮았는데 주거공동체의 공동 공간, 그리고 공동 공간에서 통용되는 규칙은 사적 공간에 거주하는 개인의 자율성을 침해하는 목적이 아니라, 개인과 개인의 자율성이 제로섬 관계로 변모하는 것을 방지하기 위해서 제정된다. 주거공동체 내의 공동 공간과 공동 공간에서 통용되는 규칙은 사적 공간으로까지 확산되지 않는다. 만약 공동 공간에서의 규칙이 사적 공간으로까지 확대된다면, 주거공동체는 집단주의 공동 수용소로 변절될 것이다. 자율적인 개인과 개인이 주거공동체를 형성한 이유는 단독으로 개인의 자율성 보장이 불가능함을 인지하기 때문이다. 자율적인 개인과 개인이 주거공동체를 통해 자유로운 개인 간 연합을 구성한 궁극의 목적이 개인의 자율성 보호이기에 개인의 자율 공간에서 벌어지는 행위에 대해서는 책임을 묻지 않으나, 개인이 개인의 자율 공간에서 공동 공간으로 이동한 경우에는 엄격한 연대의 원칙이 작동한다. 공동 공간에서 연대의 원칙을 준수하지 않는 사람은 주거공동체로부터 최악의 경우 추방 또한 가능하다. 공동 공간은 자율적인 개인과 개인이 서로 응답response하면서 책임responsibility을 나누는 공간이기 때문이다.[26]

　누구나 혼자는 두렵다. 혼자 사는 삶은 어떤 경우에도 확신을 주는 가족이라는 관계의 외부에 있는 삶이다. 하지만 가족 외부에 있다고 어떤 경우에도 그 사람의 삶에서 확신은 부재한다고 예단할 수는 없다. 그 두려움을 독립을 얻은 대가로 치부하지는 말자. 혼자 사는 삶과 두려움이 결합하는 이유는, 혼자 사는 삶 자체에서 발생한 문제가 아니라 우리가 살고 있는 사회가 일종의 '죄수의 딜레마'에 갇혀 있기 때문이다. 능력 있는 사람에게 혼자 사는 것은 핸디캡이 아니다. 하지만 능력은 갖추지 못한 채 혼자 사는 사람에게 단독의 조건은 지옥의 조건에 가깝다. 가족은 인간이 알고 있는 제도 중 확신의 관계에 의해 구성되어 있는 유일한 조직이지만, 확신의 관계는 양면적이다. 가족은 가장 확실한 자기 보호의 메커니즘이지만 동시에 가장 확실히 자기밀도를 낮추는 요인이기도 하다. 만약 우리가 '죄수의 딜레마'를 사슴 사냥의 딜레마로 바꿀 수 있는 개인과 개인의 관계를 성립시킨다면 독립의 대가로 두려움을 그림자처럼 지고 갈 필요는 없다.

 죄수의 딜레마가 지배하고 있는 사회에서 혼자 사는 사람이 두려움을 다스리는 방법은 나 홀로 독단인이 되는 것이지만, 죄수의 딜레마에서 벗어난 사회에서는 그것만이 유일한 해결책은 아니다. 두렵다고 해서 힘겹게 얻은 자기만의 방과 자기에의 배려를 포기하고 다른 사람과 동일해지는 길을 선택할 필요는 없다. 힘겹게 독립을 이룬 사람이라면, 자신의 독립을 지키기 위해서 홀로서기에 성공한 또 다른 사람의 손을 잡을 필요가 있다. 단독인의 사회는 홀로서기에 성공한 사람들의 '자기만의 방'이 서로 연락선도 닿지 않는 고립된 섬으로 흩어져 있는 곳이 아니라, 자기만의 방이 보이지 않는 네트워크로 이어진 사회를 의미한다. 그 네트워크를 다른 단어로는 연대라 한다. 자신을 사랑하는 사람, 자신을 소중하게 여기는 사람은 역설적으로 연대의 필요성을 민감하게 느끼는 두뇌의 촉수를 지니고 있다.

| 주 |

프롤로그 혼자 사는 사람의 자서전

1   벨라 드파울로는 결혼지상주의에 대한 안티테제를 싱글리즘이라는 개념으로 집약화해서 제시하는데, 이 책에서 사용하는 싱글리즘은 이와는 달리 결혼하지 않은 사람을 포함한 혼자 사는 사람에 대한 상상적인 관념의 체계를 지칭하는 개념으로 사용한다. Bella DePaulo(2011), 박준형 옮김, 『싱글리즘』, 슈나.
2   의학적 보고서의 형식으로 잊을 만하면 매스컴을 장식하는 조사 결과에 의하면, 독신으로 사는 사람의 평균 수명은 가족을 구성하고 있는 사람과 비교할 때 짧다. 인간의 삶을 구성하고 있는 복잡한 변수들 중에서 특정 변수를 뽑아내 변수 간 관계를 인과관계로 설명하는 연구는 가장 흔한 방식이지만, 동시에 가장 지적 사기에 가까울 수 있는 조사이기도 하다. 다음 조사 결과가 그 사례에 해당된다. "미국 로체스터대 연구진은 관상동맥우회술을 받은 사람들의 15년 뒤 생존율을 조사한 결과, 결혼생활에 만족하는 사람이 독신보다 3배 이상 높다는 연구 결과를 최근 미국심리학회 발행 국제학술지 '건강 심리학'에 발표했다. 관상동맥우회술은 심장에 혈액을 공급하는 동맥이 좁아졌을 때 신체 다른 부위의 혈관을 이식해 혈액 순환을 돕는 수술이다. 연구진은 1987~90년 이 수술을 받은 사람 225명을 추적한 결과 결혼생활에 만족하는 남성과 여성의 생존율은 각각 83%였다. 이에 비해 결혼하지 않은 남녀의 생존율은 각각 36%, 27%로 나타났다. 이 대학 심리학과 해리 레이스 교수는 "배우자는 운동이나 금연 등 심장질환을 예방하는 건강한 습관을 갖도록 하는데 큰 도움이 되기 때문"이라고 설명했다. 미국 루이빌대 연구진은 결혼한 남성과 여성이 사고나 질병으로 숨질 확률이 결혼하지 않은 사람보다 각각 32%, 23% 낮다는 연구 결과를 최근 '미국 전염병학 저널'에 발표했다. 이 연구에서 결혼한 남성의 평균 수명은 독신 남성보다 17년, 여성은 15년 더 긴 것으로 나타났다. 연구진은 비슷한 주제로 진행된 90개 연구

에서 얻은 5억 뜻을 재분석해 이런 결과를 얻었다"(http://news.hankooki.com/lpage/health/201108/h2011082521240584500.htm)

직접적 원인과 궁극 원인을 비교해보면 독신 유무는 궁극 원인이 아니다. 수명의 차이에서 결정적인 이유는 수술 이후의 섬세한 돌봄이다. 모든 독신이 섬세한 돌봄에서 버림받지 않는 것처럼, 모든 기혼자가 섬세한 돌봄을 받을 수도 없다. 이 조사가 사실이라고 하더라도 1인 가구를 구성하고 있는 사람들의 태도를 바꿀 수는 없다. 1인 가구는 '이즘'에 의해 만들어지지 않는다. 1인 가구는 '이즘'의 산물이 아니다. 이 조사가 사실이라고 하더라도 이러한 조사에 겁을 먹은 사람들어 1인 가구를 쉽게 벗어날 수 있는 것은 아니다. 이혼으로 인해 1인 가구로 막 진입한 사람에게 이러한 조사 결과는 영향력을 발휘하지 못한다. 특히 결혼생활을 파국으로 경험했던 사람이라면, 이런 조사의 결과는 과학자들의 일반화의 오류라 생각하기 쉽다.

3 Erving Goffman(2009), 윤선길, 정기현 옮김,『스티그마』, 한신대학교출판부, 15.
4 고프만은 "쟁점이 되는 특정 기대치로부터 부정적인 방향으로 이탈하지 않은 사람"을 "정상인"(the normals)이라고 정의 내렸다. 고프만의 정의에 따르면 정상인은 양적 다수일 뿐 아니라 헤게모니적 가치관에 순응하는 집단이다. Erving Goffman(2009), 윤선길, 정기현 옮김,『스티그마』, 한신대학교출판부, 18.
5 Stefan Zweig(2005), 나누리 옮김,『츠바이크가 본 카사노바, 스탕달, 톨스토이』, 필맥, 12.
6 Stefan Zweig(2005), 나누리 옮김,『츠바이크가 본 카사노바, 스탕달, 톨스토이』, 필맥, 17.
7 셀러브리티는 스타와는 다르다. 스타가 특정한 분야에서 성취한 능력 때문에 유명세를 얻은 경우라면 셀레브리티는 유명해서 유명해진 경우를 의미한다. 스타에게는 자기 능력의 관리가 매우 중요하지만, 셀러브리티는 유명세 관리가 중요하다. 셀레브리티가 유명세를 관리하는 데 있어 텔레비전의 토크쇼는 매우 적절한 장르이다. 셀레브리티에 대해서는 다음과 같은 책을 참고하라. Chris Rojek(2001), *Celebrity*, Reakion Books; Chris Rojek 2012), *Fame Attack. The Inflation of Celebrity and its Consequences*, Bloomsbury.
8) 이 능력을 라이트 밀즈는 사회학적 상상력이라 불렀다. "아마 사회학적 상상력이

작용하는 데서 가장 생산적인 구별은 '환경에 대한 개인 문제(the personal troubles of mileu)와 사회구조에 관한 공공 문제(the public issue of social structure)의 구별일 것이다. (…) 개인 문제(troubles)는 한 개인의 성격 내에서, 그리고 남들과의 직간접적인 관계의 범위 내에서 발생한다. 이 문제는 그의 자아와, 그가 직접적이고 개인적으로 의식하는 사회생활의 한정된 영역과 관계있다. 따라서 개인 문제의 제기와 그 해결은 하나의 일생을 영위하는 실체로서의 개인 내부와 그의 직접적인 환경—즉, 그의 개인적인 경험과 어느 정도의 자발적인 활동이 가능한 사회적 환경—의 범위 내에 있다. 개인 문제는 사사로운 것이며, 자신이 존중하는 가치가 위협받는다고 느낄 때 발생한다. 공공 문제(issue)는 이와 같은 개인의 국지적 환경과 내적 생활 범위를 초월한다. 그것은 수많은 환경들의 전체적인 역사적 사회제도로의 조직화와 다양한 환경이 상호 중복되고 침투하여 사회적이고 역사적인 생활로 이루어진 보다 큰 구조를 형성하는 방법과 관계있다." Charles Wright Mills(2004), 강희경, 이해찬 옮김, 『사회학적 상상력』, 돌베개, 21-22.
9) 고바야시 히데오(2003), 유은경 옮김, 『고바야시 히데오 평론집. 문학이란 무엇인가』, 소화, 87.

1장 어쩌다 1인 가구가 되어

1 사회학적으로 핵가족이란 한 지붕 밑에서 출생 혹은 입양에 의한 자녀와 두 명의 성인이 함께 살아가는 가족 형태를 의미한다.
2 결혼한 내외와 자녀 이외의 가까운 친인척이 동일한 가구에서 함께 거주하거나 친숙한 관계를 지속하면서 살아갈 경우 사회학적 의미로 확대가족이라 한다.
3 Mark Buchanan(2010), 김희봉 옮김, 『사회적 원자』, 사이언스북스, 98.
4 1인 가구와 미혼 독신 가구는 엄연히 다른 개념이다. 독신이란 법적 배우자가 없는 미혼의 사람을 지칭한다. 독신이 반드시 1인 가구를 구성하지는 않는다. 독신은 1인 가구를 구성하기도 하지만, 다인 가구 속 구성원일 수도 있다. 반면, 1인 가구는 독신 유무와 관계없이 단독으로 세대를 구성하는 경우를 의미한다. 1인

가구에는 법적 배우자가 있더라도 동거하지 않거나 독립된 경제 단위를 구성한 경우부터 이혼 등에 의해 단독으로 가구를 구성한 경우, 기러기 아빠나 주말 부부처럼 가족 구성원과의 별거에 의한 단독 가구를 모두 포함한다.

5 Eric Klinenberg(2012), *Going Solo. The Extraordinary Rise and Surprising Appeal of Living Alone*, Penguin Books, 10.
6 통계청,『장래가구추계 2010-2035』, 36
7 Eric Klinenberg(2012), *Going Solo. The Extraordinary Rise and Surprising Appeal of Living Alone*, Penguin Books, 4-5.
8 통계청(2011),『2010 한국의 사회지표』. 서울과 같은 대도시 지역의 1인 가구 비중은 평균보다 더 높게 나타난다. 2010년 기준 서울의 총가구수는 351만 6,745가구인데 이 중 1인 가구는 23.8%이다. 1980년 서울의 1인 가구가 4.5%에 지나지 않았던 것을 감안하면 매우 극적인 변화이다. 2005년 기준 일본 전체 1인 가구가 29.5%인 반면, 도쿄의 1인 가구 비율은 42.5%에 달한다. SDI정책리포트,『1인 가구 서울을 변화시킨다』, 4.
9 통계청,『장래가구추계 2010-2035』.
10 1인 가구의 확대는 고령인구에서 특별하게 두드러지게 나타나고 있다. 특히 75세 이상 1인 가구는 2010년 45.1%에서 2035년에는 51.4%로 급증할 전망이다.
11 통계청,『인구동태통계연보(혼인 이혼편)』각년도.
12 김경열(2012),『근대의 가족, 근대의 결혼』, 푸른역사, 99.
13 1970년에서 1995년 사이의 이혼율의 추이를 조사한 연구에 의하면 1995년의 이혼율은 1970년에 비해 3배가 증가하였다. 박경애(2000), "한국의 이혼율 추이와 의미, 1970-1995",『한국인구학』23권 1호.
14 다음 신문 기사에 실린 내용을 가상 인터뷰 형식으로 재구성했다. 구체적인 디테일은 모두 신문 기사에 실린 그대로를 이용했고 단지 인터뷰 효과를 위해 가상의 대화방식으로 바꾸어 처리했다. "21세기 신인류 우아한 싱글족 떴다" http://weekly.donga.com/docs/magazine/weekly/2007/02/07/200702070500013/2007020705000013_1.html (2013년 3월 29일 추출)
15 "혼자 밥 먹는 것도 서러운데, 싱글이 더 불리한 이유" http://www.asiae.co.kr/news/view.htm?idxno=2012110914521502773 (2013년 3월 29일 추출) 남성 1인

가구의 경우 이른바 골드 미스터로 분류할 수 있는 사람들의 규모는 미디어 효과와 비교해볼 때 극소수의 사례에 속한다. 조사에 따르면 20대 남성 단독가구의 상당수는 무직이며, 경제적 독립성을 지니지 못하고 가족으로부터 보조금을 받는다. 또한 사별로 인한 남성 단독가구, 이혼으로 인한 고연령의 남성 단독가구의 경제력 역시 충분하지 않은 것으로 나타난다. 차경욱(2005), "독신남, 화려한 싱글인가? 남성 단독가구의 경제 상태 진단",『한국가정관리학회 학술발표대회 자료집』, 203-220. 또한 도시 남성의 미혼구성비에 비해 농촌 남성의 미혼구성비가 특히 높다. 한국에서 새로운 도시 부족으로서의 골드 미스터는 통계상으로는 아주 예외적인 경우에 속한다. 이성용(2012), "비혼의 변동: 도시와 농촌 비교",『국제지역학회 춘계학술대회 발표논문집』.

16 야마다 마사히로(2010), 장화경 옮김,『우리가 알던 가족의 종말』, 그린비.
17 쉬르마허는 지루할 정도로 몰락과 부활이라는 이분법을 가지고 현대 가족의 문제점을 적지 않은 분량의 책에서 반복적으로 논의하고 있다. 자신은 존폐의 위기에 몰린 가족과 점점 줄어드는 인구에 대한 우려가 신성한 가족의 시대를 향한 보수적 동경이 아니라고 주장하지만 돈이나 인정을 받지 못해도 하는 행동, 훈장도 사회보험도 필요 없은 행동이라는 공동체를 결속시키는 힘이 오직 가족에게만 있다는 관점을 고수하는 한 몰락의 시나리오는 피할 수 없다. Schirmacher(2006), 장혜경 옮김,『가족 부활이냐 몰락이냐』, 나무생각.
18 Eric Klinenberg(2012), *Going Solo. The Extraordinary Rise and Surprising Appeal of Living Alone*, Penguin Books, 213.
19 가정중심성은 험난한 생존 경쟁에 의해 지배되는 가정 밖의 세계와 온화함과 온정, 이해에 바탕을 둔 가정이라는 이분법에 근거를 둔 세계관을 의미한다. 가정중심성은 가족은 돈을 버는 가부장과 자애롭고 현명한 주부, 그리고 외부 세계로부터 보호받고 있는 어린 자녀가 있다는 표준 가족 모형에 대한 생각에 토대를 두고 있다. 가정중심성은 두 가지 힘으로 작용한다. 한편으로 가정중심성이라는 모형은 표준 가족에서 벗어난 다른 형태의 가족을 비정상적이라고 낙인찍는 효과를 발휘하며, 동시에 가정중심성이 유지된다고 판단되는 가족 안에 살고 있는 사람은 가정중심성에 따라 실제의 가족을 재구성하는 전략과 결합한다. 조주은(2013),『기획된 가족』, 서해문집.

2장 개인의 시대에 오신 것을 환영합니다

1   Aron Gurevich(2002), 이현주 옮김, 『개인주의의 등장』, 새물결, 19.
2   Alain Laurent(2001), 김용민 옮김, 『개인주의의 역사』, 한길사, 23.
3   Michel Foucault(1997), 이희원 옮김, 『자기의 테크놀로지』, 동문선, 38.
4   Alain de Botton(2011), 정영목 옮김, 『불안』, 은행나무, 345.
5   벤야민의 해석처럼 보들레르는 "대도시 군중이 끌어당기는 힘에 굴복하여 그들과 함께 거리의 산보자의 한 사람이 되었지만, 그러나 그러한 군중의 비인간적인 속성에 대한 느낌은 그를 떠나지 않았다. 그는 자신을 그들의 공범자로 만듦과 거의 동시에 조한 그들로부터 자신을 격리시키고 있다. 그는 꽤 깊이 그들과 결탁하고 있지만, 그것은 다만 단 한 번 경멸의 시선을 던짐으로써 부지불식간에 그들을 무가치한 존재로 내팽개쳐 버리기 위함이었다." Walter Benjamin(1983), 반성완 옮김, "보들레르의 몇 가지 모티프에 관해서", 『발터 벤야민의 문예이론』, 민음사, 139.
6   Georg Simmel(2005), 김덕영, 윤미애 옮김, "대도시와 정신적 삶", 『짐멜의 모더니티 읽기』, 새물결, 35.
7   Stephanie Coontz(2009), 김승욱 옮김, 『진화하는 결혼』, 작가정신.
8   Johan Huizinga(1988), 최홍숙 옮김, 『중세의 가을』, 97-98.
9   Charles Pierre Baudelaire(2011), 이건수 옮김, 『보들레르의 수첩』, 문학과지성사.
10 푸치니의 오페라 〈라보엠〉 중 "그대의 찬 손"(Che gelida manina).
11 비제의 오페라 〈카르멘〉 중 카르멘이 1막에서 부르는 아리아 "하바네라"(Habanera)의 일부.
12 바그너 대본에 의한 오페라 〈트리스탄과 이졸데〉 1막 5장에서 트리스탄과 이졸데가 부르는 사랑 노래.
13 그 사건을 8월 5일자 『동아일보』는 이렇게 보도했다. "지난 3일 오후 11시에 하관(시모노세키)을 떠나 부산으로 향한 관부연락선 덕수환(배 이름)이 4일 오전 네 시경에 쓰시다 섬 옆을 지날 즈음에 양장을 한 여자 한 명과 중년 신사 한 명이 서로 껴안고 갑판으로 돌연히 바다에 몸을 던져 자살을 하였는데 즉시 배를 멈추고 수색하였으나 그 종적을 찾지 못하였으며 그 선객 명부에는 남자는 전남

목포사 북교동 김우진이요, 여자는 윤심덕이었으며, 유류품으로는 윤심덕의 돈지갑에 현금 일백사십 원과 장식품이 있었고 김우진의 것으로는 현금 이십 원과 금시계가 들어 있었는데 연락선에서 조선 사람이 정사(情死)를 한 것은 이번이 처음이더라."

14 Ulrich Beck/Elizabeth Beck-Gernsheim(1999), 강수영, 권기돈, 배경은 옮김, 『사랑은 지독한 그러나 너무나 정상적인 혼란』, 새물결, 28.
15 Ulrich Beck/Elizabeth Beck-Gernsheim(1999), 강수영, 권기돈, 배경은 옮김, 『사랑은 지독한 그러나 너무나 정상적인 혼란』, 새물결, 22.
16 야나부 아키라(2011), 김옥희 옮김, 『번역어의 성립』, 마음산책, 36.
17 Aristoteles(2011), 강상진, 김재홍, 이창우 옮김, 『니코마코스 윤리학』, 길, 28.
18 독신세에 관한 주장이 대표적으로 이런 경우에 해당된다. 결혼을 하지 않은 상태에 대해, 사회의 공적 규범인 세금을 부과할 수 있다는 판단의 근거에는 독신이라는 상태는 공적 개입이 가능한 반사회적 행위라는 판단이 전제되어 있다. 무솔리니는 1927년 2월 13일에 이른바 남성 독신세(tassa sul celibato degli uomini)를 공표했는데, 독신세를 도입하면서 무솔리니가 내세운 정당성은 이탈리아의 인구를 6,000만 명까지 증가시켜 9,000만 명의 독일인, 2억의 슬라브인과 동등해질 수 있는 기반을 마련한다는 것이었다. Jean Claude Bologne(2006), 권지현 옮김, 『독신의 수난사』, 이마고, 464.
19 영어의 society는 라틴어 socius와 societas에서 유래했다. socius는 친교를 의미하고, societas는 제도화된 형태를 의미한다.

3장 4인용 테이블과 1인용 테이블

1 라이프니츠는 복합적인 것 속의 단순 실체를 모나드라 불렀다. 모나드가 실체, 즉 분리될 수 없는 고유한 속성을 지닌 존재라면 모나드는 다른 말로 개성적 존재이기도 하다. "게다가 모든 모나드는 다른 모나드와 모두 달라야 한다. 왜냐하면 자연에는 서로 완전히 같은 두 가지 본질은 결코 없고, 자연 안에서 단일한 내재성이나 내재적인 명명에 따른 것에서는 차이를 발견하는 것이 불가능하기 때

문이다." Gottfried Wilhelm von Leibniz(2007), 배선복 옮김, "모나드론",『모나드론 외』, 책세상, 35.
2　"실체는 활동할 수 있는 존재다. 이것은 단순하거나 합성되어 있다. 단순실체는 부분을 갖지 않는 존재자다. 합성된 것은 단순실체의 집합이거나 모나드들이다. 모나스(Monas)는 통일된 것 혹은 하나를 뜻하는 희랍어다." Gottfried Wilhelm von Leibniz(2007), 배선복 옮김, "이성에 근거한 자연과 은총의 원리",『모나드론 외』, 책세상, 17.
3　Jürgen Habermas(2006), 장춘익 옮김,『의사소통 행위이론 2』, 나남출판, 49.
4　George Herbert Mead(2010), 나은영 옮김,『정신 자아 사회』, 한길사, 297.
5　George Herbert Mead(2010), 나은영 옮김,『정신 자아 사회』, 한길사, 266.
6　32세 가정주부와의 인터뷰 내용 중에서 인용. 조은(2013),『기획된 가족』, 서해문집, 68.
7　가정 관리와 가족 보살피기 등에 투여된 시간을 의미한다.
8　Charles Pierre Baudelaire(2008), 윤영애 옮김,『파리의 우울』, 민음사, 45-46.
9　Ulrich Beck/Elizabeth Beck-Gernsheim(1999), 강수영, 권기돈, 배은경 옮김,『사랑은 지독한 그러나 너무나 정상적인 혼란』, 새물결, 55에서 재인용한 남자 주부가 털어놓은 주부 증후군에 관한 이야기이다.
10　George Herbert Mead(2010), 나은영 옮김,『정신 자아 사회』, 한길사, 293.

4장 화려한 싱글인가, 궁상맞은 독신인가?

1　Virginia Woolf(2006), 이미애 옮김,『자기만의 방』, 민음사, 43-45.
2　Anthony Giddens(1996),『현대 사회의 성, 사랑, 에로티시즘』, 새물결, 77.
3　Ulrich Beck/Elizabeth Beck-Gernsheim(1999), 강수영, 권기돈, 배은경 옮김,『사랑은 지독한 그러나 너무나 정상적인 혼란』, 새물결, 98.
4　결혼정보회사에 따라 다르겠지만 29살의 여기자가 결혼정보회사에 등록한 체험을 바탕으로 쓴 기사를 보면, 결혼정보회사에 등록하기 위해서 개인은 학력·직장·가족사항·키와 몸무게·연봉 등 자신의 정보는 물론 부모의 직장·학력·재

산 정도까지 기입하도록 돼 있다. 나와 닮은 연예인·상담사가 평가하는 고객 외모 수준, 성격과 스타일·남들이 보는 나·본인의 매력·5년~10년 뒤 나의 모습에 이르기까지 꽤나 상세한 정보를 제공해야 한다. "29살 여기자 결혼정보회사에서 등급 따져보니" http://www.asiae.co.kr/news/view.htm?idxno=2011120509234598855(2013년 4월 15일 추출)

5 Eva Illouz(1997), *Consuming the Romantic Utopia: Love and the Cultural Contradictions of Capitalism*, The University of California Press.

6 막스 베버적 의미에서 합리화는 고유한 질적 속성이 계산가능하기에 비교가능하고 예측가능한 대상으로 바뀌는 것을 의미한다. 개인의 고유한 특질이 결혼정보회사의 신상카드를 구성하고 있는 항목별로 계산가능한 데이터로 바뀌면, 매칭이라는 기법을 통해 비교가능한 속성을 지닌 사람들이 동일한 카테고리로 묶이고, 이 카테고리에 속한 사람들은 결혼이 성사되는 그날까지 계산가능하고 비교가능한 속성을 지닌 사람들과 만날 기회를 얻는다. 결혼정보회사의 가입비용은 이 예측가능한 기회에 대한 몫이다.

7 한 연구에 의하면 20대 남성 단독가구의 경우 58%가 무직이다. 20대 남성 단독가구의 58%가 무직이며, 남성 단독가구의 16%만이 집을 소유하고 있고 20-50대의 경우 자가 보유율이 매우 낮고 월세에 거주하는 비중이 매우 높은 것으로 나타난다. 남자 독신의 경우 로맨스를 둘러싼 경합에서 경쟁력을 확보할 수 없기에 결혼하지 못하는 경향이 상대적으로 높은 것으로 해석된다. 차경욱(2005), "독신남, 화려한 싱글인가? 남성 단독 가구의 경제 상태 진단", 한국가정관리학회 학술발표대회 자료집. 특히 40대 농촌남성의 비혼비율은 10.8%에 달하는 것으로 나타나, 남성의 경우 로맨스 경쟁에서 성공하기 어려운 집단에서의 비혼 비율이 높게 나타난다. 이성용(2012), "한국의 혼인상태 변동: 1995-2010년", 『가족과 문화』 24집 3호.

8 야마다 마사히로는 이러한 경향을 가족불확실성의 시대라고 정의했다. 우리가 살고 있는 시대는 이미 "아무리 사이가 좋아도, 결혼하기로 약속했더라도, 동거를 하고 있어도, 섹스를 하는 관계여도, 실제로 혼인신고서를 제출할 때까지는 안심"할 수 없는 시대가 도래했다는 것이다. 야마다 마사히로(2010), 장화경 옮김, 『우리가 알던 가족의 종말』, 그린비.

9   예전의 세대에게 섹스는 일생일대의 엄청난 결심을 요구하는 행위였다면, 섹스는 점차 평범해지고 있다. 만 20세 이상 남녀 3,175명을 대상으로 실시한 한 조사에 따르면 미혼남녀 1,030명 중 55.4%가 성경험이 있다. 성별로는 남성이 62.8%로 여성(46.3%)보다 다소 높았다. 특히 최근 1년 이내에 성관계를 가진 경험이 있는지를 조사한 결과, 남성은 47.5%, 여성은 32.0%로 남성 두 명 가운데 한 명, 여성 세 명 가운데 한 명이 해당됐다. 응답자 특성별로는 소득이 높을수록, 학력이 높을수록, 자영업이나 사무직 계통일수록 성경험의 비율이 높은 경향을 보였다. 또한 평소 성관계를 갖는 빈도에 대해 미혼남녀 전체 61.0%가 한 달에 1~4회라고 응답했으며, 남성과 여성 간에 큰 차이를 보이지는 않았다. 1년 내 성관계 파트너 수가 1명이라고 대답한 응답자는 55.9%였고, 2명은 23.9%로 조사됐다. 여성 응답자의 77.5%는 1명의 파트너와 관계를 했다고 응답한 반면 남성은 55.7%가 2명 이상의 파트너와 관계를 했다고 답했다. 현재 지속적인 성관계를 갖는 파트너 수에 대해서는 여성의 79.1%가 1명이라고 응답했지만, 남성은 1명 55.1%, 2명 이상이 9.7%였다. http://economy.hankooki.com/lpage/news/200709/e2007090717474670300.htm(2013년 4월 17일 추출)

10 다른 나라의 사례이기는 하지만 기든스가 인용하고 있는 릴리언 러빈(Lillian Rubin)의 연구 결과는 한국 사회에도 적용될 수 있다. "릴리언 러빈은 1989년에 18세부터 48세까지의 미국인 수천 명의 성적 편력을 연구하였다. 이 연구에서 러빈은 지난 수십 년 동안 남녀 간의 관계에서 거의 놀랄 만한 변화가 일어났음을 입증하는 사실들을 밝혀냈다. 40대 이상 응답자의 초기 성생활은 젊은 세대와 극적인 대조를 이루었다. 저자는 서문을 통해 구세대의 경험이 어떠했는가를 거론하면서 구세대의 일원이기도 한 자기 자신의 경험을 털어놓는다. 2차 대전 중 결혼을 할 때까지 그녀는 처녀성을 간직하고 있었고, 시대의 모든 규칙들을 따라가는 소녀였으며 결코 갈 때까지 다 가버리는 적은 없었다. 그녀는 친구들과 마찬가지로 성적인 모험의 한계에 대해 명확하게 선을 긋고 공통된 행동의 규칙을 지키고자 하였다 (…) 결혼하지 않은 소녀의 처녀성은 남녀 모두가 칭찬하였다. 남자 친구와 성관계를 가졌다 해도 그 사실을 밝히는 소녀들은 거의 없었으며, 많은 소녀들은 공식적인 관계가 된 남자에게만 성적인 접촉을 허락했다. 성적으로 적극적인 소녀들은 평판이 나빠졌으며, 그런 소녀들을 노리는 남자들에게조

차 멸시를 받았다." Anthony Giddens(1996), 배은경, 황정미 옮김, 『현대 사회의 성, 사랑, 에로티시즘』, 새물결, 36-37.
11 Anthony Giddens(1996), 『현대 사회의 성, 사랑, 에로티시즘』, 새물결, 27.
12 남성에게 결혼은 직업을 비롯한 인생의 여정에 큰 영향을 미치지 않는 이벤트에 불과하지만, 여성에게 결혼은 일종의 '다시 태어나기'라는 야마다 마사히로의 일본 사회에 대한 고찰에서 이끌어낸 결론은 한국에서도 그대로 적용될 수 있다. 야마다 마사히로(2010), 장화경 옮김, 『우리가 알던 가족의 종말』, 그린비, 78-79.
13 Ulrich Beck/Elizabeth Beck-Gernsheim(1999), 강수영, 권기돈, 배은경 옮김, 『사랑은 지독한 그러나 너무나 정상적인 혼란』, 새물결, 121.
14) Ulrich Beck/Elizabeth Beck-Gernsheim(1999), 강수영, 권기돈, 배은경 옮김, 『사랑은 지독한 그러나 너무나 정상적인 혼란』, 새물결, 122.
15 결혼에 대한 가치관 변화에서 젠더, 연령과 교육수준은 의미 있는 영향을 끼치고 있다. 조사에 따르면 젊고 교육수준이 높을수록 결혼을 꼭 해야 한다는 태도는 줄어들고 있다. 은기수(2001), "현대 한국사회의 가족가치관. 결혼에 대한 태도의 성별 차이를 중심으로", 『정신문화연구』, 24권 4호.
16 Eva Illouz(2010), 김정아 옮김, 『감정 자본주의』, 돌베개, 156.
17 Horton, D. & Wohl, R.(1956), *Mass Communication and Parasocial Interaction: Observations on Intimacy at a Distance*, Psychiatry, 19.
18 Rubin, R. B. & McHugh, M. P.(1987), "Development of Parasocial Interaction Relationships", *Journal of Broadcasting & Electronic Media*, 31(3), 280.
19 많은 텔레비전에 관한 연구들은 시청자들이 텔레비전에 출연하는 셀러브리티와 미디어를 통해 빈번하게 접촉할 때, 대면 관계에서 발생하는 친밀성을 능가하는 개인 간 관계가 형성됨을 증명했다(Rubin & Rubin, 1985; Cohen, 1997).
20 George Ritzer(2007), 『소비사회학의 탐색』, 일신사, 344.
21 보드리야르가 소비주의를 설명하기 위해 채택한 용어인데, 소비를 통해서 자신의 지위를 드러내려고 할 때 갖추어야 하는 표준적인 짐 꾸러미라는 의미에서 최소공통문화를 지칭하는 개념이다. Jean Baudrillard(1991), 이상률 옮김, 『소비의 사회. 그 신화와 구조』, 문예출판사, 144. 예를 들어 자신이 화려한 싱글임을 증명하기 위해서는 갖추어야 할 몇 가지 패키지가 있다. 외제 자동차, 주기적인

해외여행, 고급 레스토랑에서의 식사, 자기에 대한 투자를 아끼지 않음을 드러내기 위한 매우 비싼 피트니스 클럽의 회원증 등등이다. 이러한 요소들이 하나의 파노폴리를 구성한다.

22 사용가치의 유용성 때문에 소비하지 않고 사용가치는 무용에 가까움에도 불구하고 소비하게 되는 대상을 가제트라 부른다. 고가의 핸드백이나 자동차는 다른 상품과의 가격 차이만큼의 품질의 차이를 언제든 항상 보장하지는 않는다. 그럼에도 불구하고 그것들이 사람들이 소비하고 싶어 하는 장치가 되는 것은 이 상품들이 갖고 있는 가제트로서의 유희적 성격 때문이다. 보드리야르는 "소비대상이 일종의 기능적 무용성을 특징으로 하고 있다는 것을 인정한다면, 가제트야말로 소비사회에서의 사물의 진정한 모습"이라 했다. Jean Baudrillard(1991), 이상률 옮김, 『소비의 사회. 그 신화와 구조』, 문예출판사, 158.

5장 고독이 필요한 시간

1 Arthur Schopenhauer(1978), 권기철 옮김, 『세상을 보는 방법』, 동서문화사, 212.
2 리스먼은 대중사회의 인간유형을 전통지향적, 내부지향적, 외부지향적(타인지향적)으로 구분하였는데, 이 인간유형은 동시대적인 구분일 뿐 아니라 역사적인 사회성격의 변화와도 관련 있는 것으로 해석되었다. 전통지향적 인간형이나 19세기 산업사회의 내부지향적 인간과 달리 고도로 산업화된 사회에서 등장하는 인간유형이 타인지향형 인간인데, 리스먼은 이 인간의 유형이 지배적인 사회를 고독한 군중의 시대라 불렀다.
3 David Riesman(1977), 류근일 옮김, 『고독한 군중』, 동서문화사, 82.
4 René Girard(2001), 김치수, 송의경 옮김, 『낭만적 거짓과 소설적 진실』, 한길사, 50.
5 Arthur Schopenhauer(1978), 『세상을 보는 방법』, 동서문화사, 249-250.
6 빌헬름 라이히는 자기관계가 영화된 사람들이 집단주의에 빠지게 되는 경향을 파시즘의 대중심리에 대한 분석을 통해 탁월하게 밝혀낸 바 있다. 파시즘은 대중들 개개인이 자신을 지도자와 상상적으로 동일시하는 메커니즘을 창출해냄으로써 대중의 지지를 획득했다. 파시즘은 집단 외부에 속한 사람들에게는 무차별적

폭력을 행사했지만, 집단 내부에 속한 사람들로부터는 열광적 지지를 이끌어냈는데, 이러한 극단적 대조는 자기를 자기의 관점에서 바라볼 수 있는 능력을 상실한 개인들이 자신을 보다 커다란 단위인 사회, 국가 그리고 민족과 상상적으로 동일시하는 일종의 사회 나르시시즘, 국가 나르시시즘 그리고 민족 나르시시즘이 발생한 덕택이라는 것이다. "더 본질적인 것은 개개인이 지도자와 자신을 동일시한다는 것이다. 대중들 개개인이 무력해지도록 양육되면 지도자와의 동일시는 더 뚜렷이 나타나며, 보호에 대한 아이와도 같은 욕구는 지도자와 하나가 된다는 감정의 형태로 더욱 위장된다. 이런 동일시 경향이 민족적 나르시시즘, 즉 각 개인들이 민족의 위대함에서 빌려온 자존심의 심리적 토대이다. 반동적인 소시민계층은 지도자와 권위주의적 국가에게서 자기 자신을 발견한다. 이런 동일시에 기반하여 그는 자신이 민족성과 민족의 방어자라고 생각한다. Willhelm Reich(2006), 황선길 옮김, 『파시즘의 대중심리』, 그린비, 108.

7   Emile Durkheim(2012), 민문홍 옮김, 『사회분업론』, 아카넷, 154-155.
8   결혼 12년차 정부기관에 근무하고 있는 38세 남성의 인터뷰 내용. 이성은(2006), "한국 기혼남녀의 섹슈얼리티와 친밀성의 개념화", 한국가족학회(편), 『가족과 문화』, 18집 2호에서 재인용.
9   Eve Kosofsky Sedgwick(1985), *Between Men*, University of Columbia Press.
10 Emile Durkheim(2012), 민문홍 옮김, 『사회분업론』, 아카넷, 192-193.
11 Emile Durkheim(2012), 민문홍 옮김, 『사회분업론』, 아카넷, 193.
12 Reinhold Messner(2007), 김영도 옮김, 『검은 고독 흰 고독』, 이레, 165.
13 강성률(1996), 『2500년간의 고독과 자유』, 푸른솔, 101.
14 강성률(1996), 『2500년간의 고독과 자유』, 푸른솔, 102.
15 Steven Nadler(2011), 김호경 옮김, 『스피노자. 철학을 도발한 철학자』, 텍스트, 244.
16 여성은 반드시 결혼을 해야 행복하고, 그렇지 않다면 불행하다는 속설에 저항하여 혼자 사는 길을 감행한 여성들에 대한 꼼꼼한 인터뷰 기록이 담긴 『단독 비행』은 혼자 살면서도 즐거움을 느끼는 사람들의 자기 진술이 담겨 있는 좋은 자료이다. Carol M. Anderson/Susan Stewart(1998), 엄영래 옮김, 『단독비행. 혼자 사는 즐거움』, 또하나의문화.
17 Richard Bach(1986), *Jonathan Livingston Seagull*, YBM.

6장 홀로서기

1. 하버마스는 공론장의 유형을 분석하면서 신분제 중세 유럽의 공론장 형태를 부르주아 공론장과 구별하기 위해서 과시적 공론장이라 명명했는데, 과시적 공론장은 독단의 정치학에 대한 적절한 사례가 될 수 있다. '공공적'이라는 단어의 용법 변화를 분석하면서 하버마스는 중세의 문헌들에서 '지체 높은 영주에 속하는'(herrschaflich)이라는 말과 쿠블리쿠스가 동의어로 사용되었고, publicare는 '영주에게 독점되다'라는 뜻으로 사용되었음을 밝혀내면서, 중세의 공론장은 특별한 지위를 지닌 사람이 자신의 지위를 공공적으로 과시하는 과시적 공론장이었음을 주장하였다. Jürgen Habermas(2001), 한승완 옮김, 『공론장의 구조변동』, 나남, 67-68.
2. 푸코는 지배관리관계(gouvernementalité)를 생산의 테크놀로지, 기호체계의 테크놀로지, "개인의 행위를 규정하고 개인을 특정한 목적이나 지배에 종속시켜 주체의 객체화"를 꾀하는 권력의 테크놀로지 그리고 자기의 테크놀로지로 구별하였다. 자기에 대한 관심은 푸코의 용어를 빌려 표현하자면 자기의 테크놀로지에 관한 문제이며, 권력의 테크놀로지에 대해 자기의 테크놀로지로 균형을 회복하는 문제이기도 하다. 푸코는 자기의 테크놀로지를 이렇게 정의했다. "이것은 개인이 자기 수단을 이용하거나, 타인의 도움을 받아 자기 자신의 신체와 영혼, 사고, 행위, 존재방법을 일련의 작전을 통해 효과적으로 조정할 수 있도록 해준다. 그 결과 개인은 행복, 순결, 지혜, 완전무결, 혹은 불사라는 일정 상태에 도달하기 위하여 자기 자신을 변화시킬 수 있는 힘을 갖추게 된다." Michell Foucault(1988), 이희원 옮김, 『자기의 테크늘로지』, 동문선, 36.
3. Jean-Jaques Rousseau(2007), 홍승오 옮김, 『고백록』, 동서문화사, 15.
4. Jean-Jaques Rousseau(2010), 김모세 옮김, 『고독한 산책자의 몽상』, 부북스, 7.
5. Jean-Jaques Rousseau(2007), 홍승오 옮김, 『고백록』, 동서문화사, 13.
6. Jean-Jaques Rousseau(2010), 김모세 옮김, 『고독한 산책자의 몽상』, 부북스, 14-15.
7. Lev Nikolaevich Tolstoi(2012), 『톨스토이 인생론 참회록』, 육문사, 261.
8. Lev Nikolaevich Tolstoi(2012), 『톨스토이 인생론 참회록』, 육문사, 256-257.
9. 사회학에서 개인의 내향성에 대한 연구는 극히 찾아보기 힘들다. 인간은 사회적

동물이라는 전제를 고집하는 한, 사회학에서 개인의 내향성은 사회문제의 영역으로 다루어지기 때문이다. 이런 점에서 내면 지향성에 대한 연구를 상호작용의 의례에 대한 연구로 끌어들인 콜린스는 주목할 만하다. 하지만 콜린스 역시 내면 지향성을 개인적 기질이라는 틀에서만 다루고 있다. Randall Collins(2009), 진수미 옮김, 『사회적 삶의 에너지. 상호작용 의례의 사슬』, 한울, 451-487.

10 나쓰메 소세키(2004), 황지현 옮김, 『문명론』, 소화, 233.
11 나쓰메 소세키(2004), 황지현 옮김, 『문명론』, 소화, 236.
12 나쓰메 소세키(2004), 황지현 옮김, 『문명론』, 소화, 236-237.
13 나쓰메 소세키(2004), 황지연 옮김, 『문명론』, 소화, 239.
14 나쓰메 소세키(2004), 황지현 옮김, 『문명론』, 소화, 194.
15 강조는 필자.
16 강영안(2005), 『타인의 얼굴』, 문학과지성사, 23.
17 강영안(2005), 『타인의 얼굴』, 문학과지성사, 33.
18 Emmanuel Levinas(1996), 강영안 옮김, 『시간과 타자』, 문예출판사, 36.
19 Emmanuel Levinas(1996), 강영안 옮김, 『시간과 타자』, 문예출판사, 51.
20 Arthur Schopenhauer(1978), 권기철 옮김, 『세상을 보는 방법』, 동서문화사, 234.
21 Robert D. Putnam(2009), 정승현 옮김, 『나 홀로 볼링』, 페이퍼로드, 25.
22 누구나 삶에서 경험했던 이러한 메커니즘을 사회학적 설명으로 바꾸면 이렇다. "상호작용의 강도와 사회적 밀도가 높고, 상호작용 의례의 반복성과 연결망 중첩성도 높은 곳의 중심에 더 가까울수록, 집단과 집단의 상징에 더 강렬한 유대의 감정을 느끼며 다른 이들도 동조하기를 기대한다. 또한 집단의 상징을 구체적이고 물화된 방식으로, 의문을 가지거나 비판할 것도 없고 나무랄 데도 없는 불변의 실체로 받아들인다. 집단 상징을 불경하게 대하는 태도는 정의로운 분노의 정석적 폭발과 의례적 처벌을 불러온다." Randall Collins(2009), 진수미 옮김, 『사회적 삶의 에너지. 상호작용 의례의 사슬』, 한울아카데미, 455.
23 콜린스의 다음의 표현은 나의 어린 시절의 상황을 잘 설명해준다. "집단에 전해져 내려오는 것들을 특별하게 생각하고 말하는 순응적 전통주의적 유형으로 소문을 좋아하고 지역주의적 태도를 보이며, 친숙한 사람들에 대해서는 다정하지만 외부인들에 대해서는 의심의 눈초리를 보내고 위반자에 대해서는 복수심에

불타는 사람들." Randall Collins(2009), 진수미 옮김, 『사회적 삶의 에너지. 상호작용 의례의 사슬』, 한울아카데미, 455.
24 뒤르켐이 집합체의 결속 원인의 차이에 의해 집합체를 유기적 연대에 근간한 집합체와 기계적 연대에 근간한 집합체로 구별하면서 사용한 '기계적'이라는 메타포는 매우 탁월한 선택이다. 동질성에 근간한 집합체 내에서 집합체를 구성하고 있는 개별자들은 말 그대로 기계 부품과도 같다. 개별자들이 유기적으로 결합한 집합체라면, 한 명의 개별자의 손상이 조직 전체에 영향을 끼치지만 개별자가 기계 부품과도 같은 집합체에서는 손실이 생긴 개별자를 다른 개별자에 의해 교체하면 그 조직은 얼마든지 차질 없이 유지될 수 있다.
25 비슷한 사람들끼리 모였을 때 동일한 의식이 강화되는 과정에 대한 뒤르켐의 분석은 여전히 시사적이다. "상반되는 의식이 서로를 약화시키는 것처럼, 동일한 의식은 교환되면서 서로를 강화한다. 전자가 의식을 상호 약화시킨다면 후자는 의식을 상호 강화시킨다. 만약 누군가가 우리 앞에서 이미 우리의 생각이 되어 버린 관념을 표현한다면, 그것에 대한 우리의 표상은 우리 자신의 공유한 생각에 추가되고 중첩되며 융합됨으로써 자신이 가지고 있는 활력을 우리 생각에 전달하게 된다. 바로 이러한 관념의 융합으로부터 새로운 생각이 등장한다. 그런데 이것은 앞의 생각들을 흡수하고 나아가서 개별적 관념이 고립되어 있을 때보다 더욱 생명력을 지닌 관념이 된다. 바로 이 때문에 대규모 집회에서 발생한 감정이 폭력성을 가질 수 있게 되는 것이다. 그 이유는 각 개인의 의식 속에서 생산되는 생동감 있는 폭력이 다른 모든 사람에게 반향을 일으키기 때문이다." Emile Durkheim(2012) 민문홍 옮김, 『사회분업론』, 아카넷, 154-155.
26 Jean-Jacques Rousseau(2010), 김모세 옮김, 『고독한 산책자의 몽상』, 부북스, 87.
27 Jean-Jacques Rousseau(2010), 김모세 옮김, 『고독한 산책자의 몽상』, 부북스, 90.
28 이런 의미에서 주미는 하위징아가 『호모 루덴스』에서 명예를 얻기 위한 놀이라고 명명했던 활동에 가장 부합하는 행동이기도 하다.
29 Jean-Jacques Rousseau(2010), 『고독한 산책자의 몽상』, 부북스, 91-92.
30 Jean-Jacques Rousseau(2010), 『고독한 산책자의 몽상』, 부북스, 96.
31 René Girard(2001), 김치수, 송의경 옮김, 『낭만적 거짓과 소설적 진실』, 한길사, 45.
32 Arthur Schopenhauer(1978), 권기철 옮김, 『세상을 보는 방법』, 동서문화사, 239.

33 Stefan Zweig(2012), 안인희 옮김, 『위로하는 정신. 체념과 물러섬의 대가 몽테뉴』, 유유, 83.
34 몽테뉴가 괴테의 자아 개념을 따서 탑에 붙인 이름으로 요새 안에 독립된 별채 성(城)을 뜻한다.
35 Stefan Zweig(2012), 안인희 옮김, 『위로하는 정신. 체념과 물러섬의 대가 몽테뉴』, 유유, 79-82.
36 Stefan Zweig(2006), 정민영 옮김, 『에라스무스 평전』, 아름미디어, 27.
37 Charles Pierre Baudelaire(2008), 윤영애 옮김, 『파리의 우울』, 민음사, 147.

7장 다 함께 홀로 서기 위하여

1 장래인구추계에 따르면 기대수명은 급격히 늘어나고 있다. 1970년 기대수명은 남자 58.7세였지만 2010년의 남자 기대수명은 77.2세까지 늘어나 10년마다 평균 4.6세씩 늘어나고 있는 추세이다. 2010년 여자의 기대수명도 84.1세로 늘어났으며 2030년 경 남자의 기대 수명은 80세를 넘길 것으로 예상되며 여자는 90세에 가까워질 것으로 추정된다. 통계청(2011), 『장래인구추계: 2010년-2060년』.
2 Richard Sennett(2002), 조용 옮김, 『신자유주의와 인간성의 파괴』, 문예출판사, 9.
3 Richard Sennett(2009), 유병선 옮김, 『뉴캐피털리즘』, 위즈덤하우스, 34.
4 Arthur Schopenhauer(1978), 권기철 옮김, 『세상을 보는 방법』, 동서문화사 중 옮긴이의 해설에서 재인용, 51-52.
5 Arthur Schopenhauer(2009), 홍성광 옮김, 『의지와 표상으로서의 세계』, 을유문화사 중 옮긴이의 해설, 680.
6 Arthur Schopenhauer(2009), 홍성광 옮김, 『의지와 표상으로서의 세계』, 18.
7 Randall Collins(2009), 진수미 옮김, 『사회적 삶의 에너지』, 한울, 467.
8 Florian Opitz(2012), 박병화 옮김, 『슬로우』, 로도스, 95.
9 "자 여기서 메리 비턴은 말을 멈추었습니다. 그녀는 픽션이나 시를 쓰려면 일 년에 500파운드의 돈과 문제 자물쇠를 채울 수 있는 방이 필요하다는 결론에 어떻게 도달하게 되었는지를 여러분에게 이야기했습니다. 자신으로 하여금 이런 결

론을 끌어내도록 만든 생각과 인상들을 털어놓으려고 노력했지요. (…) 이 모든 논의에서 내가 물질의 중요성을 지나치게 강조했다며 여러분이 이의를 제기할 거라고 생각합니다. 연간 500파운드란 심사숙고할 수 있는 능력을 의미한다는 식으로 폭넓게 상징적인 해석을 붙인다 하더라도, 마음은 그런 것들을 능가해야 하며 위대한 시인들은 종종 가난한 사람들이었다고 반박하겠지요." Virginia Wolf(2006), 이미애 옮김, 『자기만의 방』, 158-161.

10 불안정 노동자 혹은 불안정한 소득과 삶을 사는 하층계급을 지칭하는 용어이다. 이른바 독거노인과 같은 노년의 혼자 사는 사람은 프레카리아트에 속한다.

11 Bruce Ackerman/Anne Alstott(2010), "왜 사회적 지분인가", 너른복지연구모임 옮김, 『분배의 재구성. 기본소득과 사회적 지분급여』, 나눔의집, 80.

12 심광현도 푸코가 고대 그리스/로마의 자유로운 시민들의 자기에의 배려를 통해 발굴한 자기의 테크놀로지가 현대에 참조할 수 있는 모델이 되기 위해서는 자기에의 배려를 위한 충분한 여가 시간이 주어져야 한다고 주장하고 있는데, 기본소득이라는 아이디어의 의미 역시 자기의 테크놀로지를 위한 조건이라는 맥락에서 이해될 수 있다. 심광현(2009), "감정의 정치학: 자기-통치적 주체의 창조를 위한 새로운 문화정치적 프레임", 『문화/과학』, 59호.

13 Philippe Van Parij(2010), "기본소득: 21세기를 위한 명료하고 강력한 아이디어", 너른복지연구모임 옮김, 『분배의 재구성. 기본소득과 사회적 지분급여』, 나눔의집, 21.

14 이 아이디어는 기본소득뿐 아니라 지역수당을 비롯한 다양한 개념으로 표현되고 있다. territorial dividend, state bonus, demogrant, citizens wage, universal benefit 등 표현은 다양하지만 모든 사람에게 조건 없이 일정한 소득을 제공한다는 아이디어는 공유한다.

15 Florian Opitz(2012), 박병화 옮김, 『슬로우』, 로도스, 241.

16 기본소득의 재원을 목적세 방식으로 기금을 마련하는 방안, 특별세 신설에 의해 충당하는 방안, 토지세 또는 천연자원세 등으로 기금을 마련하는 방안, 넓은 범위로 확장된 부가가치세를 재원으로 삼는 방안, 투기 자본 이동에 대한 토빈세(Tobin Tax)나 정보 이동에 대한 비트세(Bit Tax) 안에 이르기까지 매우 다양한 아이디어들이 제시되고 있다. 또한 개인에게 매달 일정한 급여를 제공한다는 반

빠레이스의 구상이 현재의 조건 아래에서는 개인의 소비주의만 강화시킬 것이기에 일정액의 일시급의 정액의 자산형성 지원금 지원이 더 낫다는 액커만의 사회적 지분 급여론도 등장하고 있다. 반 빠레이스의 구상과 액커만의 구상은 이런 차이점에도 불구하고 모든 개인에게 기회를 부여하여 개인의 자치와 자율성 개념을 중요하게 여긴다는 측면에서는 공통점을 지닌다고 할 수 있다. 사회적 지분 급여론에 대해서는 Bruce Ackerman, Anne Alstott, *The Stakeholder Society*를, 그리고 기본소득에 대해서는 Philippe Van Parijs. Real Freedom For All을 참조하라.

17 한국에서의 기본소득에 관한 논의들은 다음을 참고하라. 장석준(2006), "21세기의 현실 대안", 『마르크스주의 연구』 3권 2호, 160-178. 곽노완(2011), "기본소득은 착취인가 정의인가", 『마르크스주의 연구』 8권 2호, 40-67. 서정희, 조광자(2010), "보편적 복지제도로서의 기본소득", 『진보평론』 45호, 79-98. 곽노완(2009), "신자유주의와 실질적 자유지상주의의 경제철학", 『사회와 철학』 18호. 심광현(2012), "기본소득, 좌파버전과 우파버전 어떻게 다르지?", 『프레시안』, http://www.pressian.com/article/article.asp?article_num=30120309113734&section=02(2013년 6월 10일 추출)

18 모든 사람에게 지급한다는 조건은 사회보장제도처럼 자신이 부족한 사람이라는 것을 증명해야만 받을 수 있는 것이 아니라는 뜻이다. 이로 인해 기본소득은 수급자의 수치심을 유발하지도 않는다. "시민권에 근거하여 모두에게 지급되는 급여이기 때문에 수치심을 발생시키지 않는다. 빈곤층과 욕구가 있는 사람들 그리고 스스로 자활하지 못하는 사람들만을 위한 급여에 대해서는 그 모욕적이고 강제적인 절차가 아무리 완화되더라도 위와 같이 말할 수 없을 것이다. 빈자의 관점에서 낙인을 유발하지 않는 보편적 기본소득은 그 자체로 매우 중요할 뿐 아니라 낙인으로 인한 급여 수급율의 하락을 고려해보면 간접적으로도 중요하다." Philippe Van Parij(2010), "기본소득: 21세기를 위한 명료하고 강력한 아이디어", 너른복지연구모임 옮김, 『분배의 재구성. 기본소득과 사회적 지분급여』, 나눔의 집, 31.

19 근로조건부과라는 조건이 요구되지 않으면, 근로기록이 없는 사람들이 배제되는 경향(여성, 노인, 장애인)에 대한 일종의 보완이라는 의미를 지닌다.

20 한국에서 기본소득에 관한 논의는 2009년 민주노총 정책연구원에서 『즉각적이

고 무조건적인 기본소득을 위하여』라는 정책 보고서 출간 이후 기본소득네트워크가 결성되었고, 기본소득지구네트워크(BIEN: Basic Income Earth Network)에서 17번째 가맹단체로 인준받으면서 기본소득에 관한 논의가 본격적으로 시작되었다. 2010년에는 서울에서 기본소득국제심포지움이 개최되기도 하였다. 2012년에는 문화연구학회와 기본소득네트워크의 공동주최로 기본소득에 관한 심포지움이 열리기도 하였다.

21 현재 기본소득론은 한국에서 본격적인 의제로 다루어지고 있지는 않지만, 브라질과 알래스카와 나미비아에서는 실험적으로 실행되고 있다. 브라질에서는 2004년 '시민기본소득법'이 통과되었고, 나미비아에서는 2008년에서 2009년에 걸쳐 모든 주민에게 일인당 매월 100나미비아 달러를 아무런 조건 없이 지급하는 기본소득 실험 프로젝트가 진행된 바 있다. 미국의 알래스카 주에서는 주 소유의 자연자원의 판매에서 벌어들인 수익의 최소 25%를 적립하여 알래스카 영구기금을 만들고, 이 기금의 수익금을 주민들에게 배당하는 제도를 실시하고 있다. 이 제도들에 대해서는 최광은(2011), 『모두에게 기본소득을』, 박종철출판사를 참고하라. 또한 나미비아에서의 기본소득 실험 프로젝트에 대해서는 Florian Opitz(2012), 박병화 옮김, 『슬로우』, 로도스를 참고하라.

22 Philippe Van Parijs(2010), "기본소득: 21세기를 위한 명료하고 강력한 아이디어", 너른복지연구모임 옮김, 『분배의 재구성. 기본소득과 사회적 지분급여』, 나눔의집, 29

에필로그 행복한 개인들의 연대

1 스웨덴은 여러 가지 측면에서 한국과 대극을 이루는 사회구성을 지닌 국가이다. 매우 종교적인 성향이 강하고 공개적인 무신론의 문화가 부재한 한국과 달리 스웨덴에서는 종교를 갖는다는 것 자체가 드물고 예외적인 경우에 속할 정도로 종교적이지 않은 나라이다. 물론 사회학자 주커만이 찾아낸 그 이유는 종교를 찾을 필요 자체를 허락하지 않는 스웨덴 사회의 안정성이다. Phil Zuckerman(2012), 김승욱 옮김, 『신 없는 사회』, 마음산책.

2 Eric Klinenberg(2012), *Going Solo. The Extraordinary Rise and Surprising Appeal of Living Alone*, Penguin Books, 213.
3 Phil Zuckerman(2012), 김승욱 옮김,『신 없는 사회』, 마음산책, 56-57.
4 삶의 만족도는 사람들이 자신의 삶 전체를 어떻게 평가하는지에 관한 주관적 평가이다. 삶의 만족도는 객관적인 지표로 나타나는 GDP, 경제성장률 등이 담지 못하는 주관적 편안함(well-being)을 측정하기 위한 지표로 최하점은 0이고 최고점은 10인데, OECD 국가의 평균은 6.6을 기록했다. http://www.oecdbetterlifeindex.org/topics/life-satisfaction.
5 Eric Klinenberg(2012), *Going Solo. The Extraordinary Rise and Surprising Appeal of Living Alone*, Penguin Books, 221.
6 Eric Klinenberg(2012), *Going Solo. The Extraordinary Rise and Surprising Appeal of Living Alone*, Penguin Books, 214.
7 홍기빈(2011),『비그포르스, 복지 국가와 잠정적 유토피아』, 책세상, 210-214.
8 Esping-Anderson(1999), *Social Foundations of Postindustrial Economies*, Polity Press, 45. 김수정(2006), "스웨덴 가족 정책의 삼중동학: 탈상품화, 탈가족화, 탈젠더화",『가족과 문화』18집 4호, 6에서 재인용.
9 전체인구에서 65세 이상의 인구가 차지하는 비중을 조사한 2010년의 결과에 따르면 일본은 전체인구 중 노인인구가 22.84%로 OECD 국가 중에서 가장 많은 나라이고, 스웨덴은 18.10%로 다섯 번째로 노인인구가 많은 국가이다. 참고 OECD Factbook, http://www.oecd-ilibrary.org/docserver/download/3012021ec005.pdf?expires=1370566056&id=id&accname=guest&checksum=D33BFAE7C41562026792A07D8B4B7779(2013년 6월 7일 추출).
10 가족과 국가를 동일하게 취급하는 태도, 가족과 국가를 위한 개인의 이타적 행동을 권유하거나 반강제적으로 강요하는 메커니즘이 유지되는 한 권위주의의 형성과 권위적 가족 사이의 상관관계를 주장한 빌헬름 라이히의 주장은 여전히 유효한 것으로 취급될 수밖에 없다. 이득재가 가족주의를 야만적 태도라 비판하는 이유도 이러한 맥락이다. 이득재(2001),『가족주의는 야만이다』, 소나무.
11 "우리는 기쁨 없이 우리 자아를 응시하기란 불가능하다. 단, 다른 자아들에는 있으나 이 자아에는 결여된 측면에서 본 자아가 아니라, 우리 영혼의 실정적인 애

용에서 고찰된 명실상부한 우리 자아인 한에서 말이다. 모든 존재자는 아무리 덜 떨어진 존재자라 하더라도, 일정량의 본질과 활동성을 가지고 있으며, 상황이 그에게 이 본질과 활동성을 사유하도록 해주는 만큼은 행복하다. (…) 우리 자신의 그리고 우리 활동 역량의 응시에서 생겨나는 이와 같은 기쁨이 자기애다."Alexandre Matheron(2008), 김은주 옮김,『스피노자 철학에서 개인과 공동체』, 그린비, 308.

12 김덕수(2012), "칸트의 관계적 자율성",『철학논총』70집 4권.
13 Hannah Arendt(2000), 김선욱 옮김,『칸트 정치철학 강의』, 푸른숲, 40. 1789년 프랑스 대혁명 이후 칸트는『영구평화론』이라는 책을 집필했다. 이 책의 핵심적 아이디어는 로베스피에르로 대표되는 쟈코뱅주의자에 의한 개인에 대한 폭력에 대한 칸트식 반응이라 할 수 있다. 칸트는 말년에 사교성이라는 문제에 집중하게 되는데, 사교성의 문제는 공통감각(sensus communis)을 지닌 공동체 안에 살고 있는 복수로 존재하는 인간에 대한 성찰과 결합되었고, 이 성찰은 칸트의『영구평화론』(Zum ewigen Frieden)에서는 연방제에 대한 상상과 연결되었다. 비슷한 맥락에서 칸트를 독해하면서 가라타니 고진 역시 개인과 개인 사이의 윤리적 관계를 사회학적으로 해석한다. 즉 자율성의 공간은 개별자가 아니라 개인과 개인 사이의 공간에 있다는 것이다. "자유 혹은 자율성은 어디에 있는 것일까? 그것은 자유로워지라는 당위에서만 존재한다. 그런데 이때 잊지 말아야 할 것은 그것이 타자의 자유를 포함한다는 점이다. 칸트는 타자를 수단으로서만이 아니라 동시에 목적으로 대하라는 것을 보편적인 도덕법칙으로 간주했다." 가라타니 고진(2001), 송태욱 옮김,『윤리 21』, 사회평론, 118-119.
14 스스로 사고하기는 이성의 타율로의 성벽인 선입견에서 벗어나 수동적이지 않은 이성의 준칙을 받아들이는 미신에서 벗어나는 계몽의 과정이다. 칸트에 따르면 미신은 전적으로 주자관계에 의해 지배받고 있는 상황과 유사하다. "미신은 (우리를) 맹목에 빠뜨리고, 심지어는 맹목을 의무로서 요구하기까지 하는바, 이러한 맹목은 타자들에게 인도받으려는 필요욕구, 그러니까 수동적 이성의 상태를 특히 눈에 띄게 만드는 것이니 말이다." Immanuel Kant(2009), 백종현 옮김,『판단력 비판』, 아카넷, 320.
15 두 번째 과제 타자의 위치에서 사고하기는 자기의 자율성을 확보하되, 자율적인

인간이 독단인이 되지 않도록 해주는 장치이다. "판단의 주관적인 사적 조건에서 벗어날 수 있어서 보편적인 입장에서 자기 자신의 판단을 반성"할 수 있는 능력을 지니지 못한다면 자율적인 인간은 단독인으로 변화할 수 없다. Immanuel Kant(2009), 백종현 옮김,『판단력 비판』, 아카넷, 320.
16 Immanuel Kant(2009), 백종현 옮김,『판단력 비판』, 아카넷, 321.
17 Hannah Arendt(2000), 김선욱 옮김,『칸트 정치철학강의』, 푸른숲, 132.
18 Alexandre Matheron(2008), 김은주 옮김,『스피노자 철학에서 개인과 공동체』, 그린비, 21.
19 Alexandre Matheron(2008), 김은주 옮김,『스피노자 철학에서 개인과 공동체』, 그린비, 35.
20 주거공동체(Wohngemeinschaft)는 1968년 이후 독일, 오스트리아 그리고 스위스 등 독일어권 지역에 널리 퍼진 주거 형태이다. 주거공동체는 인친적 관계가 아닌 자율적인 복수의 개인들이 공동으로 주거하는 형태로, 각 개인은 독립된 방을 사용하지만 거실, 부엌 등은 주거 공동체에 살고 있는 사람들이 공동으로 사용한다. 주거 공동체는 1960년대의 급진적 사회운동에서 실험했던 정치적 꼬뮨이 생활공동체의 형태로 전환되면서 발생하여 1970년대 이후 현재에 이르기까지 대안적 가족 공동체의 형태로 특히 대학생들 사이에서 광범위하게 퍼져 있는 공동체이다. 2003년의 조사에 의하면 2003년 당시 독일 대학생의 22퍼센트가 주거공동체에 살고 있는 것으로 알려진 정도이다. 모든 주거공동체가 신개인주의의 철학에 입각해 운영되고 있지는 않았다. 주거공동체는 특정한 생활철학을 공유하는 사람들이 모여서 만든 주거공동체에서 생활비 절약을 위해 공동생활을 하는 단순 주거공동체(Zweck-WG)까지 다양하다. http://de.wikipedia.org/wiki/Wohngemeinschaft. 주거공동체 모델은 이른바 결혼 포기 세대, 루저 세대 들이 직면한 주거 문제에 대한 실상 파악이라는 맥락과 함께 고려될 필요가 있다. 김대호, 윤범기(2012),『결혼불능세대』, 필로소픽.
21 고시원에 흩뿌려져 있는 상호작용 없는 개인들의 초상에 대해서는 다음 책을 참고하라. 정민우(2011),『자기만의 방: 고시원으로 보는 청년 세대와 주거의 사회학』, 이매진.
22 "취미판단은 항상 타인과 타인의 취미를 반성하는 가운데, 그들이 내릴 수 있는

가능한 판단을 고려하게 된다. 이런 일이 가능한 이유는 내가 인간이고 또 인간들과 함께하지 않고서는 살 수 없기 때문이다. 나는 이러한 공동체의 구성원으로서 판단하는 것이지, 초감각적인 세계의 구성원으로 판단하는 것이 아니다. 또한 나는 이성을 부여받은 존재들과 함께 거주하고 있는 것이지 그러한 인식기관과 함께 살고 있는 것은 아니다." Hannah Arendt(2000), 김선욱 옮김, 『칸트 정치철학강의』, 푸른숲, 132.

23 정태인, 이수연(2013), 『협동의 경제학』, 레디앙, 86.

24 협동조합은 주거공동체 모델이 확장되고 제도화된 사례라 할 수 있다. 1주 1투표권을 보장하는 주식회사가 일종의 독단인 모델이라면, 1인 1투표권의 방식으로 운영되는 협동조합은 사회적 개인을 지향하는 단독인 모델이라 할 수 있다. 의식주 등 다양한 영역에서 협동조합 방식에 의해 1인 가구가 비시장적 관계를 확장시킬 수 있다면, 1인 가구의 지나친 시장의존성에 오는 삶의 불안정성에 대한 일종의 안전장치가 될 수 있을 것이다.

25 Karl Marx(1977), *Manifest der Kommunistischen Partei*. MEW 4, Dietz Verlag, 482.

26 주거공동체 모델은 주거형태에 국한되는 마이크로 모델이지만, 스웨덴 모델은 주거공동체 모델의 매크로 모델이라 할 수 있다. 트레가르드는 스웨덴을 '국가주의적 개인주의'(Statist Individualism)라고 분석하면서, 강력한 국가와 개인의 자유로운 연합이 제로섬 게임이 아니라 동시에 공존할 수 있음을 입증한 것이 스웨덴 모델의 핵심이라고 지적하고 있다. 스웨덴 모델은 국가와 시민사회가 충돌하지 않고 서로 견제하는 모델이다. 트레가르드에 따르면 국가에 대한 개인이 적개심이 스웨덴 모델에서 등장하지 않는 이유는, 국가는 개인의 자율성을 침해하지 않고 오히려 국가의 존재 이유를 개인의 자율성 보장을 위한 공동의 틀의 필요성에서 찾기 때문이라고 해석한다. 참고 Las Trigårdh(2007), *State and Civil Society in Northen Europe. The Swedish Model Reconsidered*, Berghahn Books, 2007, 3ff.

| 참고문헌 |

강성률(1996), 『2500년간의 고독과 자유』, 푸른솔.
강영안(2005), 『타인의 얼굴. 레비나스의 철학』, 문학과지성사.
곽노완(2009), "신자유주의와 실질적 자유지상주의의 경제철학", 『사회와 철학』 18호, 1-32.
곽노완(2010), "여러 가지 기본소득과 21세기 변혁의 주체", 『진보평론』 45호, 44-78.
곽노완(2011), "기본소득은 착취인가 정의인가", 『마르크스주의 연구』 8권 2호, 40-67.
권인숙(2009), "군대 섹슈얼리티 분석", 『경제와 사회』 82호, 38 65.
김경일(2012), 『근대의 가족, 근대의 결혼』, 푸른역사.
김대호, 윤범기(2012), 『결혼불능세대』, 필로소픽.
김덕수(2012), "칸트의 관계적 자율성", 『철학논총』 70집 4권, 197-226.
김덕영(2007), 『게오르그 짐멜의 모더니티 풍경 11가지』, 길.
김복래(2010), 『파리의 보헤미안과 댄디들』, 새문사.
김석수(2010), "자율성의 운명과 우리의 현실", 『사회와 철학』 19호, 101-128.
김선영(2006), "가족 이미지를 차용한 텔레비전 광고분석", 『가족과 문화』 18집 1호, 83-116.
김수정(2006), "스웨덴 가족정책의 심층동학: 탈상품화, 탈가족화, 탈젠더화", 『가족과 문화』 18집 4호, 1-33.
김승현(2010), "가족주의와 공공성", 『한국정치학회보』 44집 3호, 53-74.
김윤희(2012), "20-30대 중산층 비혼 여성의 생애 기획", 『여/성이론』 26호, 63-80.
김정석(2006), "미혼 남녀의 결혼의향 비교분석", 『한국인구학』 29권 1호, 57-70.
김현대, 하종란, 차형석(2012), 『협동조합, 참 좋다』, 푸른지식.
김홍주(2008), "국가의 '가족 만들기'와 과잉기획의 한계, 제1차 건강가정기본계획(2006-2010) 분석", 『가족과 문화』 20집 2호, 99-125.
남영주, 옥선화(2004), "삼사십대 기혼남녀의 성각본에 대한 연구", 『가족과 문화』 16집 3호, 73-103.
박경애(2000), "한국의 이혼율 추이와 의미, 1970-1995", 『한국인구학』 23권 1호, 5-29.
박민자(2004), "혼인 의미의 시대적 변화", 『가족과 문화』 16집 1호, 109-135.
박정자(2006), 『로빈슨 크루소의 사치』, 기파랑.

박통희(2004), "가족주의 개념의 분할과 경험적 검토", 『가족과 문화』 16집 2호, 93-125.
박혜경(2011), "경제위기시 가족주의 담론의 재구성과 성평등 담론의 한계", 『한국여성학』 27권 3호, 71-106.
변미리(2011), 『1인 가구, 도시의 구조를 바꾸다, 1인 가구의 부상과 특징분석』, 서울시정개발연구원.
변미리, 신상영, 조권중(2009), 『1인 가구, 서울을 변화시킨다』, SDI 정책 리포트.
서정희, 조광자(2010). "보편적 복지제도로서의 기본소득", 『진보평론』 45호, 79-98.
심광현(2009), "감정의 정치학: 자기-통치적 주체의 창조를 위한 새로운 문화정치적 프레임", 『문화/과학』 59호, 13-52.
심광현(2012), "기본소득, 좌파버전과 우파버전 어떻게 다르지?", 『프레시안』, http://www.pressian.com/article/article.asp?article_num=30_20309113734&section=02.
이성용(2012), "비혼의 변동: 도시와 농촌 비교", 국제지역학회 춘계학술대회 발표논문집.
이성은(2006), "한국 기혼남녀의 섹슈얼리티와 친밀성의 개념화", 한국가족학회(편), 『가족과 문화』 18집 2호, 1-36.
이성용(2012), "비혼의 변동: 도시와 농촌 비교", 국제지역학회 춘계학술발표논문집.
이현송(2003), "여성의 개인주의 확대와 가족변화: 미국사회를 중심으로", 『가족과 문화』 15집 3호, 111-134.
은기수(2001), "현대 한국사회의 가족가치관. 결혼에 대한 태도의 성별 차이를 중심으로", 『정신문화연구』 24권 4호, 241-258.
이득재(2001), 『가족주의는 야만이다』, 소나무.
이성용(2012), "한국의 혼인상태 변동: 1995-2010년", 『가족과 문화』 24집 3호, 34-64.
이정전(2008), 『우리는 행복한가』, 한길사.
이상길(2004), "일상적 의례로서 한국의 술자리", 『미디어, 젠더&문화』 1호, 39_77.
이정국, 임지선, 이경미(2012), 『왜 우리는 혼자가 되었는가?』, 레디셋고.
이진숙(2010), "가족대안으로서의 농촌 독거노인 생활공동체에 대한 연구", 『가족과 문화』 22집 1호, 95-119.
임인숙(1998), "대량실업 시대의 가족 변화", 『경제와 사회』 40호, 167-190.
장경섭(2011), "위험회피 시대의 사회재생산", 『가족과 문화』 23집 3호, 1-23.
장석준(2006), "21세기의 현실 대안", 『마르크스주의 연구』 3권 2호, 160-178.
정민우(2011), 『자기만의 방: 고시원으로 보는 청년 세대와 주거의 사회학』, 이매진.
정운영, 정세은(2011). "1인 노인가구의 경제적 특성과 삶의 만족도 연구", 『한국노년학』 31권 4호, 1119-1134.

정태인, 이수연(2013), 『협동의 경제학』, 레디앙.
정태일(2008), "칸트 영구평화론의 현대적 조명", 『사회과학연구』 25권 2호, 123-145.
정희순(2011), "한일 양국 1인 가구의 사회구조적 특징 연구", 한국일본학학연합회 국제학술대회 발표논문집, 496-501.
제정임/단비뉴스취재팀(2012), 『벼랑에 선 사람들』, 오월의봄.
조주은(2013), 『기획된 가족』, 서해문집.
조중현(2008), "남성성 규범과 젠더화된 관계성의 측면에서 본 성구매", 『젠더와 사회』 7권 1호, 219 253.
차경욱(2005), "독신남, 화려한 싱글인가? 남성 단독 가구의 경제 상태 진단", 한국가정관리학회 학술발표대회 자료집, 203-220.
최광은(2011), 『모두에게 기본소득을. 21세기 지구를 뒤흔들 희망 프로젝트』, 박종철출판사.
홍기빈(2011), 『비그포르스, 복지 국가와 잠정적 유토피아』, 책세상.

/

가라타니 고진(2001), 송태욱 옮김, 『윤리 21』, 사회평론.
가라타니 고진(2005), 송태욱 옮김, 『트랜스크리틱. 칸트와 마르크스 넘어서기』, 한길사.
가라타니 고진(2006), 조영일 옮김, 『세계공화국으로』, 도서출판 b.
고바야시 히데오(2003), 유은경 옮김, 『고바야시 히데오 평론집. 문학이란 무엇인가』, 소화.
나쓰메 소세키(2004), 황지헌 옮김, 『문명론』, 소명출판.
사마다 히로미(2011), 이소담 옮김, 『사람은 홀로 죽는다』, 미래의창.
사카이 나오키(2003), 이득재 옮김, 『사산되는 일본어, 일본인』, 문화과학사.
야마다 마스히로(2004), 김주희 옮김, 『패러사이트 싱글의 시대』, 성신여자대학교출판부.
야마다 마스히로(2010), 장화경 옮김, 『우리가 알던 가족의 종말』, 그린비.
야나부 아키라(2011), 김옥희 옮김, 『번역어의 성립』, 마음산책.
NHK무연사회 프로젝트 팀(2012), 김범수 옮김, 『무연사회. 혼자 살다 혼자 죽는 사회』, 용오름.
우에노 치즈코(2011), 나일등 옮김, 『싱글, 행복하면 그만이다』, 이덴슬리벨.

/

Ackerman, Bruce/Anne Alstott(1999), *The Stakeholder Society*, The Yale University Press.
Ackerman, Bruce/Anne Alstott(2010), "왜 사회적 지분연가", 너른복지연구모임 옮김, 『분배의 재구성. 기본소득과 사회적 지분급여』, 나눔의집.
Arendt, Hannah(2000), 김선욱 옮김, 『칸트 정치철학강의』, 푸른숲.
Aries, P. and Duby, G.(ed.)(2002), 이영림 옮김, 『사생활의 역사. 르네상스에서 계몽주의까지』, 새물결.
Aristoteles(2009), 천병희 옮김, 『정치학』, 숲.
Aristoteles(2011), 강상진, 김재홍, 이창우 옮김, 『니코마코스 윤리학』, 길.
Anderson, Carol M./*Susan Stewart*(1998), 엄영래 옮김, 『단독비행. 혼자 사는 즐거움』, 또하나의문화.
Bach, Richard(1986), *Jonathan Livingston Seagull*, YBM.
Baudrillard, Jean(1991), 이상률 옮김, 『소비의 사회. 그 신화와 구조』, 문예출판사.
Baudrillard, Jean(1992), 이규현 옮김, 『기호의 정치경제학 비판』, 문학과지성사.
Baudelaire, Charles Pierre(1964), *The Painter of Modern Life and other Essays*, Phaidon.
Baudelaire, Charles Pierre(2008), 윤영애 옮김, 『파리의 우울』, 민음사.
Baudelaire, Charles Pierre(2011), 이건수 옮김, 『보들레르의 수첩』, 문학과지성사.
Bauman, Zygmunt(2012), 『고독을 잃어버린 시간』, 동녘.
Benjamin, Walter(1983), 반성완 옮김, "보들레르의 몇 가지 모티프에 관해서", 『발터 벤야민의 문예이론』, 민음사.
Bennett, James(2011) *Television Personalities. Stardom and the Small Screen*, Routledge.
Bologne, Jean Claude(2006), 권지현 옮김, 『독신의 수난사』, 이마고.
de Botton, Alain(2011), 정영목 옮김, 『불안』, 은행나무.
Buchanan, Mark(2010), 김희봉 옮김, 『사회적 원자』, 사이언스북스.
Cohen, J.(1997), "Parasocial Relations and Romantic Attraction: Gender and Dating Status Differences", *Journal of Broadcasting & Electronic Media*, 41(4), 516-529.
Collins, Randall(2009), 진수미 옮김, 『사회적 삶의 에너지. 상호작용 의례의 사슬』, 한울아카데미.
Connell, R. W.(2005), *Masculinities*, Berkley & Los Angeles: University of California Press.
Coontz, Stephanie(2009), 김승욱 옮김, 『진화하는 결혼』, 작가정신.
DePaulo, Bella(2011), 박준형 옮김, 『싱글리즘』, 슈나.
Durkheim Emile(2008), 황보종우 옮김, 『자살론』, 청아출판사.
Durkheim Emile(2012), 민문홍 옮김, 『사회분업론』, 아카넷.
Ewen, Stuart(1998), 최현철 옮김, 『광고와 소비대중문화』, 나남출판.

Fielding, Helen(2001), 임지현 옮김,『브리짓 존스의 일기』, 문학사상사.
Foucault, Michel(1997), 이희원 옮김,『자기의 테크놀로지』, 동문선.
Foucault, Michel(2007), 심세광 옮김,『주체의 해석학』, 동문선.
Jones, Gill & Claire Wallace(1991), *Youth, Family and Citizenship*, Open University Press.
Giddens, Anthony(1996), 배은경, 황정미 옮김,『현대 사회의 성, 사랑, 에로티시즘』, 새물결.
Girard, René(2001), 김치수, 송의경 옮김,『낭만적 거짓과 소설적 진실』, 한길사.
Goffman, Erving(2009), 윤선길, 정기현 옮김,『스티그마』, 한신대학교출판부.
Goffman, Erving(1967), *Interaction Ritual*, Albine Transaction.
Gurevich, Aron(2002), 이현주 옮김,『개인주의의 등장』, 새물결.
Habermas, Jürgen(2006), 장춘익 옮김,『의사소통 행위이론』, 나남출판.
Huizinga, Johan(1988), 최홍숙 옮김,『중세의 가을』.
Illouz, Eva(1977), *Consuming the Romantic Utopia. Love and the Cultural Contradictions of Capitalism*, The University of California Press.
Illouz, Eva(2010), 김정아 옮김,『감정 자본주의』, 돌베개.
Kant, Immanuel(2009), 백종현 옮김,『판단력 비판』, 아카넷.
Klinenberg, Eric(2012), *Going Solo. The Extraordinary Rise and Surprising Appeal of Living Alone*, The Penguin Press.
Lane, Robert E.(2000), *The Loss of Happiness in Market Democracies*, Yale University Press.
Laurent, Alain(2001), 김용민 옮김,『개인주의의 역사』, 한길사.
Levinas, Emmanuel(1996), 강영안 옮김,『시간과 타자』, 문예출판사.
Levinas, Emmanuel(2003), 서동욱 옮김,『존재에서 존재자로』, 민음사.
von Leibniz, Gottfried Wilhelm(2007), 배선복 옮김,『모나드론 외』, 책세상.
Luhmann, Niklas(2009), 정성훈, 권기돈, 조형준 옮김,『열정으로서의 사랑』, 새물결.
Lynn, Hunt(1999), 조한욱 옮김,『프랑스 혁명의 가족 로망스』, 새물결.
Marx, Karl(1977), *Manifest der Kommunistischen Partei*, MEW 4, Dietz Verlag.
Matheron, Alexandre(2008), 김은주 옮김,『스피노자 철학에서 개인과 공동체』, 그린비.
Mead, George Herbert(2010), 나은영 옮김,『정신 자아 사회』, 한길사.
Messner, Reinhold(2007), 김영도 옮김,『검은 고독 흰 고독』, 이레.
Meštrović, Stjepan(1997), *Postemotional Society*, Sage.
Miller, Daniel(1998), *A Theory of Shopping*, Cornell University Press.
Mills, Charles Wright(2004), 강희경, 이해찬 옮김,『사회학적 상상력』, 돌베개.

Murger, Henri(2003), 이승재 옮김, 『라보엠』, 문학세계사.
Nadler, Steven(2011), 김호경 옮김, 『스피노자. 철학을 도발한 철학자』, 텍스트.
Opitz, Florian(2012), 박병화 옮김, 『슬로우』, 로도스.
Van Parijs, Philippe(1995), *Real Freedom for All*, Clarendon Press.
Van Parijs, Philippe(2010), "기본소득: 21세기를 위한 명료하고 강력한 아이디어", 너른복지연구모임 옮김, 『분배의 재구성. 기본소득과 사회적 지분급여』, 나눔의집.
Putnam, Robert D.(2009), 정승현 옮김, 『나 홀로 볼링』, 페이퍼로드.
Reeser, Todd, W.(2010), *Masculinities in theory*, Oxford: Wiley-Blackwell.
Reich, Wilhelm(2000) 윤수종 옮김, 『성혁명』, 새길.
Reich, Wilhelm(2006) 황선길 옮김, 『파시즘의 대중심리』, 그린비.
Riesman, David(1977), 류근일 옮김, 『고독한 군중』, 동서문화사.
Ritzer, George(2007), 정헌주, 정용찬, 김정로, 이유선 옮김, 『소비사회학의 탐색』, 일신사.
Rojek, Chris(2001), Celebrity, Reaktion Books.
Rojek, Chris(2012), *Fame Attack. The Inflation of Celebrity and its Consequences*, Bloombury.
Rousseau, Jean-Jacques(2007), 홍승오 옮김, 『고백록』, 동서문화사.
Rousseau, Jean-Jacques(2010), 김모세 옮김, 『고독한 산책자의 몽상』, 부북스.
Rubin, R. B. & McHugh, M. P.(1987), "Development of Parasocial Interaction Relationships", *Journal of Broadcasting & Electronic Media*, 31(3), 279-292.
Rubin, A. M. & Rubin, R. B.(1985), "Interface of Personal and Mediated Communication: A Research Agenda", *Critical Studies in Mass Communication*, 2, 36-53.
Sedgwick, Eve Kosofsky(1985), *Between Men*, New York: University of Columbia Press.
Shakespeare, William(2008), 최종철 옮김, 『로미오와 줄리엣』, 민음사.
Schirmacher, Frank(2006), 장혜경 옮김, 『가족, 부활이냐 몰락이냐』, 나무생각.
Schopenhauer, Arthur(1978), 권기철 옮김, 『세상을 보는 방법』, 동서문화사.
Schopenhauer, Arthur(2009), 홍성광 옮김, 『의지와 표상으로서의 세계』, 을유문화사.
Sennett, Richard(2001), 조용 옮김, 『신자유주의와 인간성의 파괴』, 문예출판사.
Sennett, Richard(2009), 유병선 옮김, 『뉴캐피털리즘』, 위즈덤하우스.
Simmel, Georg(2005), 김덕영, 윤미애 옮김, "대도시와 정신적 삶", 『짐멜의 모더니티 읽기』, 새물결.
Simmel, Georg(2007), 김덕영 옮김, "개인주의의 두 형식", 『근대 세계관의 역사. 게오르그 짐멜 선집 2』, 길.
Spinoza, Benedictus(1990), 강영계 옮김, 『에티카』, 서광사.
Trägårdh, Las(2007), *State and Civil Society in Northen Europe. The Swedish Model Re-*

considered, Berghahn Books.
Levinas, Emmanuel(1996), 강영안 옮김, 『시간과 타자』, 문예출판사.
The New York Times(2012), 김종목, 김재중, 손제민 옮김, 『당신의 계급 사다리는 안전합니까』, 사계절.
Tin, Louis-Georges(2010), 이규현 옮김, 『사랑의 역사』, 문학과지성사.
Storr, Anthony(2011), 이순영 옮김, 『고독의 위로』, 책읽는수요일.
Watt, Ian Pierre(2004), 이시연, 강유나 옮김, 『근대 개인주의의 신화』, 문학동네.
Watters, Ethan(2003), *Urban Tribes: A Generation Redefines Friendship, Family and Commitment*, Bloomsbury.
Woolf, Virginia(2006), 이미애 옮김, 『자기만의 방』, 민음사, 43-45.
Zelizer, Viviana A.(2009), 숙명여자대학교 아시아여성연구소 옮김, 『친밀성의 거래』, 에코리브르.
Zuckerman, Phil(2012), 김승욱 옮김, 『신 없는 사회』, 마음산책.
Zweig, Stefan(2005), 나누리 옮김, 『츠바이크가 본 카사노바, 스탕달, 톨스토이』, 필맥.
Zweig, Stefan(2006), 정민영 옮김, 『에라스무스 평전』, 아롬미디어.
Zweig, Stefan(2012), 안인희 옮김, 『위로하는 정신. 체념과 물러섬의 대가 몽테뉴』, 유유.

/

통계청(2005), 『생활시간조사결과』.
통계청(2010), 『사회조사 2010』.
통계청(2011), 『사회조사 2011』.
통계청(2011), 『장래인구추계: 2010년-2060년』.
통계청(2011), 『2010 한국의 사회지표』.
통계청(2012), 『2011 한국의 사회지표』.
통계청(2012), 『장래가구추계: 2010년-2035년』.
통계청(2013), 『혼인상태생명표』.
통계청『인구동태통계연보(혼인 이혼편)』 각년도.

/

"독신여성 200만 시대"
http://media.daum.net/society/newsview?newsid=20120912214211900

"화려한 싱글 우울한 독방 1인가구 시대"
http://www.sisapress.com/news/articleView.html?idxno=48440
"올해 1~2인 가구가 50.5%… 우리나라 경제를 움직인다"
http://www.ahaeconomy.com/index.html?page=news/flypage&nid=8237cid=
"자유롭거나 외롭거나 1인가구, 한국의 가구형태 주류로"
http://www.hani.co.kr/arti/society/society_general/539328.html
"결혼 안하니?, 묻지 않는 시대"
http://media.daum.net/society/newsview?newsid=20121112090131359
"2035년, 혼자 사는 김장수씨의 하루"
http://media.daum.net/society/newsview?newsid=20121112090133360
"죽을 때까지 혼자, 미리를 준비하는 사람들"
"http://media.daum.net/economic/newsview?newsid=20121114080111154
"1인가구가 몰려온다"
http://www.yonhapmidas.com/special_plan/special/2012-10/121005155017_535976
"72살 비혼 개순씨"
http://www.hani.co.kr/arti/society/society_general/568923.html
"21세기 신인류, 우아한 싱글녀 떴다"
http://weekly.donga.com/docs/magazine/weekly/2007/02/07/200702070500013/
200702070500013_1.html
"프리미엄 미니 소비족을 아십니까"
http://weekly.donga.com/docs/magazine/weekly/2013/03/11/201303110500002/
201303110500002_1.html
"따로 또 같이 살어리랐다"
http://weekly.donga.com/docs/magazine/weekly/2013/03/08/201303080500013/
201303080500013_1.html
"홀로 산다는 것 누가 달릴 수 있나"
http://weekly.donga.com/docs/magazine/weekly/2013/03/11/201303110500001/
201303110500001_1.html
"1인가구 속사정 너무 달라"
http://weekly.donga.com/docs/magazine/weekly/2013/03/11/201303110500005/
201303110500005_1.html
"혼자 밥 먹는 것도 서러운데, 싱글이 더 불리한 이유"
http://www.asiae.co.kr/news/view.htm?idxno=2012110914521902773